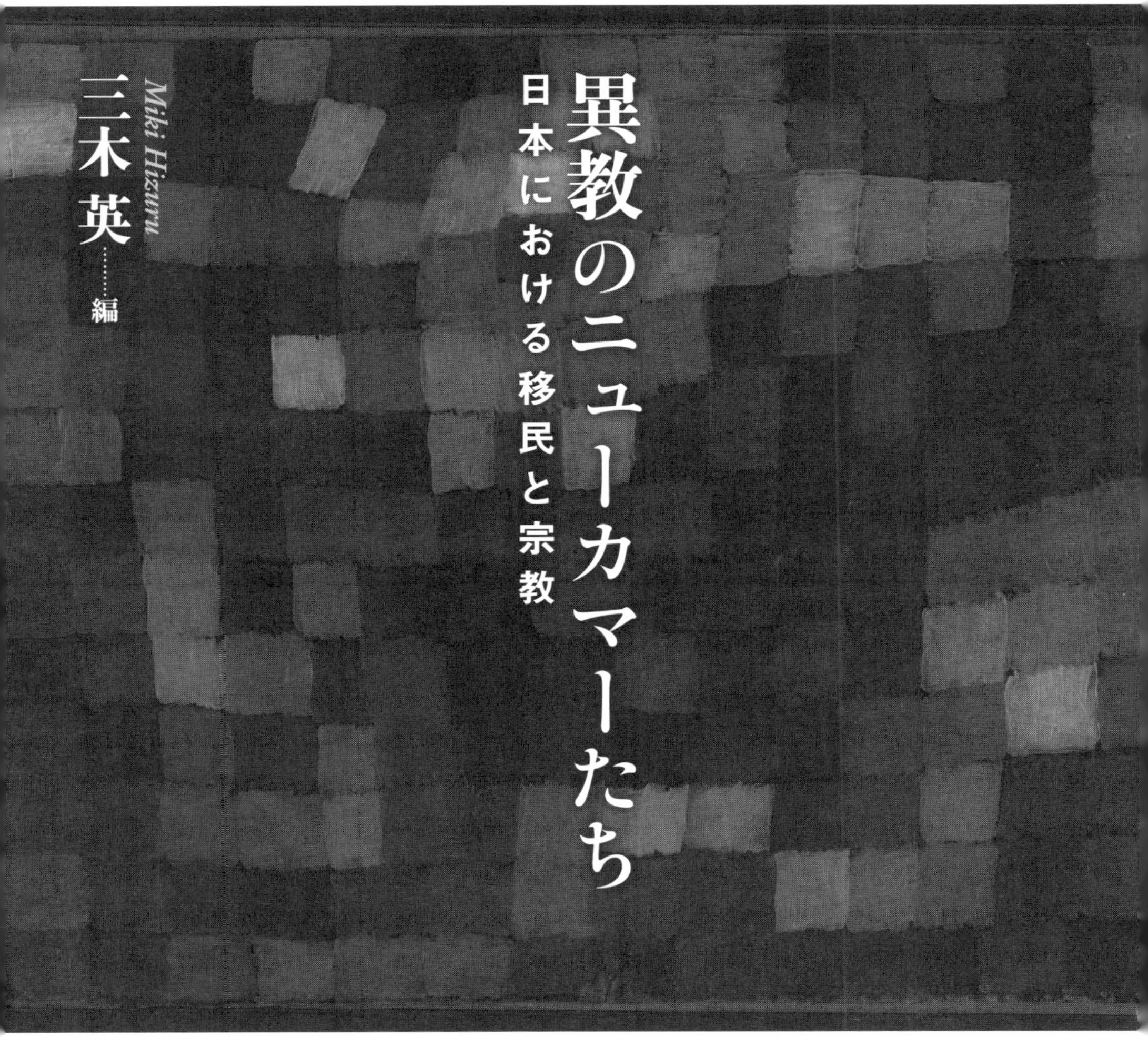

異教のニューカマーたち

日本における移民と宗教

Miki Hizuru

三木 英……編

森話社

［カバー図版］Static-Dynamic Gradation（パウル・クレー、一九二三年）
［扉図版］May Picture（パウル・クレー、一九二五年）

異教のニューカマーたち

日本における移民と宗教

◉目次

はじめに　◉三木　英……7

I　イスラームとハラールの広がり

II　台湾・ベトナム・スリランカから来た仏教

はじめに

◉三木　英

国際連合広報センターのホームページによれば、いま世界で、出生国もしくは市民権を有する国とは異なる国で生活し、働いている人は一億七五〇〇万人以上に上る。[*1] その大部分は「すべての移住労働者とその家族の権利の保護に関する国際条約（International Convent on the Protection of the Rights of All Migrant Workers and Members of Their Families）」に「国籍を有しない国で、有給の活動に従事する予定であるか、またはこれに従事している者」と定義される移住労働者である。

移住労働者を多く受け入れている国としてドイツを想起する人は多いだろうか。ドイツは第二次世界大戦後の経済復興のために、また近年では昂進する少子高齢化による労働力不足問題への対処として、積極的に国外にマンパワーを求めてきた。そしていま、一九五〇年代以降に移住してきた外国人とその子孫たちが、全人口中の二割程度を占めるまでになっている。トルコ系がグループとして最大で、日本に暮らす私たちにはドイツの移民イコールトルコ系と捉えがちであるが、ポーランド、ロシア出身がそれに次ぎ、カザフスタンやルーマニア、ギリシャ、ウクライナ出身者も増加していることは留意してよい。移住労働者たちが後にしてきた祖国は、イスラーム圏の限られた国だけではない。

隣国のフランスでも、移住労働者の数は四〇〇万人を超えるまでになっている。それは同国の生産年齢人口の一割にあたる。イギリスにおいても事情は大きく変わらず、外国生まれの人口は全体の一〇％を優に超え、一〇〇〇万都市ロンドンに至っては全体の三分の一がそれに該当するのである。

しかしドイツのアンゲラ・メルケル首相が、移民政策に関し、「多文化社会を築こう、共存共栄しようという取り組みは失敗した。完全に失敗した」と発言したのは二〇一〇年のことであった。国家として長く取り組みながら満足のゆく決着を得られていないのが、移民に関する問題なのであろう。ドイツ以外の国々においても移民をめぐる問題が大きな争点となっていることは、よく知られていよう。まして本稿執筆時点で、シリア内戦やIS（イスラミック・ステイト）の問題により安全・安定を求めて多くの人々が国境を越えて移動しているという、世界が向き合わねばならない重い現実もある。

もっとも、移民政策や移民（難民）を生み出す国々の政治・経済事情を追究することが本書の目的ではない。よって、深く立ち入ることは控えたい。ただ、ヨーロッパの先進国が直面している移民問題が今後の日本にとっても決して無縁でないことは、強調しておかねばならない。

外国人の姿をよく見かけるようになったと実感している日本人は、多いはずである。確かに二〇一五年の訪日外客数は一九七三万七〇〇〇人で、過去最高を記録した。とはいえ日本人の視野に入ってくる外国出身者は、観光客だけに限らない。この国で生活している外国出身者も、かつてないほどに増加している。ドイツやフランス、イギリスが大勢の移民を受け入れた理由である労働力不足は、日本もまた直面している問題である。来日してきた移住労働者は職場で、私たちの同僚となる。そして彼らが伴ってきた、あるいは日本での生活が安定した後に母国から呼び寄せた、また日本で新たに誕生した彼らの子どもたちが、学校で、日本語と日本文化しか知らない子どもたちと机を並べる。私たちは、新しいタイプの隣人たちを持つようになった。彼らについて知ることは時代の要請するところである。

図①は、一九五〇年から二〇一五年までの外国人登録者・在留外国人[*2]の数の推移を示したものである。日本に

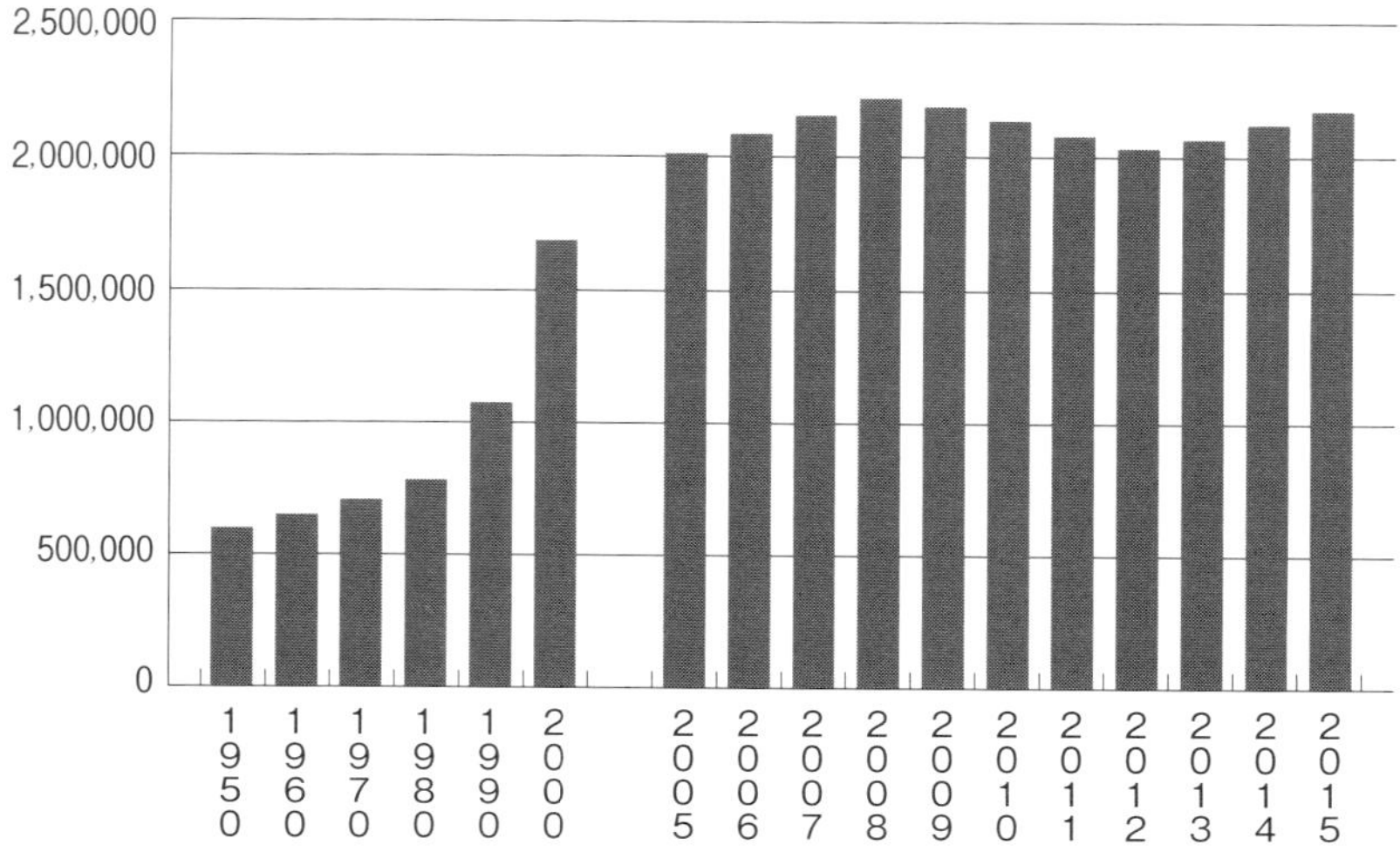

図①　日本在住外国出身者の推移

暮らす外国出身の人々の数は、ここ半世紀で急増していることが読み取れる。とりわけ顕著な伸びを示すようになったのは、改定「出入国管理及び難民認定法」（以下、入管法と略す）が施行された一九九〇年から後のことである。この年、外国人登録者数は一〇七万五三一七人を数えて、一〇〇万の大台に乗った。そこから一〇年を経た二〇〇〇年に記録された一六八万六四四四人は、半世紀前の実に二・八倍である。

入管法改定の要点は「定住者」という在留資格の新設であった。これは多分に日系人（そしてその配偶者）を想定してのもので、この資格に依るなら彼らには日本国内での就労に制限が課されない。そしてその資格によって日本でデカセギ[*3]するため、南米から多くの日系人が父祖の地へと帰還してくることになり、移民の二〇世紀末からの急増を現出させたということである。いうまでもなくこの背景にあったのは、ドイツをはじめとするヨーロッパ先進諸国と同様、我が国における少子高齢化であり、それに起因する労働力不足という難題である。もちろん、労働者を送り出す国の政情不安、経済面での不調も移住を促した大きな要因であることは、忘れてはならない。

二〇〇五年、外国人登録者数は初めて二〇〇万人を突破する。そして二二一万七四二六人を記録した二〇〇八年をピークとして、登録者数は減少傾向へと向かう。二〇〇七年のアメリカにおけるサブプライム・ローン問題、続く二〇〇八年のリーマン・ショックに発する世界同時不況が日本にも押し寄せ、その煽りを食って解雇の憂き目に遭ったデカセギ労働者（そしてその家族）のなかに帰国する者の相次いだことが、統計に反映されているのである。

とはいえ二〇一二年（二〇三万三六五六人）を底として数値は再び上向きとなり、二〇一五年六月末現在では二一七万二八九二人を記録するまでに回復している。このまま再び上昇カーブを描いてゆくとの予想は可能であろう。日本国内における労働力不足の問題は深刻化する一方だからである。国内に在留する外国人の二〇〇万超という数値は、グローバル化の潮流のなかで日本社会の変化していることを雄弁に物語る。しかし、そうであっても日本の総人口中に占めるその割合は一・七％程度に過ぎない。西欧先進諸国のデータに比較すれば、まだまだ小さな数値といってよい。

ともあれ、二〇一五年六月末時点での在留外国人を、その国籍に照準を合わせて概観しよう（図②）。その数が二万人を超える国々だけが、円グラフ上に記されている。そしてこれらの国々の出身者だけで、在留者全体の九割以上を占める。中国出身が最も多く（六五万六四〇三）、韓国・朝鮮籍（四九万七七〇七）がそれに次ぐ。第三位となるのはフィリピン人で（二二万四〇四八）、第四位はブラジルである（一七万三〇三八）。二〇一一年までブラジルは第三位でフィリピンが四位であったところが、逆転しているのは、不況に押されて帰国する者がブラジル人において多かったことの影響である。このあとにはベトナム（一二万四八二〇）、米国（五万一五二三）、ネ

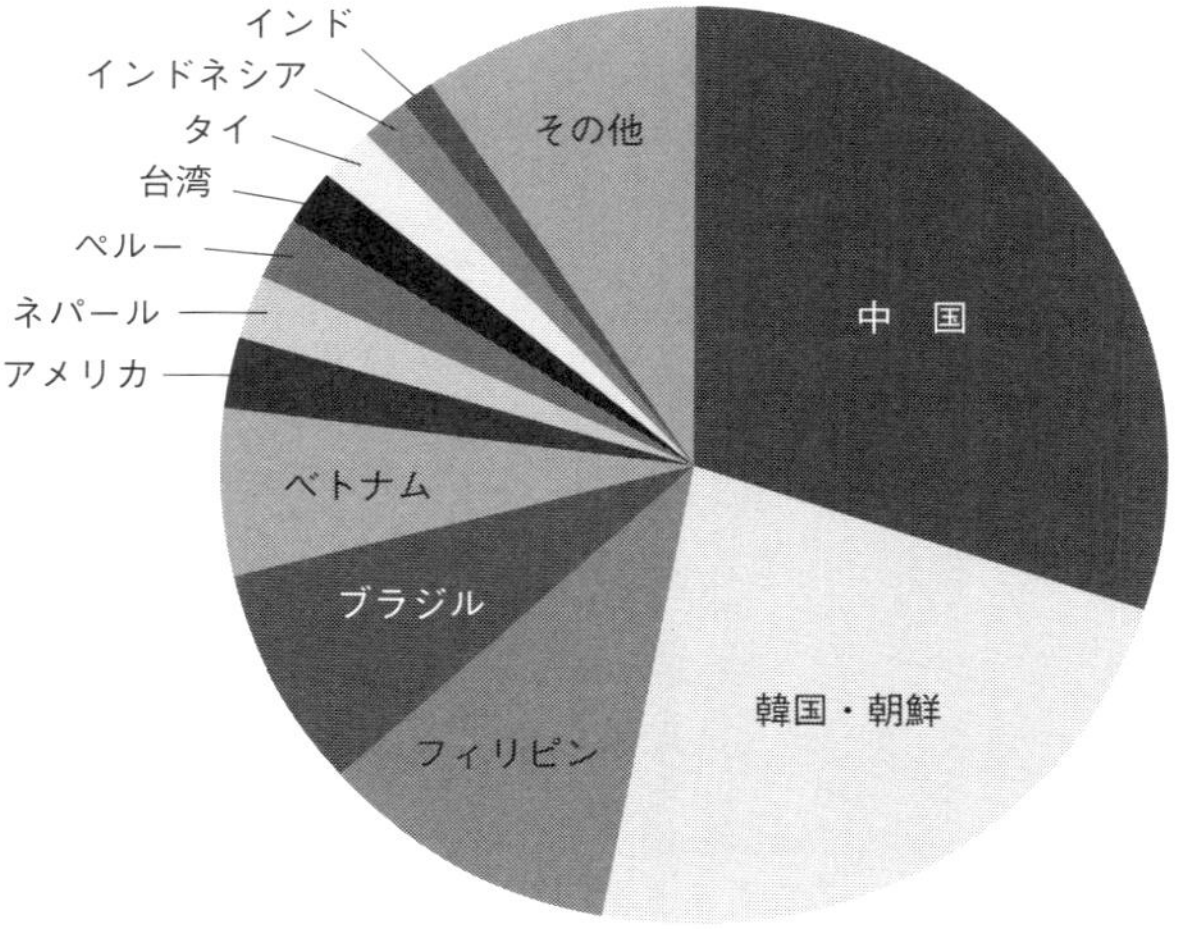

図②　国籍別在留外国人の割合
（法務省2015年6月末「在留外国人統計」より作成）

パール（四万八四〇三）、ペルー（四万七八〇〇）、台湾（四万五二〇九）、タイ（四万四一七五）、インドネシア（三万二五二四）、インド（二万五三〇九）と続く。これら以外に、一万人台の人口を擁する国は六つあり、多い方から順に挙げれば、英国、パキスタン、ミャンマー、スリランカ、フランス、バングラデシュである。

右に並んだ国の数は多い、と感じられただろうか。また、それら国々の出身者の数は多いという印象だろうか、それとも少ないと感じられただろうか。いずれであれ、彼ら在留外国人は北は北海道から南は沖縄まで、日本国中に暮らしている。もちろん各都道府県に均等に居住しているわけではなく、相対的に人口の多い地域に彼らは多く居住する。表①は、各都道府県に生活する在留外国人の数と、主なる国籍をまとめたものである。

表に掲出したのは、二〇一五年六月末時点で在留外国人数が二万を超える都道府県に限定した。全国四七都道府県のうち二〇がこれに該当し、それらの数を合算すると一九三万一五八人となるが、これは総数の八九%にあたる。東京を中心とする首都圏に彼らが多く居住することが知られるはずである。そこにおける生活の利便性ゆえであり、彼らが求める仕事を多く見つけることができるからであろう。そして首都圏以外では、製造業の盛ん

都道府県	在留外国人数	上　位　5　ヶ　国
①北海道	24,488	中国 9,681　韓国・朝鮮 4,864　ベトナム 1,424 フィリピン 1,352　アメリカ 1,062
②茨城	52,920	中国 12,760　フィリピン 8,361　ブラジル 5,615 韓国・朝鮮 4,866　タイ 4,554
③栃木	33,361	中国 6,849　ブラジル 4,239　フィリピン 4,016 ペルー 3,274　韓国・朝鮮 2,700
④群馬	45,108	ブラジル 11,832　中国 7,364　フィリピン 6,182 ペルー 4,714　ベトナム 3,530
⑤埼玉	134,374	中国 53,847　フィリピン 17,459　韓国・朝鮮 17,084 ベトナム 9,703　ブラジル 7,175
⑥千葉	118,456	中国 42,336　フィリピン 16,684　韓国・朝鮮 16,252 ベトナム 7,665　タイ 5,150
⑦東京	447,487	中国 167,559　韓国・朝鮮 96,099　フィリピン 29,724 ベトナム 20,068　アメリカ 17,281
⑧神奈川	176,010	中国 57,242　韓国・朝鮮 29,855　フィリピン 19,521 ベトナム 9,862　ブラジル 8,236
⑨長野	31,789	中国 9,754　ブラジル 5,128　フィリピン 4,441 韓国・朝鮮 3,963　タイ 2,150
⑩岐阜	45,193	中国 12,887　フィリピン 10,255　ブラジル 9,801 韓国・朝鮮 4,700　ベトナム 2,545
⑪静岡	75,319	ブラジル 26,025　フィリピン 13,639　中国 11,334 韓国・朝鮮 5,499　ペルー 4,720
⑫愛知	203,698	ブラジル 47,076　中国 45,433　韓国・朝鮮 34,744 フィリピン 30,114　ベトナム 11,091
⑬三重	42,899	ブラジル 12,250　中国 8,315　フィリピン 6,065 韓国・朝鮮 5,074　ペルー 3,095
⑭滋賀	24,358	ブラジル 7,581　韓国・朝鮮 4,935　中国 4,714 フィリピン 2,201　ペルー 1,559
⑮京都	52,273	韓国・朝鮮 27,981　中国 11,915　フィリピン 1,888 アメリカ 1,345　台湾 1,161
⑯大阪	207,507	韓国・朝鮮 113,408　中国 51,845　ベトナム 8,924 フィリピン 6,769　台湾 4,793
⑰兵庫	97,043	韓国・朝鮮 46,086　中国 22,353　ベトナム 7,870 フィリピン 3,757　ブラジル 2,293
⑱岡山	21,456	中国 8,254　韓国・朝鮮 5,592　ベトナム 2,196 フィリピン 1,631　ブラジル 910
⑲広島	41,365	中国 13,939　韓国・朝鮮 9,155　フィリピン 6,031 ベトナム 3,858　ブラジル 2,316
⑳福岡	58,054	中国 19,027　韓国・朝鮮 17,098　ベトナム 4,712 ネパール 4,275　フィリピン 4,134

表①　主要都道府県別、国籍・地域別在留外国人数
（法務省 2015 年 6 月末「在留外国人統計」より作成）

な地域に彼らは集住している。表には、当該都道府県に住む在留外国人の国籍の上位五つまでを記している。ブラジル人の多い群馬県、静岡県、愛知県、三重県、滋賀県が注目されるところであるが、これらはいずれも自動車関連の製造業の盛んなところである。そして表はフィリピンやベトナム出身者が、ブラジル人以上に、広範囲に亘って居住していることも示している。近年、この二つの国からの移住者数の増加は著しい。

後回しになってしまったが、中国籍と韓国・朝鮮籍に言及しよう。前者の在留資格を見ると、全六五万余のなかで永住者[*4]はおよそ二二万人おり、これに在留資格・留学（約一〇万）を加えれば全体のほぼ半数となる。また「技術・人文知識・国際業務」[*5]資格は約六万、「技能実習」[*6]系が計九万六〇〇〇を数える。彼ら中国出身者は全国の職場や学校で日本人と時間・空間を共有しているのである。また韓国・朝鮮籍約五〇万のうち、七割は特別永住者が占める。大阪府、京都府、兵庫県における在留外国人のうち、過半数は韓国・朝鮮籍であるが、その八〜九割は特別永住者である。

二〇一四年に新聞・テレビ他のマス・メディアは、政府が移民の大量受け入れを検討していることを一斉に報道した。また高齢者の増加とともに人材不足となることが明白な介護や看護の分野で、あるいは危険を伴いがちな建設の現場で、外国からの労働力の輸入が想定されていることも報じられた。この政府施策が実現されてゆけば、在留外国人数は増加する。そして表中の二〇の都道府県にとどまらず、介護を必要とする人々が暮らす全国津々浦々で——労働力不足の深刻な第一次産業の盛んな地域でも——言語と文化を異にする隣人たちが増えてゆく。

もっとも、移住労働者の受け入れに抗する声が小さくないことは否定できない。ドイツを筆頭とする先進諸国における移民問題の困難さが知られてくるにつれ、日本国内に漠然とした不安が醸成されることはあろう。新たな隣人は日本の文化・風習に順応してくれるだろうか、できないようなら社会に要らざる亀裂が生じかねないと、懸念されるのである。

在留外国人たちと日本人はいま、いかなる関係を築いているだろうか。両者ともに満足のゆく社会生活を営める状況が目指されるべきことは、間違いないところである。そのためには先ず、展開される社会関係の現状把握を怠ってはならない。この課題に本書は、在留外国人たちの信じる宗教を通し、迫ってゆく。

在留外国人の問題を考えるにあたって宗教に着眼するのは、彼らのうちの小さからぬ割合が熱心な信仰者であると推測されるからにほかならない。宗教は信仰する者にとって価値観の源泉というべきもので、彼らの意識・行動は宗教によって強く影響される。また移民たちは異文化社会で暮らすなか、祖国の文化への愛着を強めることが予測される。伝統文化は宗教と密に関連するがゆえに、移民たちが信仰心を（来日以前にも増して）深めてゆくことはあろう。新たな隣人のことを理解しようとする限り、彼らの宗教に関心を寄せることは欠かせない。さらにいえば、移民たちの日本での暮らしが彼らのイメージ通りとならないことは十二分にありうることで、その場合に彼らが救いを求めて宗教に向かうことも、想像できるところである。となれば、彼らの信仰の現場は彼らの真意が表出される場となる。ホスト国の人間は、彼らの心底からの声を軽視してはなるまい。

一九八〇年代から日本に移住してきた人々は、「ニューカマー」という概念で一括される。彼らのなかの信仰熱心な人々は、「宗教的ニューカマー」と称しうる。そして彼らの来日に付随して、国内には彼らの集まる宗教施設が多数設立されるようになった。それら施設を拠点に信奉される宗教は日本人にとって馴染み薄く、「ニューカマー宗教」と名づけうるものである。そのニューカマー宗教に、在留外国人はどれほど関与しているだろう。

ニューカマー宗教への信仰をシェアする宗教的ニューカマーたちは、彼らが設けた教会や寺で、何をしているのだろう。そして彼らは（彼らにとっては異教の徒である）日本人たちとの間に、いかなる関係を築いているのか（これから築き上げようとしているのか）。それを明らかにすることが本書の目的とするところなのである。

本書は三つのパーツから成る。第Ⅰ部はイスラームを取り上げる。イスラームはおそらく、日本人が知るべきものでありながら最も知られていないニューカマー宗教であろう。その未知の宗教の日本での現在を見つめてゆく。既に国内には、イスラームの礼拝所すなわちマスジド[*7]はあまた開堂されており、金曜日ともなれば多くのイスラーム教徒が祈りのためにマスジドを訪れ、その光景は各地に見られるようになっている。また「ハラール」をキーワードとして、イスラームを意識し始めた日本社会の様子を提示してみよう。

第Ⅱ部ではニューカマー仏教を取り上げる。台湾仏教、ベトナム仏教、そしてスリランカ人僧侶の主導する上座仏教が具体的な対象である。仏教国といえる日本であるが、ニューカマー仏教は果たしてこの国でどう息づこうとしているのだろう。仏教に親しんできた日本人との関わりは、どうなっているだろうか。

そして第Ⅲ部はキリスト教に照準を合わせる。韓国から渡来してきたキリスト教が論じられ、また中南米で拡張しつつある福音主義的キリスト教の日本での展開が取り上げられる。またフィリピン発祥のキリスト教（的新宗教）についての報告もなされる。

なお、本書では在日ブラジル人たちの集まる福音主義的キリスト教について論じた章を設けていない。国内に設けられたその教会は数多く[*8]、本来ならば取り上げるべきものであったが、既に先行研究も多く存在しており[*9]、それを超えるほどの成果を私たちの研究グループは挙げることができなかったため、割愛したのであった。既に一〇を超える寺院を国内に持つタイ仏教も注目に値するものであったが、同様な理由で取り上げることを断念している。[*10] ヒンヅー教、シーク教、ユダヤ教——その宗教施設も既に国内には成立している——等々についても同じである。

本書が対象とすることのできなかったニューカマー宗教の調査は、私たち研究グループに残された課題である。そして本書に接した研究者が、我が国における「移民と宗教」問題に関心を寄せ、ニューカマー宗教の調査に向かい研究レベルを高めていってくれるなら幸いである。

本書が取り上げたニューカマー宗教・宗教的ニューカマーの現状は、宗教に関心の薄い大方の日本人の耳目を驚かせるに足るものであろう。関心を深めていただくために、各章には二、三葉の写真を配している。撮影者は当該章の執筆者自身であるが、若干の例外があり、その場合には写真提供者の名を掲げていることを追記しておく。

繰り返すが、私たちには新たな隣人を理解することが必要である。そのためには、現実を知らねばならない。ニューカマーたちが何より大切にしているものに気づき、そこに近づいてゆくことが私たちには必要である。すなわち宗教を知ることは不可欠であると確信している。

1——詳細は http://www.unic.or.jp/activities/humanrights/discrimination/migrants/ を参照のこと。

2——図は法務省の「登録外国人統計」と「在留外国人統計」に基づいて作成したものである。二〇一五年の数値は同年六月末時点のものであるが、それ以前の数値はすべて当該年の一二月末時点のものとなっている。

二〇一二年七月、入管法の改正が行われた。外国人登録法が廃止されて（その結果に「外国人登録者」という概念も廃止されて）、新しい在留管理制度が導入されたのである。新制度の下で管理対象となるのは「中長期在留者」と「特別永住者」であって、この二者を併せて「在留外国人」という。したがって、図中の二〇一二年以降の数値は在留外国人のものであり、二〇一一年以前のそれは登録外国人（外国人登録者）のものである。

外国人登録者と在留外国人とは異なる概念であるから、それぞれの数値を同じ図①上に載せることは厳密には正しくない。とはいえ両概念の指示内容にほとんど違いは見られず、よって便宜的に一つの図のなかに掲げることとした。

新制度下の在留外国人について追記すると、「中長期在留者」とは入管法上の在留資格によって日本に「中長期」在留する外国人を指し、具体的には次の①から⑥までのいずれにも該当しない人物のことである。

① 「三月」以下の在留期間が決定された人
② 「短期滞在」の在留資格が決定された人
③ 「外交」又は「公用」の在留資格が決定された人
④ ①から③までに準じるものとして法務省令で定める人（「特定活動」の在留資格が決定された、亜東関係協会の本邦の事務所若しくは駐日パレスチナ総代表部の職員又はその家族の方）
⑤ 特別永住者
⑥ 在留資格を有しない人

そして「特別永住者」とは、かつて日本が植民地支配していた地域出身で、一九五二年の法改正によって日本国籍を失った人々を指しており、その大部分は韓国・朝鮮籍を持つ。

なお⑥の「在留資格を有しない人」、具体的には不法滞在者は、改正以前の外国人登録制度において登録対象となっていた者である。

3——デカセギはもちろん「出稼ぎ」であるが、これはポルトガル語化して名詞あるいは形容詞として用いられている。ポルトガル語辞書にこの語が初めて掲載されたのは、二〇〇一年のことである。

4——在留資格「永住者」とは、「法務大臣が永住を認める者」である。「認め」られるにあたっての法律上の要件として「①性格が善良であること、②独立生計を営むに足りる資産又は技能を有すること、③その者の永住が日本国に利益に合すると認められること」が挙げられる。この資格には、就労を含む国内のあらゆる活動に制限が課されない。

5――在留資格「技術・人文知識・国際業務」は、日本の公的機関において、理学・工学等の自然科学的技術・知識を必要とする業務、法律学・経済学・社会学等の知識を必要とする業務、外国の文化に基盤を有する思考や感受性を必要とする業務に従事する者たちが申請するものである。

6――在留資格「技能実習」には四つの区分がある。「技能実習1号イ」「技能実習1号ロ」「技能実習2号イ」「技能実習2号ロ」である。

外国人技能実習制度においては、日本企業が海外の現地法人・合弁企業・取引先企業等の職員を受け入れる①企業単独型と、商工会等の営利を目的としない団体――これを監理団体という――がその傘下の企業で技能実習生を受け入れる②団体監理型に種別される。入国後一年目の技能実習活動にあたり①のタイプでは「技能実習1号イ」となり、②のタイプでは「技能実習2号イ」となる。そして一年目に習得した技能に習熟するための二年目以降の活動に対するものが、それぞれ「技能実習1号ロ」「技能実習2号ロ」となっている。

7――「モスク（mosque）」として人口に膾炙しているものであるが、本書では礼拝所をいうアラビア語の「マスジド masjid」を用いる。日本国内に開堂された礼拝所の多くはムスリムによってマスジドと表記されるようになってきており、それに準じる。なおモスクはマスジドが転訛していったものである。同じ理由で「イスラム教」については、基本的に、「イスラーム」と表記する。

8――筆者の推計によれば、二〇一二年時点で国内には二六三～三四五のブラジル系福音主義教会が存在する。その推計方法については、〔三木 二〇一二：一一一―一一二〕を参照のこと。ただ、その当時と比較すると――本稿執筆時では――在留ブラジル人口は減少しており、よって教会数もやや減少していると考えられる。

9――たとえば次の論考を参照のこと。〔星野 二〇一二：八七―一一四〕〔山田 二〇〇八：一八四―二〇一、二〇一〇a：二四九―二六二、二〇一〇b：二三―四四、二〇一四：六一―八七〕他である。

10――日本国内におけるタイ仏教の展開については、〔ティラポン 二〇一二：一六七―一九一〕を参照のこと。

［参考文献］

ティラポン、クルプラトン　二〇一二「日本のタイ上座仏教」三木英・櫻井義秀編『日本に生きる移民たちの宗教生活――ニューカマーのもたらす宗教多元化』ミネルヴァ書房

星野壮　二〇一二「日系ブラジル人教会と信徒の今後」三木英・櫻井義秀編『日本に生きる移民たちの宗教生活――ニューカマーのもたらす宗教多元化』ミネルヴァ書房

三木英　二〇一二「移民たちにとって宗教とは」三木英・櫻井義秀編『日本に生きる移民たちの宗教生活――ニューカマーのもたらす宗教多元化』ミネルヴァ書房

山田政信　二〇〇八「安住の地としてのプロテスタント教会――三重県・ベテル福音教会の事例」『アメリカス研究』第一三号、天理大学アメリカス学会

山田政信　二〇一〇a「在日ブラジル人の宗教生活」駒井洋監修（叢書グローバル・ディアスポラ6）『ラテンアメリカン・ディアスポラ』明石書店

山田政信　二〇一〇b「プロテスタント教会におけるデカセギと日本人の共感的世界」『移民研究年報』一六、日本移民学会

山田政信　二〇一四「在日ブラジル人の宗教コミュニティ――越境するプロテスタント教会」石黒馨・初谷譲次編『創造するコミュニティ――ラテンアメリカの社会関係資本』晃洋書房

第1章　マスジドと地域社会

◉三木　英

一　急増するマスジド

マスジドとはモスクのことで、イスラームの礼拝所を指す。本書はモスクでなくマスジドという表記を用いるが、このマスジドが日本に急増していることを、どれだけの人が知るだろうか。

日本で初めてマスジドが開堂されたのは、名古屋において、一九二九年（一九三一年とも）のことであったと伝えられている。名古屋のマスジドは太平洋戦争中の一九四五年に空襲を受けて焼失したということで、その詳しい事歴は不明である。一九三五年に建てられた神戸マスジドこそ日本最初とする説も有力であるが、いずれにせよ、本邦初のマスジドが約八〇年前にようやく登場していることから、イスラームがつい最近まで日本人にとって知られざる宗教であったことは明らかである。

日本人がイスラームに関心を示すようになったのは、一九七三年のオイル・ショック以降のことであった。先進諸国を動かすエネルギーたる石油確保の不透明性に危機を感じた日本人が、産出国の宗教であるイスラームを意識せざるをえなくなったということである。とはいえ、この段階ではまだ、イスラームは一般の日本人の生活と交わることのない遠い存在のままである。

日本にイスラーム教徒――以後、ムスリムと称する[*1]――の姿が目につくようになったのは、一九八〇年代半ばからのことである。そのムスリムとして、バングラデシュやパキスタン出身の若者たちがまず挙げられよう。彼らは観光ビザで来日し、規定の滞在期間を過ぎても帰国せず――とくに首都圏で――仕事を見つけて定住していった。こうしたことが可能であったのは、両国ともに来日にあたっての査証免除措置が採られていたからである。

彼らムスリムにとって日本は渡航が容易で――来日して後は苦難が待ち構えていたかもしれないが――かつ、そこで働けば祖国においてとは比較にならないほどに稼ぐことのできる経済大国であった。加えて、当時の日本が労働力において欠乏していたからで、違法と認識しながらムスリムを雇用した日本人事業者も少なくなかったことだろう。また一九八〇年代末になると、イラン人の姿も国内に目立つようになった。イラン＝イラク戦争が終結（一九八八年）し、兵役を終えて故郷に帰った若いイラン人に就くべき仕事は乏しく、その彼らが来日して仕事を見つけ定住するようになったのである。休日の東京・上野公園等でイラン人たちが数多く集まり情報交換をしている場景が、当時話題になったものである。イランと日本との間にもその当時、査証免除措置が採られていた。[*2]

彼らは家賃の安いアパートに大勢で暮らし、工場等で労働して得た給与から母国に仕送りし、故郷の家族たちを支えた。そしてある程度の蓄財を果たすと帰国していった。しかし帰国せず、日本人女性と結婚して在留資格を得、日本で暮らし続けることを選んだムスリムも数多い。なかにはレストラン経営や貿易業に乗り出し、経済的成功を得た者も現れてくる。その成功者たちはやがて、日本でのビジネスのパートナーとするために、母国から親族を呼び寄せる。かくして日本人にとって徐々に、ムスリムが身近な存在になってゆく。

ビジネス展開するムスリムの拠点は、首都圏だけに限ったことではない。たとえば富山県の国道八号線沿いには中古車業者の店舗が目立つが、これは海を隔てたロシアに日本車を輸出するパキスタン人たちのものが大半である。在日のムスリムに中古車輸出業に携わる者は多く、富山だけでなく他地方でもムスリム経営の店舗は珍しくない。

また近年では、イスラーム世界から日本の大学に留学し、勉学・研究に勤しむ者も増加してきた。その彼らが在籍するのは大都市圏の大学に限らない。地方の国立大学で医学・工学・理学をはじめ、人文科学・社会科学の分野で研究を志す者も相当数に上っている。したがって、ムスリムが慣れない異文化の下で日々の生活を送る姿は、いま全国で見られるのである。

さらに、一九九三年に創設された技能実習制度の影響にも言及する必要があろう。この制度は、先進国・日本が持つ技術・知識を途上国に移植し、その国・国民の発展を促すことを目的とするものであった[*3]。工業だけでなく農業・水産業分野においても日本で学び働くため、世界から多くの若者が来日してきている。そのなかには東南アジア出身のムスリム――そのなかではインドネシア人の割合が高い――の姿が数多くみられる。

いま日本国内に暮らすムスリムの総数がいかほどになるのか、正確な数値を示すことは難しい。ムスリムが当該国の宗教人口の大半を占める国であったとしても、そこに非ムスリムが皆無とはいえず、したがって国籍だけからその信仰を判定することはできない。そして彼らが日本に暮らすにあたり義務づけられていた外国人登録[*4]に、信仰している宗教を記載する箇所はない。とはいえ、日本国内のムスリムに詳しい店田廣文によれば〔店田 二〇一五：二一―三二〕、外国人ムスリム一〇万、日本人ムスリム一万の、合計一一万人程度と推定されている。

出身国を同じくするムスリムたち、また国籍は違っても同じ信仰を持つムスリムたちはやがて、神への祈りの場を居住地近辺に設けることを望むようになる。イスラームにおいて祈りを捧げることは義務であり、さらに聖なる金曜日には集団で礼拝を行うことが推奨されている。ある地域内にムスリム人口が増えれば、そこにマスジドあるいはムサッラー[*5]が開かれてくることは必然である。

礼拝所であるマスジドは、一九九〇年以前には国内に僅か四ヶ所であった。東京都内の東京ジャーミイ、アラブ・イスラーム学院礼拝所、インドネシア大使館付属学校礼拝所と、神戸マスジドである。それが一九九〇年以

マスジド・ムサッラー所在地	
北海道	①札幌　②小樽　③室蘭
東北	④盛岡　⑤宮城県黒川郡大衡村　⑥仙台　⑦いわき
関東	⑧小山　⑨足利　⑩鹿沼　⑪桐生　⑫那須塩原　⑬伊勢崎(1)　⑭伊勢崎(2)　⑮館林(1)　⑯館林(2)　⑰日立　⑱ひたちなか　⑲水戸　⑳小美玉(1)　㉑小美玉(2)　㉒つくば　㉓木更津　㉔白井　㉕千葉　㉖市川　㉗山武　㉘さいたま　㉙坂戸　㉚久喜　㉛越谷　㉜春日部　㉝戸田　㉞八潮　㉟川越　㊱所沢　㊲東京(1)—葛飾区四つ木　㊳東京(2)—台東区東浅草　㊴東京(3)—台東区台東　㊵東京(4)—北区東十条　㊶東京(5)—豊島区南大塚　**㊷東京(6)—渋谷区大山町**　㊸東京(7)—新宿区歌舞伎町　㊹東京(8)—新宿区百人町　**㊺東京(9)—港区元麻布**　**㊻東京(10)—目黒区目黒**　㊼東京(11)—大田区蒲田　㊽町田　㊾八王子　㊿横浜　(51)海老名　(52)秦野
中部	(53)山梨　(54)長野県坂城町　(55)新潟(1)　(56)新潟(2)　(57)富山　(58)射水　(59)金沢　(60)福井　(61)富士　(62)静岡　(63)浜松　(64)豊橋　(65)豊田　(66)瀬戸　(67)安城　(68)名古屋(1)　(69)名古屋(2)　(70)春日井　(71)一宮　(72)愛知県飛島村　(73)各務原　(74)岐阜　(75)大垣
近畿	(76)津　(77)鈴鹿　(78)京都　(79)大阪　(80)茨木　**(81)神戸**
中国	(82)鳥取　(83)島根　(84)岡山　(85)東広島　(86)広島
四国	(87)徳島　(88)新居浜　(89)松山
九州	(90)福岡　(91)別府　(92)熊本　(93)鹿児島　(94)沖縄県西原町

表①　日本におけるマスジド・ムサッラー（2016年2月現在）

後、急増してくる。

表①は、二〇一六年春段階で国内に確認されているマスジドを示したものである。作表にあたっては、日本人ムスリムが開設するウェブ・サイト[*6]に大きく依拠している。サイトに現れている限り、マスジド、ムサッラーの別なく表中に示した。そしてサイトにその存在はないものの、筆者が調査によって確認している三重県鈴鹿市のマスジドを加えている。[*7]これで総計九四である。また、右サイトには北九州市に開堂の計画があることが記されている（計画中ゆえ、これらは表①に含めていない）。計画中とはいえ、当該地に暮らすムスリムが集まる礼拝の場は確保されていると認識すべきであろう。それも合算すれば、九五ヶ所となる。

なおゴチック体の㊷㊺㊻(81)は一九九〇年以前に設けられていたものである。それらを除けば、春日部市のマスジド（一ノ割マスジド）が最も古く、一九九一年の開堂である。

表から、関東地方とくに首都圏にマスジドの多く存在することがわかる。そして現時点でマスジド不在県は、青森・秋田・山形・滋賀・奈良・和歌山・山口・香川・高知・長崎・佐賀・宮崎だけであることも知られよう。[*8] それらの県にも国立大学は設置されており、そこでムスリムが勉学に励んでいることはあろう。その彼らの間では、他県に（国立大学近辺に）マスジドの開堂が相次いでいることに刺激されて、自分たちのマスジドを設けようとの機運が高まっているかもしれない。そうなると、マスジド不在県は近い将来、なくなると予想される。もちろん、たとえば首都圏であっても、いま自分たちが通うマスジドが距離的に遠いと感じているムスリムが、居住地近辺での開堂を模索していることは充分にありうる。[*9]

僅か四半世紀の間のマスジド開堂ラッシュにより、イスラームを身近に感じる日本人は増えてきたことであろう。マスジドの所在する地域に暮らす人々にとっては、なおさらである。では、日本人社会とイスラーム（ムスリム）はいま、どのような関係を築いているのだろうか、気になるところである。

二　開堂をめぐって

大抵の日本人はマスジド（モスク）と聞けば、丸屋根（ドーム）と尖塔（ミナレット）を備えた壮麗な建造物を連想するだろうか。確かに日本にも、東京ジャーミイと神戸マスジドを代表とするマスジド建築が存在する。[*10] しかし国内に設けられたマスジドの大半は、既存のビルを買い取り改装したものである。民家を転用したものもある。したがって、それを知らぬ者からすれば、マスジドの前を通ったとしても、それとは気づかず通り過ぎることだろう。注意をして見れば、「△△マスジド」と記した看板に気づき、[*11] それとわかる程度である。

新たに建築するとなると、その費用は莫大であるため、既存の建物が再利用されるのである。また集団礼拝できる場所の確保がムスリムにとっての優先課題であるから、その概観を整えることは二次的なものである。しかし日本人にとってみれば、その生活圏に突然にマスジドが出現するということになる。見慣れた建物が売りに出され、買い手が現れて所有者が変わったらしいと思っていたところ、その建物がマスジドになったという。そして金曜ともなると何処からともなく多くの外国人が集まり、建物の中に消えてゆく。その後暫くすると——礼拝が終了して——建物から大勢が出てきて、何やら理解できない言語で会話しあうグループがあちこちに見られる。予備知識を持たない日本人からすれば、この一連の出来事は驚くほかないものだろう。

ムスリム側にもマスジド計画を進めるにあたり、戸惑いが多い。マスジドに充当する物件には、ある程度広いスペースがなければならない。職場・大学や居住地から遠すぎてもいけない。周辺の環境も大切である。静穏さが確保できなければ、祈りの妨げになる。（大都市圏であれば）駅の近くが望ましいが、それでは地価・家賃が高い。（ある程度の郊外であれば）祈りに訪れる者たちのための駐車スペースも用意する必要がある。資金の準備も悩ましい問題である。十二分に調達できたうえで計画実現に向けて乗り出すというケースは少なく、不動産購入契約を完了してから資金の不足分を日本全国の既存マスジドに集まるムスリムたちのサダカ（寄附）に頼るというのが、一般的なパターンである。マスジドを訪れると、そのエントランスの壁に、新マスジド開堂のための寄付を募るビラを目にすることはよくある。そして何より、不動産所有者が売却を承知してくれなければならない。物件を探しあてたものの、マスジドとして使用するという目的を聞いて売却を断られたというケースは数多くあるようである。幸いに売買契約が成立したとして、物件近辺の住民の理解を得なければならないという難題もある。日本人によるイスラーム理解不足が、ムスリムにとっての大きな壁である。

それでも国内に多くのマスジドが設けられているのは、ムスリムたちの努力の賜物といえる。粘り強く交渉して、彼らは計画を実現していったのだろう。概して大きなトラブルもなく開堂へと漕ぎ着けられたケースが国内の大半のマスジドに該当するだろうというのが、調査を遂行してきた筆者の印象である。

とはいえ、開堂への途上でトラブルに見舞われたケースもある。マスジド予定地周辺の住民が反対運動を展開している、というものである。筆者はそれを新聞報道によって——正確には新聞のウェブ版によって——知った。その新聞は所謂地方紙であった。そこから推測して、筆者が捕捉できなかった地方紙に当該地のマスジド開堂をめぐるトラブルの報じられている可能性はある。

以下では、筆者の調査した三つのトラブル事例を紹介する。[*12] 事例①と②は、新聞報道に「住民による反対」の文字を見つけ、現地に赴いてアプローチしていったものである。事例③は、各地のマスジド訪問を繰り返すなか、トラブルに巻き込まれた（そして開堂が遅れている）旨の情報が耳に入ってきたものである。

事例①　富山アル・ファリーク・マスジド（富山市）

いま富山大学キャンパスの北に道を挟んで所在するマスジドは、二〇一四年七月に正式に開堂されたものである。大学で研究活動に勤しむムスリムたちが中心となって設けたもので、その壁面には「富山ムスリムコミュニティ（ＴＭＣ）」の看板が懸かり、「マスジド（モスク）」「イスラーム」の文字は見えない。一九八九年に建築された店舗兼住居であった三階建てビルが転用されたものである。

当初マスジドは（同じくキャンパス近くの）別の場所での設置が予定されていた。しかし計画を進めていた最中の二〇一二年一一月末、ムスリムたちは「モスク建設計画浮上／富山・五福／住民一日反対集会」[*13]といった事態に向き合わざるをえなくなる。

マスジド開堂を目指していた在富山のムスリムたちは、開堂のために貯めておいた資金が相当額に達したことから、計画を実行に移すことになった。大学正門近くに物件を見つけ、その所有者と交渉に入る。物件周囲の住民にも説明し、ほぼ理解を得たものの、一名だけは強硬で、問題はこじれ始める。

その一名は普段から物件所有者との折り合いが悪く、また物件上層階からその一名の家屋が丸見えとなるということも交渉の難航した原因であるとは、ムスリム側から聞かされたことである。それがいつしか、町内会による反対運動・署名集めへと発展してしまう（この経緯について、記事に載っていた運動中心人物に聴き取りすることができなかった）。地元住民の間には、「富山マスジドと同じようなことになるのでは」という懸念があったらしい。二〇〇一年に富山・射水の富山マスジドにおいてアル・クルアーン（コーラン）破棄事件が発生し、それに対するムスリムの抗議行動があり、また右翼もこの問題に関わったということで、「モスクができれば騒動があるのでは」と住民が考えたのである。建物所有者は売却を望んでいたが、ムスリム側が結局、無用の争いを避けて計画を断念することになった。

図①　富山アル・ファリーク・マスジド

その後、ムスリム側は現在の物件を購入。二〇一四年六月二八日には地元町内会の男性三人が建物を訪れ、意見交換をしたと新聞にあった。[*14] さらに新聞記事はこう記している。

意見交換では、TMCの二人が施設設置の経緯や利用者のほとんどが学生であることを説明し、イスラム教について紹介。TMCのムハンマド・アドニン・ビン・ハミディ理事（28）は「地域とうまくやっていきたい。センターへの心配があれば教えてほしいし、地域活動の手伝いもする」と呼び掛けた。住民側は、自転車の駐輪方法やごみ出し、回覧板のマナーや規則を説明。町内会長の男性は「うまく運営してほしい。受けた説明は町内会でも共有する」と答えた。

かくして富山アル・ファリーク・マスジドは正式に開堂される。この後にトラブルめいたことは一切起こっておらず、いま富山大学大学院で研究するマレーシア人ムスリム夫妻が住み込んで「コミュニティ」を管理している。在富山のムスリム待望のマスジドはトラブルを乗り越え、順調な船出を果たしたのである。なおこのマスジドに集まるムスリムたちが二〇一四年九月、広島市に出向きボランティア活動に従事していることを追記しておこう。同年八月に発生し七〇人を超える人が亡くなった土砂災害の現場で炊き出しを行ったのである。[*15] イスラームへの印象改善の意図もあって、実践されたことであろう。

事例② 金沢マスジド（金沢市）

金沢マスジドはいま、金沢大学に比較的近い住宅地の一角に設けられている。二〇一四年に新築された木造二

図②　金沢マスジド

階建てである。ドームもミナレットもなく、もし看板がなかったならマスジドと認識できる人は少ないだろう。

　在金沢のムスリムたちの多くは金沢大学に在籍しており、このマスジドが完成するまで、大学内の一室を（大学の許可を得て）借りて礼拝を行っていた。また市内の別の場所で古いアパートの一室を借りてムサッラーとして集まり、祈り、アル・クルアーンや——預言者ムハンマドの言行録である——アル・ハディースの学習を行っていた。しかし大学内の一室もムサッラーも手狭であり、あくまで借用しているものであることから、ムスリムたち（石川ムスリム協会）はマスジド開堂を思い立ち、それにふさわしい物件を探していたものである。適切な物件を見つけても宗教、しかもイスラームの施設にするという声を聞いて不動産所有者が渋り、契約に至らないということが何度もあったと聞く。

　それでも好適地として見つけ出され、所有者との契約に漕ぎ着けることができたのが、現在マスジドの建つ住宅地であった。ムスリムたちは予定地のある町内会のメンバーに会い、自分たちの趣旨を述べて理解を求めた。町会長は不動産会社から、「外国人が憩いの場をつくるために土地を購入した」と聞かされており、それがムスリムのマスジドのことであるとは想像もしていなかったという。ともあれ、町内会は住民たちに説明したところ、彼らから——とくに高齢の住民から——異議が唱えられる。このことが地元紙の知るところとなって報道されるのである。[*16]二〇一一年夏のことで、秋になって掲載された追跡記事のキャプションには「モスクに住民複雑／金沢の住宅地／県初の計画」[*17]とあった。

新聞記事の影響は大きく、設定されたムスリム側との初めての話し合いには多くの住民が出席したという。住民側からはゴミ処理の問題、駐車場、騒音等について質問がなされた。話し合い終了後、町会長は周辺の町会にもこの模様を説明している。そして彼は新聞社の取材に、「多くの人は「建てて欲しくない」と思っているのでは」と答えている。

この後の半年間は、両者が交渉のテーブルに着くことさえ難しい状況が続いた。町内会はこの間に、住民に対しアンケート調査を行なっている。住民から忌憚のない意見を聞き出そうとしたのであるが、「イスラーム、イコール、危険な宗教」という住民の認識は拭い難いものであったらしい。また祈りの場であるマスジドが居住のための施設でないことも、住民の不安の種となっていたようである。「無人になることへの不安」「火（の不始末）の問題」が表明され、モスクの警備システムについての質問もあった。さらに、土地資産価値の低下を心配する声もあった。

町内会は住民に理解してもらえるよう努めたとは、町会長の言である。ムスリム側に質問書を渡し、それに対する回答をまとめた文書も作成され、住民たちに提供されている。[*18]こうした尽力がなされた背景には、在金沢のムスリムの大半が金沢大学に籍を置く学生・研究者であるという現実がある。地元の最高学府のエリートである彼らは信頼に足る、と判断されたのだろう。こうした紛糾の際に住民が頼りがちな地元政治家も、国際交流というテーマを重視し、マスジド建設に異議を申し立てることはなかったようである。また当該の地区は景観・風致地区のため特異な建造物は認められないが、規制をクリアした建物の図面を示すようにとの町会側の要請に、ムスリム側は応じている。そして徐々に、両者は合意に向かって動き出してゆく。

結局、「反対運動」は過熱せず、事態は収束することになった。両者の間に合意が成立したのは、交渉開始から約一年後の二〇一二年八月七日である。[*19] 司法書士立会いのもと、両者間に――「五年後に見直す」との条項も含んだ――協定書[*20]が交わされ、マスジドは新築されることになる。

マスジドがいま周囲の景観のなかで異彩を放っていないことは、この項の冒頭に記した通りである。地元の神社の夏祭りには、五〜六〇人程度のムスリムが参加するという。

事例③　東広島ムサッラー（東広島市）

東広島市は広島大学のメイン・キャンパスが広がる街で、そこに学ぶムスリムは二階建て家屋をムサッラーとして使用していた。しかしあまりに手狭でキャンパスからも遠いことから、彼らにとって新たな祈りの場を設けることは懸案事項であった。

二〇〇五年頃、広島大学のムスリムたちはマスジド開堂のために土地を購入する。設立計画は一九九七年頃からあったようで、それに則ってのことであろう。しかしながらマスジド開堂の情報が外部に聞こえてくることはなかった。それもそのはずで、着工の気配すらなかったからである。

そうなったのは建設費用が集まっていなかったためであるとは、早稲田大学による調査の報告するところである〔店田・岡井 二〇〇九：九―一三〕。この調査はさらに、東広島のムスリムたちが他地域在住のムスリムたちへの寄附金募集活動――これは国内では一般的に行われていることである――を積極的に行わなかったことを記している。そうであるなら、建築予算のことを考えずに土地を買ったということで、ムスリムたちの計画力を疑問視せざるをえない。

筆者は東広島のムスリムが何らかのトラブルに巻き込まれているらしいという噂を耳にしたが、土地は準備できたものの肝心のマスジドが建てられないという状況が長く続いていたことで、噂が生まれたのであろう。なお、近隣住民がマスジド建設に反対していると伝えるメディアの報道を、筆者は全く捕捉していない。ではいったい、何のトラブルであったのか。

そこで噂の真偽を確かめるため、筆者は二〇一〇年末に現地を訪れた。そこで応対してくれたムスリムたちから得た情報によれば、マスジドを新築することに対し市の許可が下りなかった、ということであった。マスジド建築予定地の住宅地では家屋以外のものをつくることが認められていなかった、というのである。それに加え、当該地に水道を引くにあたり両隣の許可を得てそれを行うことが必要であったものの、一方がそれに反対しており、処置なしの状態でもあったという。

彼らからの情報が正しいとすれば、土地を購入するにあたり、建築規制のあることに頓着しなかったことが計画の頓挫を招くことになったといえる。土地売買契約を結ぶにあたり、日本語の（しかも難解な）専門用語を充分に理解しないまま押印した可能性は否定しきれない。もちろん、早稲田大学による調査が指摘する建築資金問題も否定しきれないところではある。どちらであれ、「トラブル」はムスリムと地域社会との間のものではなかった。ムスリム側の失策である。

現在、既述のムサッラーがどうなり、購入されていた土地がどう処置されたかは不明である。しかし当初計画とは異なる場所に購入された五階建てビルが、二〇一二年五月、東広島マスジドとして開堂されている。大学所属のムスリムたちの念願は、ようやく叶ったのである。

ここにあげた三つの事例はみな、地方都市においてのものであった。大都市圏に比較すれば、地方都市の在留外国人の数は少ない。よって相対的に目立つ彼らの、さらに寄り集まる光景は周囲の関心を引くに充分である。まして宗教、それもイスラームの施設ができるのだとなると、近隣住民の当惑することに――もちろん反対運動を起こすことまでもがそうだというのではないが――無理はない。事例①と②だけでなく、③についてもまた、水道設備に関し非協力的であったのは隣家住民の戸惑いからのことであったかもしれない。

もっとも反対運動は混迷・長期化せず、結局はマスジド開堂へと落着し、開堂されて後はトラブルの発生が仄聞されることはない。住民側が異議を唱えることになった理由に、イスラームについてのステレオ・タイプの理解があったことは間違いなく、交渉過程のなかでそのイスラーム（ムスリム）観が変化していったのであろう。開堂後に地域住民がマスジドに関わることがほぼない一方で、富山・金沢だけでなくマスジドのある国内のほとんどの地域で、ムスリムたちは住民に配慮し続けている。だからこそ、トラブル発生の報は聞こえてこず、地域の平穏が保たれているのだと思われる。次節では、ムスリムによる配慮の具体例に筆を及ぼそう。

なお事例③は、イスラーム（ムスリム）と日本社会の関係を問おうという本章の意図から外れるものであるから、ここで取り上げる必要はなかったかもしれない。とはいえ、マスジドが開堂されないという事態を、地域住民によるイスラームへの偏見に起因する反対運動と結びつける傾向が国内にあるのではないか。[*21] そうであればそれは、「非寛容な日本人」批判へと過熱化する怖れがある。根拠のない批判は慎まれるべきである。よって、ここに事例として加えたのであった。

三　開堂後のマスジドと地域社会

マスジドの開堂により、イスラーム（ムスリム）は日本社会においてその可視性を高めることになる。だからといって、身近にイスラームを感じるようになった地域住民がムスリムに積極的に働きかけることは、ほとんどない。彼らがマスジドに出入りするという光景は、見られない。マスジドは住民が親近感を持っていない宗教の施設であるから、無理からぬところである。仮に身近に設立されたのが日本宗教の施設であったとしても、住民は――その信者でもない限り――それらの扉を叩かないものである。そして日本宗教の施設は基本的に、信者だけを相手にするのであって、周辺の住民や社会に何らかのアピールを行なうことはほとんどない。

一方、ムスリムたちは地域住民の反応に敏感である。彼らは住民の多くがステレオ・タイプのイスラーム観を有していると認識しているため、彼らの念頭には「誤解」を正したいとの思いが常にある。とりわけビジネス活動に従うムスリムは定住志向が強く[*22]、それゆえに日本人からの異質視を――とくに子どもたちの将来を考えると――矯正したいと念願している。ムスリムが近隣に迷惑をかけるようなことがあっては、その思いは無に帰してしまう。駐車違反をしない、（マスジドで料理して皆で食することは珍しくないため）ゴミ出しルールを守る、通行の妨げにならないようマスジド周辺で屯《たむろ》しない、騒音を出さない等々は、マスジド管理委員会が注意喚起している代表的なものである。

こうした迷惑をかけないための配慮以外に、ムスリムは日本人・日本社会にどのような働き掛けをしているだろうか。ここで、大塚マスジドと熊本マスジドを事例に取り上げ、両者が交差する諸点について、具体的に見てみよう。第六回目の「マスジド代表者会議」[*23]（二〇一四年二月、於早稲田大学）において前出マスジドの代表者が報告したものを、筆者が整理して以下に提示する。また、筆者が両マスジドで行った聴き取り調査から得た情報も組み込んでいる。

大塚マスジド（豊島区南大塚）は二〇〇〇年に開堂されたもので、宗教法人日本イスラム文化センターと同体であり、また（イスラームの教えを伝えることを主なる目的とする）ジャパン・イスラミック・トラスト（Japan Islamic Trust）とも同体であると認識してよい。マスジドは山手線大塚駅から程近くに建つ細長いビルである。

その地元の名物行事として「東京大塚阿波おどり」が毎年八月末に開催されているが、マスジドはこの企画にカレーの店を出すことで協力している。また日常的には、早朝の礼拝（ファジュル）のためにマスジドを訪れた者たちが、近辺の道の清掃を行う。ホームレスへの食事提供を行なっていることも、特筆すべきところだろう。

図③　大塚マスジド

いずれ彼らの精神面での支援にも携わることも考えており、さらに老人ホームを慰問訪問すること、長期入院を余儀なくされている患者たちのサポート活動を行うことも、計画しているという。

二〇一一年の東日本大震災に際しては、大塚マスジドの名のもとにおにぎりをはじめとする食料、飲料水を被災地に運び込んだことも付記しておきたい[*24]。電気の使えなくなっていた被災地では、すぐに食べられるおにぎりが大層喜ばれたという。おにぎりづくりは最初、マスジドに集う面々がこれを行っていたところ、マスジドから町内会に呼び掛け、それに応じた地域住民と協働している。これをきっかけに初めてマスジド内に入ったという住民もおり、ムスリムと地元民との間の壁が低くなったとは、大塚マスジド代表者が会議で発した言である。

このマスジド周辺に引っ越すことを希望するムスリムが、近年増えているようである。マスジドは幼稚園を経営しており、就学前の幼児を抱えるムスリム・ファミリーには心強いからという理由はあろうが、それと並んで、あるいはそれ以上に、マスジドと地域社会との関係の良好であるという理由も大きいと思われる。このマスジドからすぐ近くに中学校があるが、学校側の理解により、中学生ムスリムは昼の礼拝（ズフル）のためにマスジドに来ることが許可されている。このことからは、マスジドを中心とするムスリム共同体に対する日本社会の理解の進んでいることがうかがえる。

さらに大塚マスジドは、ドバイ（アラブ首長国連邦）の機関の代理で、ハラール認証を行っている。[*25] マスジド代表者は「日本の美味しい料理を海外に輸出したい」と語っており、これが展開してゆけば日本の食品業界にプラスとなろう。認証は食品だけにとどまらず化粧品や化学製品にも与えられており、今後も多分野の企業が認証を求めるようになってくれば、日本のビジネス世界におけるイスラームの認知度は確実に高まる。

次に、熊本マスジド（熊本市黒髪）に言及しよう。熊本大学キャンパスから僅か一五〇メートルしか離れていない場所にある元アパートの三階建てビルが購入され、マスジドとして開堂されたのは二〇一三年のことであった。開堂に先立ち、熊本のムスリムたちは地域住民との間にトラブルの生じないよう、国内のマスジドから情報を収集して慎重に事を運んだという。ただ開堂式にあたり、招待のチラシを五〇枚用意して近隣を訪問したものの、出席者は誰一人としていなかったようである。

このビルのマスジドへの改装に伴い、小さなドームとミナレットが設けられたが、これらは緑色に塗られた。周囲の街並みに合わせるため、その色が選ばれたようである。マスジド正面の公園の除草作業も、ムスリムは町内会の面々とともに実施しており、近隣への配慮は怠りない。

年に二～三回の公開セミナーを開催していることも、ここで記すに値する。たとえば「世界の動きを知るセミナー――多元的な宗教という立場から」といったテーマでの開催で、会場を熊本国際交流会館としているのは、広く一般市民から参加者を得るためであろう。マスジドで来客を待つより、外へ出て――「多元的な宗教」という言葉とともに――イスラームに対する理解レベルを上げようという意図がそこにある。またカトリック鹿児島教区司祭研修会にて二人の日本人ムスリムが発表するなど、「日本のクリスチャンとの対話」も意識的に行っている。熊本市役所や熊本大学も表敬訪問しており、これは拠点をつくりあげた熊本のムスリムによる自信・喜び・誇り・意気込みに満ちたアピール行動であろう。熊本マスジドは、イスラームと日本社会の出会いの場となることを念願しているのである。

以上に挙げた二つのマスジドの事例から、日本に生きるムスリムたちの日本人・日本社会に寄せる思いが読み取れる。彼らは地域社会に協調し、その上で自分たちのことを知ってくれるよう、要請しているのである。その彼らの生活・思想はイスラームとは不可分ゆえ、（彼らを通して）彼らの宗教を知って欲しいという要請も、そこには含まれている。

その期待に日本が不足なく応えているといえるだろうか。熊本マスジドの開堂式に一人の日本人住民も参加しなかったという現実は示唆的である。公開セミナーは、どれほどの一般市民の参加を得たことだろう。また、東日本大震災の被災者救援にあたり大塚のムスリムと住民は協働しているが、その住民のなかにマスジドに初めて足を踏み入れた者がいるという。協働した住民はおそらくポジティブな人物であろうが、マスジドが開かれて一〇年以上も経っていることを考えれば、彼らであっても普段は傍観者的であったことが推察できる。被災者支援活動がなかったなら、両者の関係はどうであっただろう。あるいは、大塚マスジドの計画する高齢者・闘病者への慰問は、果たして受け入れられるだろうか。ムスリムは単なる「カレーの出店の外国人」としてのみ、認知されているのではないだろうか。

大塚マスジドがすぐ近所の中学校に、イード（祭り）の会場として校地を使用させてもらえるか打診したところ、特定宗教の行事のためには貸せないと回答されたという。公的機関である学校としてもっともな言い分である。その「公」的なポジションに、日本の町内会も、市役所も、大学もあるだろう。そのため、ムスリムからの期待に十全に応じられないという側面はあるはずである。

そして「私」的なレベルでも、ムスリムの予想していた結果は得られていないようである。マスジドでエスニック料理教室や異文化講座が開かれていても、そこに参加する日本人は極めて少ないのが現状である。元来それらに関心を持つ人は多くないと想像されるし、加えてイスラームを信仰する外国人ばかりがいる――とイメージされているはずの――マスジドに入るのは、一般人には勇気がいる。

筆者はこれまでの調査経験から、ムスリムと日本人との関係は、ムスリムのみが熱いアンバランスなものである、との感を持つ。ムスリムの思いとは裏腹に、大抵の日本人の――大塚マスジドの地元住民であっても――ムスリム（イスラーム）への姿勢は「黙認」レベルにとどまる。両者の間で目立つ程の交流の行われている事例は確かにあるが、それは例外的なものである。[*26]

こうした事態が続けば、やがてムスリムは自分たちの働きかけが効果において乏しいことを認めざるをえなくなる。そして、日本人を対象とする彼らの企画は有名無実化してゆく。ムスリムが、地域の一員として最低限度のマナーを遵守しながらも、信仰を同じくする者同士での交わりで事足れりと考えるようになれば、マスジドはいわば陸の孤島の如き存在となって、ムスリムと日本人は交わることのない平行関係を形成する。

いま全国のマスジドの所在する各地に見られる二者の関係は、概してこうしたものである。この関係に変化の生じることがあるだろうか。

四　マスジド＝地域社会関係の今後

在日コリアン研究で知られる谷富夫は「民族性を顕在させながら、他民族と結合することはいかにして可能か」〔谷 二〇〇二：二二〇〕を問う。そして「たとえば同じ地域の住民、職場の同僚、同じ信仰の持ち主、同じ趣味サークルの会員等々として、まずは共通の関心（インタレスト）に基づく協働関係（symbiosis）を持つことから、顕在的結合関係への道は開かれる」〔谷 二〇〇二：二二〇〕と主張している。

この議論に則れば、「共通の関心」がポイントである。そして日本人とムスリムがシェアしうる関心は、事例のなかに既に現れている。それは「被災者支援」と「ハラール認証」であった。

被災者救援でムスリムと協働した地域住民は、ムスリムの人柄とそのバックボーンであるイスラームを（程度の差はあろうが）知ることになったはずである。それが実感できたから、マスジド代表者は壁が低くなったと発言したのだと思われる。

またムスリムは、いま彼らが暮らす日本の経済の好調を期待している。当然のことであるが、その好調がイスラーム世界と日本とのビジネス関係の活性化によるなら、彼らには一層に喜ばしいことである。日本の企業においても、将来のビジネス展開にあたり未開拓のイスラーム世界を重視する傾向が生まれてきている。ハラール認証がそこにおける鍵となれば、日本人はムスリムそしてイスラームへの理解を深めてゆくことになる。認証を得ようとする企業には地域密着型のものが少なくなく、その従業員は当該地域に暮らしていることから、ここにムスリムと地域住民が交わる可能性が高まる。*27

いま見られる二者間の平行関係が、これから劇的に変化してゆくと予想することは現実的ではあるまい。大学に籍を置くムスリムもビジネスマンのムスリムも、各自は多忙な日々を送っており、日常を中断して地域住民と共通関心に基づいての活動に携わることは容易ではないからである。マスジドを会場とする料理教室であれ文化講座であれ、それは週末に、また平日であれば夜間に、開かれている。さらにそうした時間も、ムスリムたち自身のアル・クルアーン等の勉強会のために利用されているし、ムスリムの子どもたちのための教育に充当されることが通例である。ハラール認証を行うマスジドにあっても、それを専ら自身の業務としているムスリムがいるわけではない。もちろん住民もルーティン・ワークに忙しく、他者と協働するための時間を見出すことは容易ではない。

両者の関係の変化してゆく可能性は、確かにある。その場合、いまムスリムが日本人・日本社会に対して抱く熱い思いの冷めないことが期待される。

1——ムスリムMuslimは、正確には男性の信徒を指す。女性信徒はムスリマMuslimaである。なお本章では、男女を問わずイスラームの信者を表すものとして、ムスリムという言葉を使用している。

2――バングラデシュとパキスタンについては一九八九年に、イランについては一九九二年に、査証免除措置は停止となった。

3――制度はこう謳っていても、労働力不足に悩む日本の事業者が安価な労働力として外国出身のマン・パワーを利用しているという側面は否定しきれない。もちろん政府は制度改正を行って技能実習生の法的保護に取り組んでいる。しかしながら、そうであっても雇用者の労働基準法違反を告発する声が絶えない現状である。

4――外国人登録法に基づいて外国人登録原票の提出が義務づけられていたが、そこに信仰する宗教について記載する箇所はない。なお、この法律（そして登録原票提出）は二〇一二年に廃止され、以降、外国出身者は法務省が交付する在留カードの携帯を義務づけられることになった。この在留カードに記載される内容のなかにも、信仰する宗教はない。

5――マスジド、ムサッラーともに祈りの場の意であるが、前者は「常設」のイメージを持つことにおいて後者とは異なる。ムサッラーは、たとえばムスリムの暮らすアパートの一室がそれとして利用されている場合、またビル内の一室が便宜的に借用されている場合などが該当し、移転する可能性のあるものである。

6――日本人ムスリムの開設しているもので、筆者の知る限り最も網羅的で正確なものである。URLは **http://www2.dokidoki.ne.jp/islam/benri/benriindex.htm** である。サイトを閲覧（二〇一六年二月）し、そこに載る二〇一四年以降の国内のマスジド・リストを本文中の作表に活かした。なお、この日本人ムスリムは大学入学後にイスラームに入信し、その後マレーシア、エジプト、リビアで学んだ人物で、いま愛媛県の新居浜マスジドを運営している。国内のイスラーム団体イスラミック・センター・ジャパンの役員も務める。

7――鈴鹿マスジドの存在は二〇一一年二月に確認した。この時点で鈴鹿のムスリムたちは、マスジドの四日市市内への移転を決めていたようである。しかしながら筆者の調査が滞り、移転の事実を確認できていないため、ここでは「鈴鹿」のままとした。本書附録の「国内マスジド探訪記」中の「鈴鹿マスジド」の項も参照されたい。

8――香川県高松市には、かつてムサッラーが存在していた。それはここで依拠したウェブ・サイトにも以前には記されていたところであるが、本稿執筆時点で高松ムサッラーの文字はサイト上には見えない。閉鎖されたようである。

9――こうしたマスジドの急増を根拠に、イスラーム圏の研究者のなかには日本におけるイスラームの未来が明るいと見る者がいるようである〔Fathil and Fathil 2011〕。その結論を裏づけるものとして彼らが指摘するのは、マスジド数の他に、イスラームへの改宗者（とくに若い改宗者）の増加や、イスラーム組織そしてイスラーム教育を施す学校の増加である。しかしマスジドの増加を除き、右記の根拠は日本の実情を反映するものではない。このことは、イスラーム世界からすれば日本が遠い国のままであることを示唆していよう。

10――岐阜マスジドや福岡マスジドもこれに該当する。

11――「イスラーム文化センター」の看板を掲げるところも多々ある。これは、宗教施設であるというアピールを控えようとの意図に発するものと推測される。宗教色を前面に押し出さないことで、日本人から警戒されることを最小限に止めたいとの配慮が働いているのだろう。

12――本文中で以降に示す事例①と③は、当該マスジドの代表者もしくはそれに近い人物にインタヴューし、その内容を（新聞記事も参照しつつ）まとめたものである。事例②も同じであるが、当地ムスリム協会の副代表を務める日本人ムスリムにも、また「騒ぎ」の一方の当事者代表というべき町会長（当時）にも、聴き取り調査を実施している。

13――『北日本新聞』（二〇一二年一一月二九日）。なお、「建設」という言葉は適切とは思えない。読者には、（日本の街の景観には異質な）マスジドが新築されるという印象を与えるものであろう。

14――『中日新聞』（二〇一四年七月一日）。

15――『中日新聞』（二〇一四年九月二三日）。

16――『北國新聞』（二〇一一年八月二八日）に「石川のニュース」として「金沢にモスク建設／射水の宗教法人」と報じられたのがこの一件の初出である。「射水の宗教法人」とは富山県射水市の富山マスジドのことである。宗教法人である富山マスジドの「支部」として、金沢マスジドが開堂されるということである。形式的にはそうであるが、実際上、富山と金沢のマスジドとの間に「本末関係」は見られず、両者は相互に独立した存在と見て間違いない。

17――『中日新聞』（二〇一一年一〇月二三日）。

18――「イスラーム原理主義についてどう思うか」「現在のイラン・シリアについての問題にどのような認識を持っているか」「布教を行うのか」「住居地域に宗教施設を建設することについてどう考えるか」「礼拝の頻度や回数はどの程度か」「迷惑駐車、ゴミ、騒音等、問題が発生した場合はどうするのか」「町会のゴミ当番は応じるのか」「町会費は支払うのか」「町会役員就任や行事への参加はどうするのか」「冬季の除雪体制・除雪範囲はどの程度か」「施設の利用目的は何か。礼拝以外で使用する場合、その目的は何か」「建築申請している施設を事務室として利用することはないのか」「音を施設外に漏らさないための施設面の配慮はどうしているのか」「建物外へ向けた拡声器やスピーカーの設備を有するか」「敷地内に何台分の駐車スペースが確保されているか」「車での礼拝を推奨するか（礼拝のために車でマスジドを訪れることを薦めているか、の意――筆者注）」「町会、近隣住民に対する一時的な駐車は可能か」。以上の質問への回答をまとめたものである。

19――『毎日新聞（石川版）』（二〇一二年八月二三日）。「石川ムスリム協会：モスク建設計画で合意／理解深まる交流を――金沢・若松町会」というキャプションであった。石川ムスリム協会副会長を務める日本人ムスリムによる「イスラム文化の紹介や、料理教室の開催などで、住民との間に良好な関係を築きたい」とのコメントが載っている。

20――注18に挙げた諸質問に対する回答を基にして、作成されたものである。

21――あるブログに、「広島では広島大学に留学している学生や教員の努力でモスク用の土地を購入しているのですが長い間周辺の人々から建設反対だと、いまだに開設できていません」という文言があった。詳細は http://nostreet.exblog.jp/12842937 を参照のこと。右は、インタヴュー（二〇一〇年）に応えて大阪在住のムスリムが述べたものである。また――二〇一〇年に書かれたものゆえ若干古いが――「日本国内には約五七のマスジドが存在します（二〇一〇年にはさらに増えています）。その多くはイスラム教への無理解や誤解と偏見、差別によって大きな苦労があるようです。彼等の日々の暮らしになかなか不可欠なモスクを開設することは大変な作業であるようです。現在でも日本各地で地域住民の反対運動に直面しているとも聞きます」（http://islam1.shin-gen.jp/）との文章もある。こちらは、大阪でムスリムたちと積極的な交流を行なっている人物（非ムスリムの日本人）の記したものである。

22――在日本のムスリムの定住志向は、各地に（土葬するための）ムスリム専用墓地が開発されている事実から推し量ることができる。

23――「マスジド代表者会議」は二〇〇九年二月に早稲田大学で第一回目が開催された。テーマは毎年変わっており、「日本のムスリム・コミュニティを語る」（二〇〇九年）、「日本におけるムスリム・ネットワークと日本人ムスリム」（二〇一〇年）、「日韓ムスリム・コミュニティの現状と課題」（二〇一一年）、「東日本大震災と被災者支援活動」（二〇一二年）、「日本のムスリム、食を語る」（二〇一三年）、「地域コミュニティとマスジドの将来像」（二〇一四年）、「ヤングムスリムの将来設計――学ぶ、働く、生きる」（二〇一五年）となっている。本章は二〇一四年の会議での報告を参考にしている。

24――大塚マスジドだけでなく、各地のムスリムは東日本大震災の――その他の天災のケースでも――被災者・被災地支援に尽力している。その詳細については、二〇一二年のマスジド代表者会議記録〔小島・店田編 二〇一三〕を参照のこと。また〔倉沢 二〇一三：二七〇―二七二〕も参考になる。

25――ハラール認証については、本書第三章で詳述しているため、ここではこれ以上触れない。なお大塚マスジドによるハラール認証について報告した書籍があり〔佐々木 二〇一四：九九―一〇五〕、こちらも参照していただきたい。

26――マスジドの所在する地域が人権問題への意識の高いところで、この問題に取り組む日本人が「いわれなき差別に苦しむ」ムスリムを支援し、彼らと地域住民とを仲介しているものである。詳細は〔三木 二〇一二：六一―六二〕を参照のこと。

27――地域の特産である食品の製造業、またムスリム観光客の増加を期待する（ホテルやレストランを含む）観光業などが、これにあたる。

〔参考文献〕

倉沢宰　二〇一三「在日ムスリムコミュニティと東日本大震災被災者支援」吉原和男編著『現代における人の国際移動――アジアの中の日本』慶応義塾大学出版会

小島宏・店田廣文編　二〇一三『第４回マスジド（モスク）代表者会議『東日本大震災と被災者支援活動２０１２年２月12日』早稲田大学アジア・ムスリム研究所

佐々木良昭　二〇一四『ハラールマーケット最前線』実業之日本社

店田廣文　二〇一五『日本のモスク――滞日ムスリムの社会的活動』山川出版

店田廣文・岡井宏文　二〇〇九『日本のモスク調査２――イスラーム礼拝施設の調査記録』早稲田大学人間科学学術院アジア社会論研究室

谷富夫　二〇〇二「定住外国人における文化変容と文化生成」宮島喬・加納弘勝編『変容する日本社会と文化』東京大学出版会

三木英　二〇一二「宗教的ニューカマーと地域社会——外来宗教はホスト社会といかなる関係を構築するのか」『宗教研究』三七一号、日本宗教学会、四五—七〇頁
Fathil, Fauziah and Fathil, Fathiah, 2011, "Islam in Minority Countries: A Case Study on Japan and Korea", *World Journal of Islamic History and Civilizaiton*, 1(2), pp.130-141.

[ウェブサイト]
イスラム便利帳：http://www2.dokidoki.ne.jp/islam/benri/benriindex.htm（二〇一六年二月閲覧）
「大阪イスラム文化協会」インタビュー：http://nostreet.exblog.jp/12842937（二〇一六年二月閲覧）
大阪イスラム文化センターとの出会い大阪・茨木市：http://islam1.shin-gen.jp/（二〇一六年二月閲覧）

第２章　イスラーム圏からの観光とハラール

◉藤田智博

一　はじめに

現代世界ではヒト、モノ、カネ、情報が国境を越えて往き来するグローバリゼーションが進行している。その流れのなか、自国を出て他国へ移動するツーリストや多数のツーリストを集める観光地、また、これに関わる人びとや産業は、グローバリゼーションを駆動する無視できない次元を構成する。その観光と宗教との間に密接なつながりが見られることは明らかである〔山中編 二〇一二〕。人びとが観光目的で訪れようとする場所と宗教的な聖地との重なりは大きい。[*1] 国内では、伏見稲荷大社、厳島神社、金閣寺、東大寺、高野山奥の院、清水寺、成田山新勝寺といった寺社、海外では、ヴァチカンのサンピエトロ寺院、イスタンブールのブルーモスクやアヤソフィア、カンボジアのアンコールワット遺跡群等々、観光客が多く訪れる宗教的聖地は数多い。

これらの例が宗教と観光との関係の深さを示しているが、近年ではこの関係にくわえてもう一つの側面への注目が高まってきている。それが、イスラームという宗教を信仰する観光客への対応である。周知のようにイスラームはその教えに日々の暮らしで遵守すべき義務・奨励事項を含んでおり、たとえ短期の滞在であっても、信徒が非イスラームの国々で生活するとなると不便を感じると考えられる。イスラームの信徒を含むツーリストの受け入れの増大を目指すならば、彼らが不便を感じることなく滞在ができるよう配慮することが必要となる。

いま日本政府は、訪日外国人旅行者の受け入れ促進を行っているが、[*2] 本章で注目する「ハラール」をキーワードとしたムスリム（ムスリマ）のツーリストへの対応についての関心の高まりは、このような動きのなかで現れてきたものである。[*3] 経済発展著しいイスラーム圏の国々から日本を訪れる観光客の日本滞在を快適にするためにも、国内の観光業界のみならず日本政府もまたイスラームという宗教への対応を行っていく必要があるだろう。

本章では、インバウンドの観光に照準を合わせ、そこでのムスリムのツーリストへの対応のあり方について、ニューカマー宗教との比較を念頭に置きながら、報告することとしたい。他章でも取り上げられているが、昨今の日本では「ハラール・ブーム」といってよいほどの動きが観察されている。日本の生産品を海外（イスラーム圏）に輸出することもブームを構成するもう一つの軽視しがたい側面であるが、本章ではそれを扱わないこととする。

二　増大するイスラーム圏からのツーリスト

日本において移民の数が顕著に増加し始めたのは、一九八〇年代後半以降のことである。その多くは、ブラジルやペルーといった南米地域の出身者であった。他方で、同様の時期には、バングラデシュ、パキスタンといったムスリムを多く抱える国からの移民も増大している〔樋口・稲葉・丹野・福田・岡井 二〇〇七〕。一九九〇年代以降に日本各地においてマスジドがいくつも開堂されるようになったという事実は〔三木・櫻井編 二〇一二〕、日本に滞在している外国出身者のうち、イスラームを信仰する者の数が多くなったことを反映しているといってよいだろう。

就労、学位の取得といった何らかの滞日目的と滞在資格を持って来日し、一定期間日本に在住する外国出身者である移民と比較するならば、ツーリストの場合、日本での滞在期間は長くない。また、就労や学位の取得を行うわけではないために、宗教が果たす精神的な安穏の提供や各種のサポートネットワークという役割も、ツーリストに対してはそれほど必要性が大きくないように思われる。しかし、日本に定住して就労、または勉学に励むムスリムのみならず、ツーリストのムスリムの存在も、規模として決して無視できるものではなくなってきている。

日本では、先に触れたような外国人ツーリスト受け入れの増大を目指すこととも関わり、ビザの緩和や免除が検討され、進んでいる。東南アジアのインドネシアやマレーシアといったムスリムを多く抱える国も、その対象に含まれている。そして、これらの国から、日本を訪れる観光客が少なくない。すなわち、日本の観光産業において、イスラームを意識する機会は確実に多くなってきている。

図①と図②は、法務省による出入国管理統計をもとに、一九八〇年以降のインドネシアとマレーシアからの入国者数の推移を示したものである[*4]。インドネシアとマレーシア、いずれの国のグラフも形状が類似しており、一九八〇年の段階で二万人を下回っていた数値が、二〇一四年にはインドネシアで一五万人、マレーシアで二五万人を上回るまで増大している。東日本大震災の年に落ち込みが見られたことを除くならば、とりわけ、二〇一〇年以降、増加の傾向が顕著である。これは、ムスリムを多く抱える国に限らず、全体の外国人入国者数の増大と軌を一にするものではあるものの、ムスリムを抱える国からの入国者数が、規模として決して無視できるものではなくなっていることを示すものである。それゆえ、単に国外からのツーリストが来日しているという点だけでなく、どのような国の出身者であるのかといった点への配慮も必要になってくるのである。

もちろんイスラーム圏のなかで、インドネシア出身者とマレーシア出身者だけが日本を訪れているわけではない。しかし、その増加が顕著であるからこそ、ここに言及していることは付記しておく。

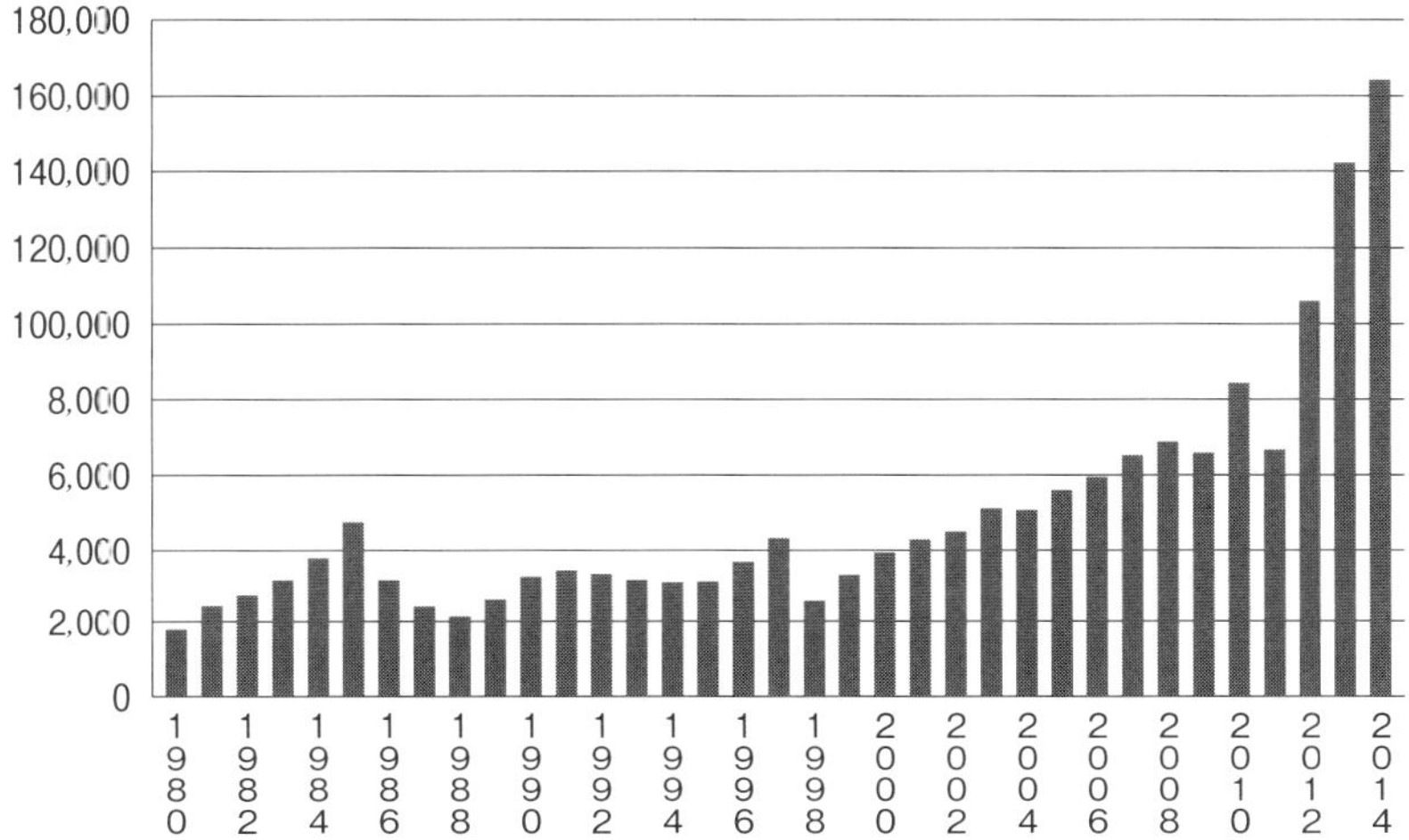

図①　1980年から2014年までのインドネシアからの入国外国人者数（人）
（法務省「出入国管理統計」より作成）

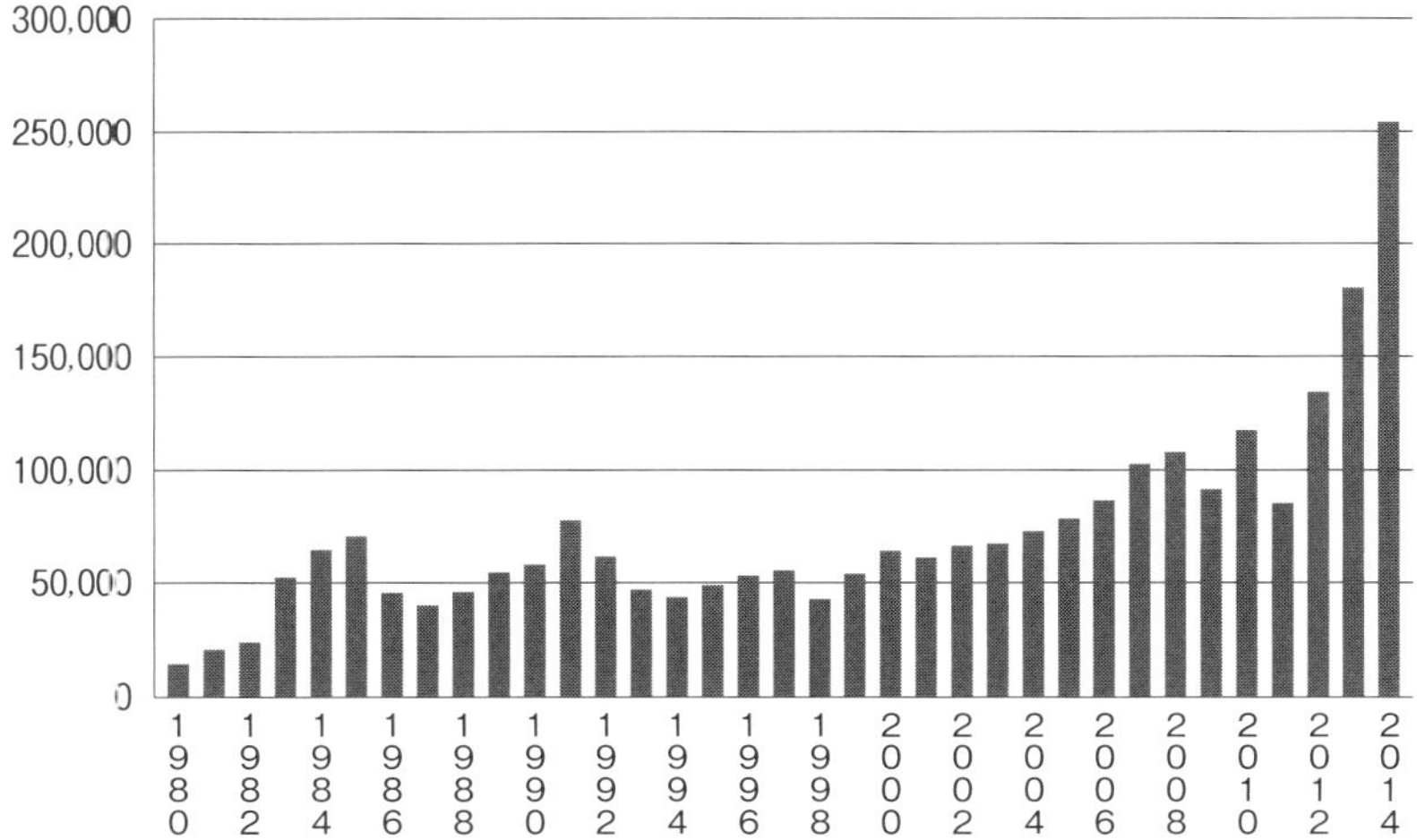

図②　1980年から2014年までのマレーシアからの入国外国人者数（人）
（法務省「出入国管理統計」より作成）

三　ムスリムのツーリストへの対応

それでは、日本へやってくる外国人ツーリストは、日本のことをどのように感じているのだろうか。観光庁が行った調査を中心に確認しておくことにしよう。

観光庁は、四半期ごとに、「訪日外国人消費動向調査」を、調査員による聴き取り調査の手法を用いて行っている。そこで対象とされているのはトランジット、乗員、一年以上の滞在者等を除く、日本を出国する訪日外国人客である。対象者数は時期によって異なるものの、二〇一五年は四半期ごとに九七一〇サンプル、年間で三八八四〇サンプルを目標に実施されている。実施場所は、東京国際空港、関西国際空港をはじめ、国内の主要な空港である。そこでは、さまざまな質問がなされているが、そのうちの一つに、「日本滞在中、何に関する情報があると便利だと思いましたか」といった質問がある。図③に、二〇一五年の各四半期の平均値を示した。その結果によれば、「無料 **Wi-Fi**」「交通手段」に続き、「飲食店」が回答の上位に入っている。この結果は、情報探索ツールとしてインターネットが必要とされている現状とともに、日本国内を移動するにあたってどうしても必要になってくる交通手段や食事の情報の重要性が依然として高いことを示している。宗教と関わる点では、「祈禱室」[*5]に関する情報を必要としている回答は〇・九％ときわめて低い数値となっている。

しかし、国別に結果をみてみるならば、異なる様子が見て取れる。インドネシア出身の対象者は、年間で合わせて五二四人とサンプル全体に占める割合は決して大きくないものの、滞在中にあると便利な情報について、「祈禱室」と回答した割合は一六・六％と、全体より高くなっている（図④）。同様のことは、マレーシア出身者

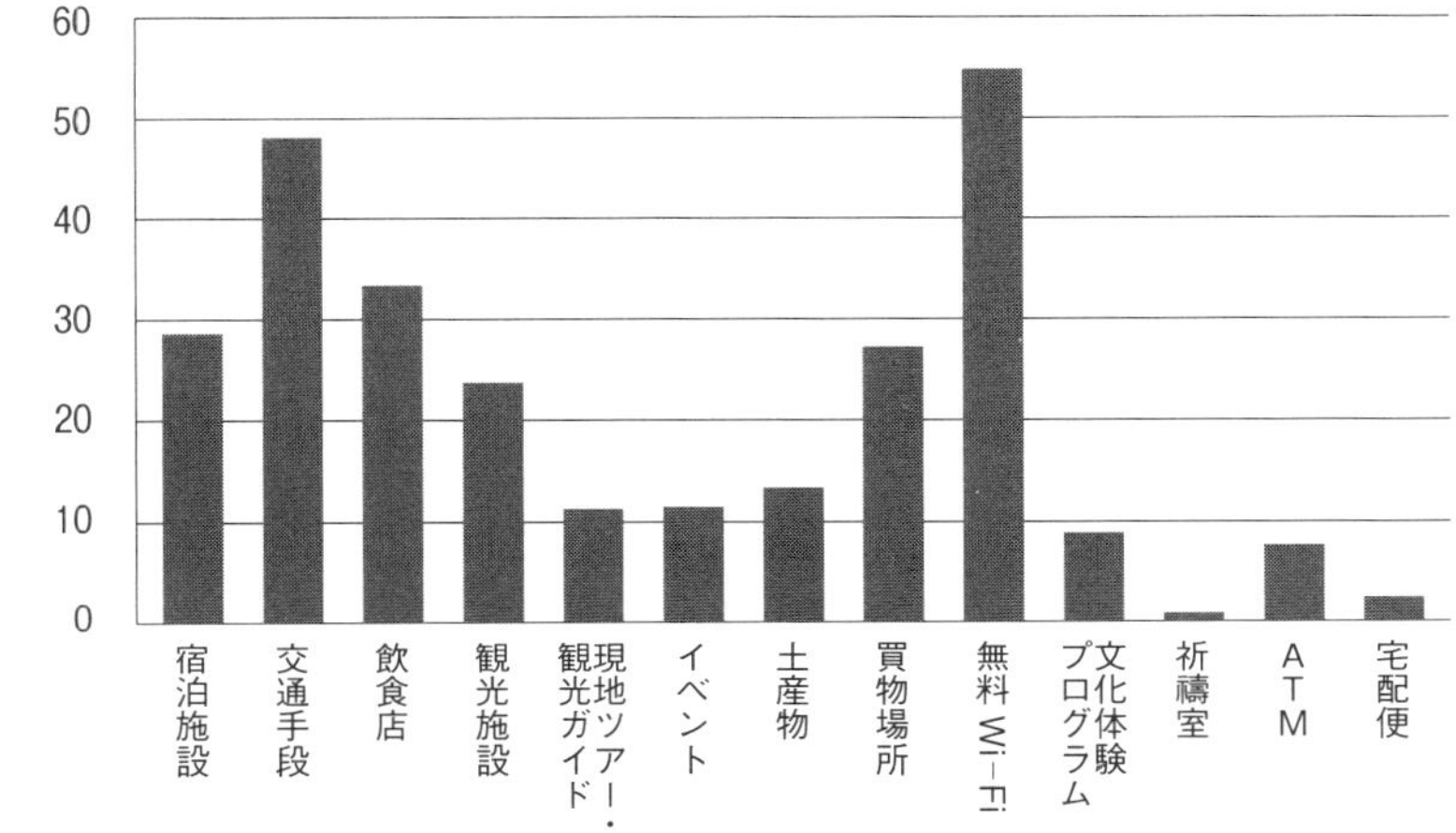

図③　日本滞在中にあると便利な情報について（%、全体）
（観光庁『訪日外国人消費動向調査』〔2015年〕より作成）

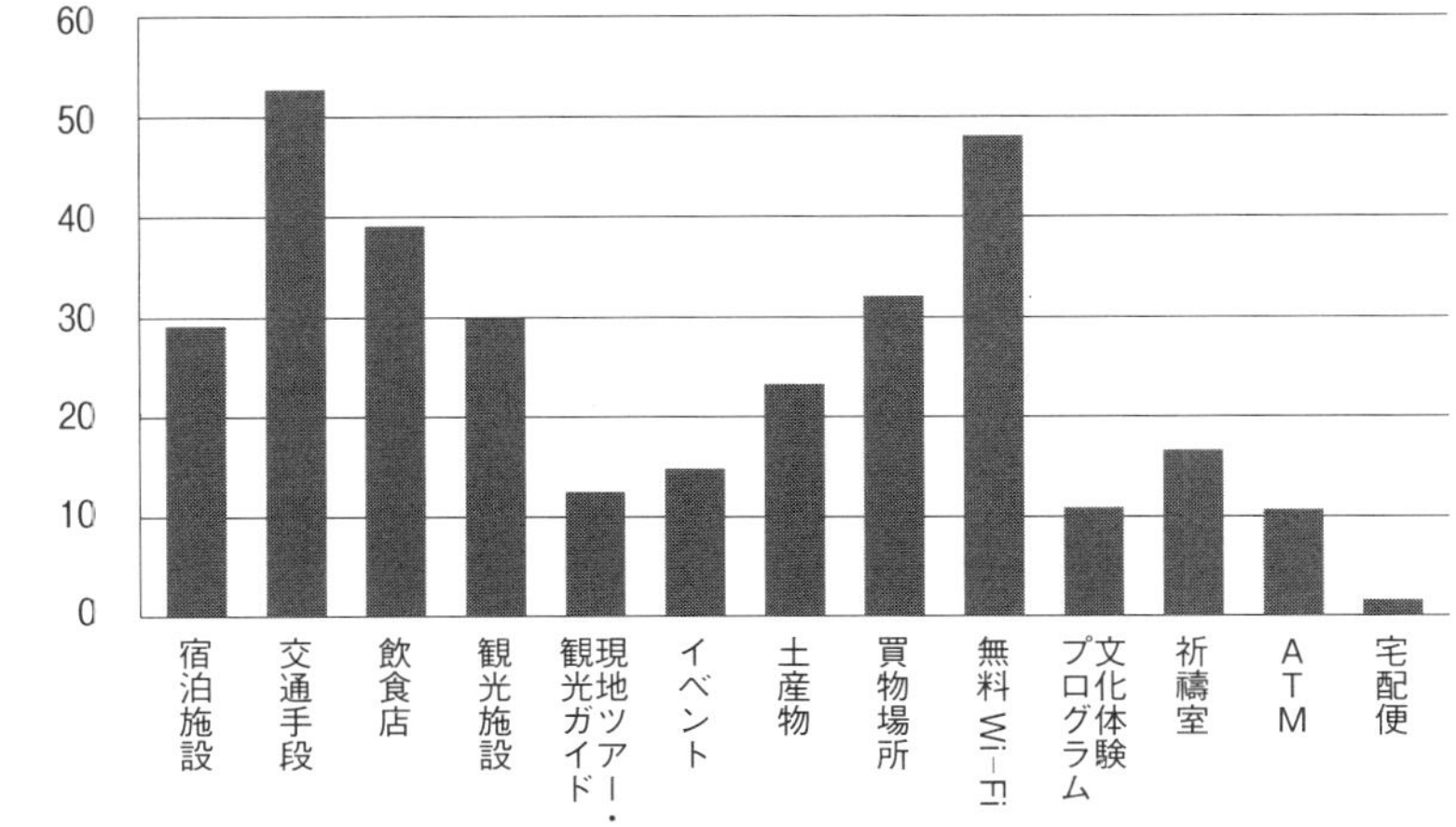

図④　日本滞在中にあると便利な情報について（%、インドネシア）
（観光庁『訪日外国人消費動向調査』〔2015年〕より作成）

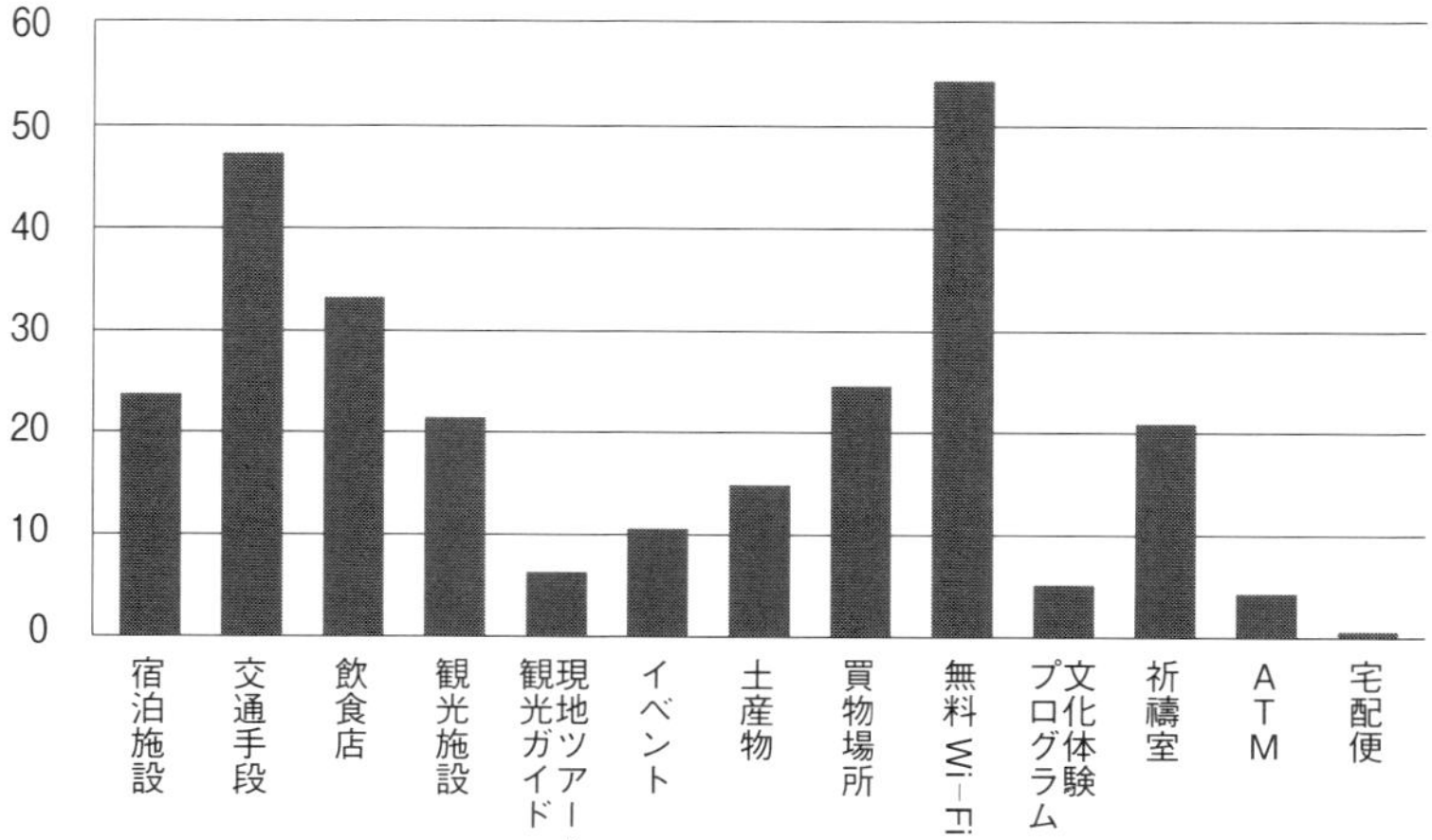

図⑤　日本滞在中にあると便利な情報について（%、マレーシア）
（観光庁『訪日外国人消費動向調査』〔2015年〕より作成）

にもあてはまる（図⑤）。マレーシア出身者も各四半期を合わせて八四九人と割合は大きくないものの、「祈禱室」と回答した割合は二〇・九％と、全体と比較して高くなっている。

実際、『観光白書』によれば、外国人ツーリストと区別して、ムスリムのツーリストに対して特別の配慮がなされていることがわかる。外国人ツーリスト一般とは別に、ムスリムのツーリスト向けの対応に関する記述が、決して量は多くないものの、存在している。*6

札幌市、登別市、横浜市では、ムスリムのツーリストの受け入れに関し、モデル事業が二〇一三年に展開されたようである。札幌市と登別市でなされた研修資料「ムスリム旅行者受入研修」が自治体のウェブサイトで公開されている。*7 それによれば、担当講師によって、イスラームの基礎知識に加え、イスラームの食に重点を置いた説明が自治体に対してなされている。あるいは、横浜市では、Muslim Tourist Information というウェブサイトに加え、*8 レストラン経営者に向けてチェックリストを用意している（図⑥）。このチェックリストによれば、メニューの英語表示がなされているかといった基本

メニュー、食品成分について

- 豚を使用していないメニューがある
- 豚・アルコールを使用していないメニューがある
- 輸入肉を使用したメニューがある（米国、豪州、ニュージーランド、ブラジル）
- ハラル認証を取得した食品、成分のみを使用したメニューがある
  （認証団体名：＿＿＿＿＿＿＿＿＿＿＿＿＿＿＿＿＿＿）
- ハラル認証を取得した肉類を使用したメニューがある
  （認証団体名：＿＿＿＿＿＿＿＿＿＿＿＿＿＿＿＿＿＿）
- ハラル認証を取得したメニューがある
  （認証団体名：＿＿＿＿＿＿＿＿＿＿＿＿＿＿＿＿＿＿）
- 肉類を一切使用していないメニューがある
- 植物性油のみで調理されている
- メニューについて、事前に英語で相談ができる

レストランについて

- レストランがハラル認証を取得している
  （認証団体名：＿＿＿＿＿＿＿＿＿＿＿＿＿＿＿＿＿＿）
- レストランでは豚肉を調理しない
- 豚肉については、保管場所や調理場所など完全に分けている
- レストランではアルコールを提供していない
- 専用調理器具（豚肉と隔離して保管した）の用意がある。
- 専用食器（豚肉を扱っていない）での提供ができる。
- 使い捨て食器での提供ができる。

スタッフについて

- 経営者がムスリムである
- シェフがムスリムである

お祈り環境について

- お祈りスペースを提供している
- スペース（部屋の一角など）を提供している
- 部屋を提供している
- お祈り専用の部屋がある
- お祈り用のマットを用意している
- お祈り用のコンパス（キブラ）を用意している
- お祈りの前に身を清める（手脚を洗える）スペースがある

図⑥　横浜市によるレストラン経営者向けのチェックリストの一部（筆者抜粋）

的な事柄以外にも、次節に後述するようなハラールに関する記載が見られる。

豚肉、アルコールに関する項目の多いことは一目瞭然である。一般の日本人には厳格すぎると思われるチェックポイントである。ムスリムのツーリストに対しては、豚肉、アルコールを提供しないことはもちろん、保管場所や調理場所、専用の調理器具と食器にまで配慮しなければならない。そして、お祈りに関する項目も目を引く。イスラームでは一日五回の礼拝を行うことが奨励されているが、たとえば「太陽が頭の真上に来てから、自分の影が背の二倍になるまでの間」に行われる礼拝はズフルと称され、正午過ぎがその目安となる。つまり食事時前後となるため、お祈り環境が整っているか否かは、ムスリムにとって重要である。[*9]

他にも、東京都は、ムスリムのツーリスト向けパンフレット「ムスリム旅行者おもてなしハンドブック」を作成しており、国土交通省中部運輸局は、「ムスリム旅行者受入の心得」を作成し、公開している。[*10]

このように、国や地方自治体は、増大するムスリムのツーリストへの対応を行っているといえる。それには、ツーリストに対するものと、ツーリストを受け入れる側に対するものとがある。しかし、これらがどれほど十分なものになっているのか、イスラームを理解したものであるのかは疑問である。なぜならば、大半が無宗教を自認している日本人にとって、イスラームが、なぜそれほどまでに、食事をはじめとして、宗教的な配慮を必要とするのかは実感を持てないだろうし、[*11] それは、対応をする側である地方自治体や国の職員にとっても、同様だと考えられるからである。そこで、次に見るような試みが必要になってくる。

四　ハラールの知識とハラール・ビジネス

中等教育で教えられているイスラームについての知識だけでは、ムスリムのツーリストへの対応は十分なものにはなりえないだろう。そこで、より深くイスラームを知るための機会を設けることが必要になる。そのための講習会がいま、盛んに実施されるようになってきたが、地方自治体や国の職員、また企業に対してイスラームの知識を伝えハラールの教育等を担っているのは、公的機関ではなく民間団体である。国内在住のムスリムが結成したイスラーム団体あるいはハラール認証を行っている団体がそれであるが、ここでは、それらとは別の、一般社団法人ハラル・ジャパン協会の事業を挙げてみよう。

ハラル・ジャパン協会は、二〇一二年一〇月に設立され、代表を佐久間朋宏氏が務めておられる。佐久間氏はムスリムではなく、そしてハラル・ジャパン協会はハラール認証を行っている団体ではない（ただ、企業や団体に対し、ハラール認証を行っている団体の紹介は行っているようである）。協会が掲げる活動内容は次の一〇項目である。

①ハラールに関連する啓蒙活動、市場調査、研究など情報提供活動
②セミナー、講演会、研修会等の実施
③ハラールに関連する出版
④ハラールに関連する商品やサービスの認証支援
⑤ハラールに関連するコンサルティング、アドバイス
⑥製品の輸出入および販売支援およびインバウンド支援
⑦海外企業と国内企業の紹介およびビジネス支援

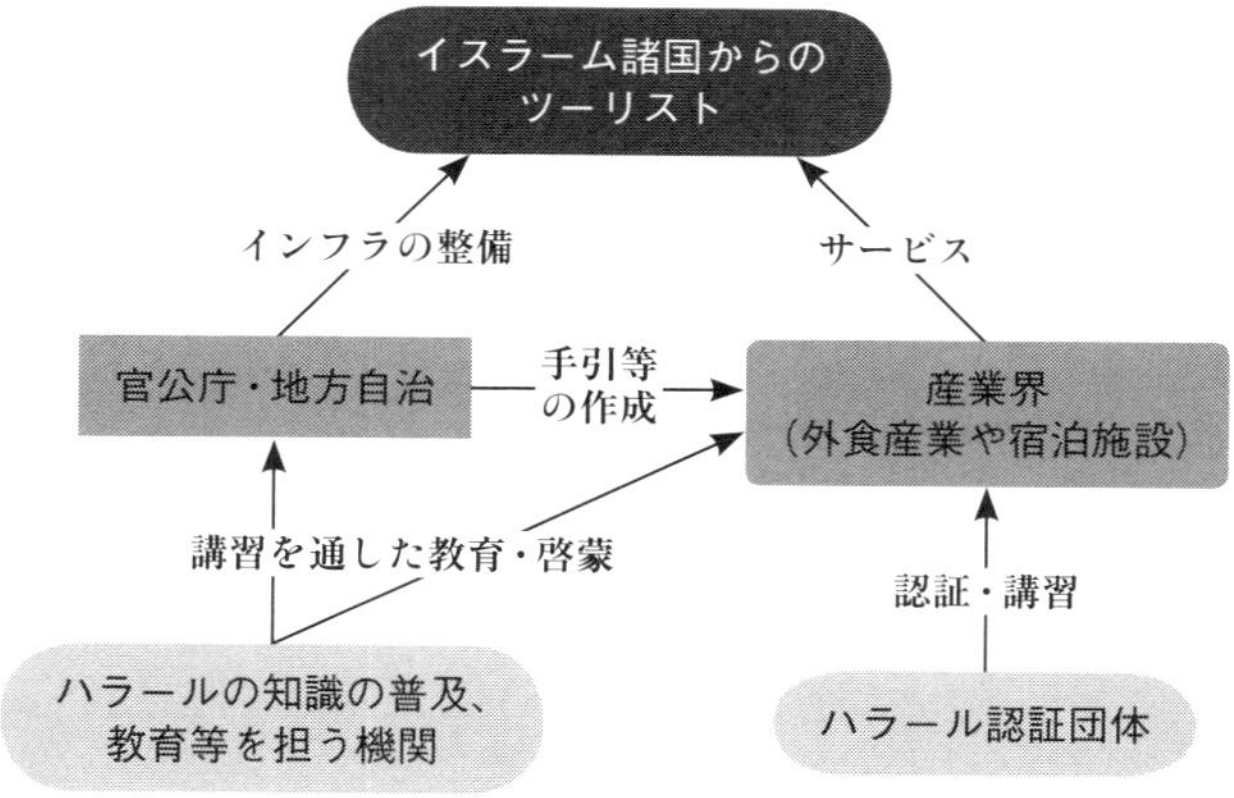

図⑦　イスラーム諸国からのツーリストへの対応

⑧ジャパンローカルハラールの推奨と普及活動
⑨国内外ツアーの企画運営および国内外展示会の運営
⑩その他、右記に関わる一切の業務

活動の第一番目に「ハラールに関連する啓蒙活動」が掲げられていることから、この協会の目指そうとしているところがうかがえる。ハラール・ビジネスを真剣に考えている団体や企業に対し、講習や交流会を主催することで、正しいハラールの知識を普及し、ビジネス・チャンスとして活かす支援を行っているのである。

協会主催のビジネス講座は、二日間、合計一〇時間に及ぶものであるが、二〇一五年三月の段階で、二一回目を迎えるようである。その時点で設立から二年半程度であるから、ほぼ毎月講座を催してきていることになる。また、受講者がいてこその講座であるから、講座開催数はビジネス世界の関心の高さを示しているといえよう。

もちろん日本にとってのハラール・ビジネスは、来日するムスリムのツーリストにのみ関わるものではなく、世界のイスラームの市場にも関わるものである。来日するムスリムのツーリストの増大は、送り出す国々における経済成長が著しいことを示唆している。そのことを見据えるならば、国内の企業にとって、イスラーム圏は有望な市場といえるだろう。日本社会は人口減少の段階へと入り、また高齢化率は着実に上昇していくため、国内の経済力は下降が予測される。そのような中で、日本企業はその生産品を輸出することで、将来的な展望を得られる。その輸出先として、これまで馴染みの薄かったものの経済成長著しいイスラーム圏が想定されることになる。

国や地方自治体によるイスラーム（ハラール）への対応が不十分なものになりがちな中で、ハラール・ビジネスに関心を持つ層をターゲットにし、また、イスラーム圏の市場に関する調査等を踏まえた講座は、日本人にとって馴染みのない宗教であるイスラームを、教科書的な対応や理解を超えて、身近に感じさせる試みであるといってよいかもしれない。

ムスリムのツーリストの増大といった需要への対応について、それを模式化して示したのが図⑦になる。ツーリストに対して、官公庁や地方自治体は基本的なインフラの整備や制度を用意し、企業が食事や宿泊施設、それに付随するサービスを提供する。国や自治体は、同時に、企業に対して、受け入れ等について指針を示すものの、それが決して十分なものではないことから、ハラール認証団体や、ハラル・ジャパン協会の取り組みが、それらを補足し、対応を行っていく。いずれにしろ、多くの日本人にとって、イスラームは決して身近ではない宗教である。各団体がそれぞれの役割を認識し、それを的確に遂行していくことが求められているといえるだろう。

五　おわりに

二〇二〇年、東京五輪が開催される。今後しばらくは、外国人の受け入れをめぐる議論は関心を集めるだろう。

図⑧　大阪市内の礼拝室

本章でふりかえってきた観光における議論もその一つである。国や地方自治体の対応も、ハラル・ジャパン協会のような事業も、ここ数年の間に、急ピッチで進められたものである。それゆえ、これらが、今後どのように推移していくのか、丁寧に追っていく必要があるだろう。
　最後に、本章のテーマにとって重要と思われるので、以下を書き加えておきたい。本文中で、ムスリムのお祈りのための礼拝室について言及した。日々の祈りを大切にするムスリムには、重要な施設である。それらは、国際空港に設けられているのはもちろん、国内の大規模ショッピングセンターにも続々と設けられつつある（図⑧）。ただ、比較的人目に付きにくいところに設置され、それらを利用するとなると、鍵を借り出し開錠し、利用後は施錠と鍵の返却をすることになる。施設を見つけ出すこと、利用することとともに面倒なことである。よって、現在の施設利用者はそう多いとはいえないと考えられる。むしろ、ショッピングセンターで働く、あるいはその近隣に暮らすムスリムが定期的にそれを利用しているとの情報も得た。それは、意図せざる結果として、在留ムスリムの便益に供しているともいえるだろう。ムスリムのツーリストへの対応を心掛けようとする姿勢は、国内で確かに浸透してきている。礼拝室の現状も含め、今後、どのような変化がみられるのか、調査、考察していきたい。

1——観光と宗教の関わりを主題とする本章の執筆にあたっては、宗教に関わる記述について、編者の三木英氏から多大な示唆をいただいた。

2——たとえば、ビジット・ジャパン（VJ）事業が挙げられるだろう。これは、訪日外国人旅行者数の増加を目指す取り組みであり、日本文化発信やクールジャパンとも連動している。

3——ハラールとはイスラームにおいて「許された」を意味する。ハラルと表記されることもあるが、本章では、団体名等に用いられている場合を除いて、「ハラール」表記を用いる。

4——二〇〇五年までは、時系列表が公開されており、それ以降の年は、各年に、年報が公開されている。それを参考に、国籍別の入国外国人数を求めた。

5——「祈禱室」は観光庁の用いた調査票中に現れている言葉である。「祈禱」とは辞書的には「神仏の加護を願い、言葉によって除災増福を祈ること」であるが、とりわけ「除災増福」は御利益信仰的なニュアンスが濃厚で、イスラームの祈りとは、ややそぐわないように思われる。現実には「祈禱室」とばかり表記されているわけではなく、「礼拝室」「Prayer Room」といった表記も多い。そのため、観光庁の調査票に関わらない本文では、礼拝室と表記することとする。

6——平成二六年版『観光白書』一〇二頁参照。http://www.mlit.go.jp/common/001042911.pdf（二〇一五年二月一五日閲覧）

7——講師はタウフィーク須見氏（日本ムスリム協会札幌連絡事務所代表）が務められたようである。http://www.city.sapporo.jp/keizai/kanko/news2/documents/musulim.pdf（二〇一五年二月一五日閲覧）

8——レストラン、マスジド（モスク）、ハラール・フードショップ等の情報が掲載されている。http://www.yokohamajapan.com/muslim/（二〇一五年二月一五日閲覧）

9——早朝（ファジュル）、遅い午後（アスル）そして日没後（マグリブ）、夜の就寝前（イシャー）が残る四回の礼拝時刻である。ファジュル以外も、食事時間と重なることはあろう。

10——「ムスリム旅行者おもてなしハンドブック」は、http://gotokyo.org/jp/administration/h26/documents/msrim.pdf（二〇一五年二月一六日閲覧）を、名古屋モスクが監修している「ムスリム旅行者受入の心得」は、http://wwwtb.mlit.go.jp/chubu/kikaku/syoryudo/muslim/muslim-info.pdf（二〇一五年二月一六日閲覧）で得られた。

11――筆者が三木英・沼尻正之の両氏とともに実施した日本ハラール協会での聴き取り調査（二〇一三年二月七日）からは、認証の信頼性について、高度の配慮がなされていることがうかがえた。逆にいうならば、日本では信頼性が決して高くないイスラームへの対応や認証がなされているということでもあろう。

〔参考文献〕

樋口直人・稲葉奈々子・丹野清人・福田友子・岡井宏文　二〇〇七『国境を越える――滞日ムスリム移民の社会学』青弓社
三木英・櫻井義秀編　二〇一二『日本に生きる移民たちの宗教生活』ミネルヴァ書房
山中弘編　二〇一二『宗教とツーリズム』世界思想社

第3章

現代日本における「ハラール」をめぐる諸問題

◉沼尻正之

この章では、近年一種のブームとなりつつある「ハラール」について、まずその現状について概観した上で、これに付随して生じていると思われるいくつかの問題点を、具体的に考察していきたい。

一　はじめに――ハラールとは

まずはじめに「ハラール（Halal）」概念について確認しておこう。「ハラール」とは、アラビア語で「許された」とか「合法的な」という意味の言葉で、例えば「ハラール食品」と言った場合は、イスラーム教徒が食べてもよい食品のことを表す。ただし、イスラーム圏で「ハラール」は、食品だけに限らず、化粧品や医療品、その他の日用品などに広く使われる表現である。とはいえ、やはり昨今の日本におけるハラール・ブーム[*1]の中心が「食」にあると考えられることから、ここでは主に食に限定してハラールについて確認しておきたい。

食と宗教は、ともに人間の根源的な文化的営みであるため、古来両者は様々なかたちで相互に関係し合ってきた。その関わりの内の代表的なものが宗教による食のタブーであろう。世界の宗教の中には、何らかの食のタブーを持つものが多く見られる。例えば、キリスト教やイスラームの元となったユダヤ教は、非常に複雑な食のタブーを持つ宗教として知られている。ユダヤ教の聖典である旧約聖書の「レビ記」などには、非常に細かい食のタブーに関する記述がある。こうした一見不可解な食のタブーがなぜ存在するかについては、マーヴィン・ハリスの文化唯物論的解釈[*2]〔ハリス 二〇一二〕など、いくつかの説明の試みがあるが、その謎が完全に解明されたとは言えないのが現状である。

ユダヤ教の系譜に連なる宗教の中で、キリスト教は（基本的には）食のタブーというものを設定しなかったが、イスラームは、ユダヤ教同様、細かいタブーを設定している。それらの記述は主にクルアーンの第五章「食卓」の中に見られる。以下、関連箇所を引用しておこう。「おまえたちには死肉、血、豚肉、アッラー以外のものに声を上げ捧げられたもの、窒息死したもの、打ち殺されたもの、墜死したもの、角で突き殺されたもの、肉食獣が食べたもの——ただし、おまえたちが屠ったものは別である——、また、列石に対して犠牲として屠られたものは禁じられた」（中田監修 二〇一四：一三六）。「信仰する者たちよ、酒と賭け矢と石像と占い矢は不浄であり悪魔の行いにほかならない。それゆえ、これを避けよ。きっとおまえたちは成功するであろう。悪魔は酒と賭け矢によっておまえたちの間に敵意と憎しみを惹き起こし、おまえたちをアッラーの唱念と礼拝から逸らそうとしているにほかならない」（中田監修 二〇一四：一五二）。

ムスリムにとってクルアーンは、神の言葉を記したものであるが、これを合理的に解釈し、法的に体系化したものが、シャリーア（イスラム法）である。ハラールとは、このシャリーアに照らして「合法」と考えられるものを指す概念である。これに対し「非合法」なもののことを「ノン・ハラール」もしくは「ハラーム（Haram）」と呼ぶ。右記引用箇所には、豚肉やアルコールがハラームであること、その他の動物でも、シャリーアに基づき食肉処理されていないものは、やはりハラームであることなどが示されている。

二　現代日本における「ハラール・ブーム」の二側面

現在の日本におけるハラール・ブームには、大きく分けて二つの側面があると考えられる。どちらも経済的要因なのだが、まずひとつは「インバウンド（inbound）」の側面、つまり日本を訪れるムスリム観光客の増加に伴い、国内の観光産業などが利益をあげようとする内需の側面、もうひとつは、日本の食品産業などがイスラム諸国を相手国とする輸出で利益をあげようとする「アウトバウンド（outbound）」、すなわち外需の側面である。それぞれ簡単に状況を確認しておこう。

1　インバウンド

現在日本を訪れる外国人旅行者は、グローバル化の進展や円安の影響などにより、年々増加している。二〇一三年に訪日外国人数は初めて一〇〇〇万人を超える一〇三六万人となったが、二〇一四年には一三四一万人と、さらに大きく増加した。表①は近年の訪日外国人数を示したものである。

二〇〇九年はリーマンショックの、また二〇一一年は東日本大震災の影響などで一時的に減少しているが、基本的に訪日外国人の数は、かなりの勢いで増加しつつある。安倍政権は、東京オリンピックが行われる二〇二〇年までに、訪日外国人数を二〇〇〇万人まで増やす計画だが、現状を見れば、これはさほど困難な目標ではないと言えるであろう。

そうした中で、日本を訪れるイスラーム教徒（ムスリム）の数もまた増加している。宗教別の訪日外国人数のデータというものは存在しないので、毎年正確に何人のムスリムが日本を訪れているかは不明であるが、日本を訪れるムスリムの数がもっとも多いと考えられる二つの国、マレーシアとインドネシアからの訪日観光客が急増していることを見れば、訪日ムスリム全体の数もかなりの割合で増加していると考えてよいだろう（この点に関しては、本書第四章に詳しいデータを挙げているので参照のこと）。

こうした傾向が進む中、訪日ムスリムたちに満足して帰ってもらうためには、彼らが信仰するイスラームのルールに配慮し、それに対応する必要がある。そこで「ハラール」がキーワードとしてクローズアップされてきたわけである。具体的には、現在日本のホテル、旅館、レストランなどが、ムスリム旅行客を呼び込むため、ハラール対応に向けて様々な努力をしている。

2　アウトバウンド

日本は少子高齢化の流れが今後も継続し、国内市場は縮小していく方向にあるため、製造業をはじめ物を売って商売をする企業は、基本的に海外市場に目を向けざるを得ない状況となっている。その中で、これまであまり注目されてこなかった選択肢の一つが、ムスリム市場である。アメリカのピュー・リサーチセンターによると、現在世界のムスリム人口は約一六億人であり、二〇三〇年には二二億人を超え、世界人口の四分の一がムスリムになると予想されている。[*3] またジェトロ（日本貿易振興機構）によると、現在全世界のハラール食品の市場規模は約五八〇〇億ドル（約五九兆円）である。[*4] この巨大な市場に参入できるかどうかは、あらゆる企業にとって重大な課題であろう。そこで大きな問題となってくるのが、やはり

2000年	2008年	2009年	2010年	2011年	2012年	2013年	2014年
476	835	679	861	621	836	1036	1341

表①　訪日外国人数の推移（単位：万人、千の位以下は四捨五入）
日本政府観光局（JNTO）のデータより作成

ハラールなのである。

食品等の輸出に際して大きなハードルとなるのは、輸出先の国それぞれでハラールの認証を取得する必要があるということだろう。例えばマレーシアでは政府公認の認証機関「JAKIM」（イスラム開発局）、インドネシアではイスラーム団体である「LPPOM-MUI」（インドネシア・ウラマー評議会食品医薬品研究所）、アラブ首長国連邦（UAE）では「ESMA」（連邦基準化計測庁）、サウジアラビアでは「FDA」（食品監督庁）、などといった、各国の認証機関による認証が必要となる。しかも、日本企業にとって、これらを取得するのは、それほど簡単なことではないのである。

三　日本国内におけるハラール対応の動きについて

インバウンドにしてもアウトバウンドにしても、現代日本においてハラールは大きなビジネス・チャンスになり得るものであり、昨今の日本ではこれに対応するために様々な動きが見られる。例えば、ハラール・ビジネスへの参入を目指す人たちに対する企業セミナーや、各種のフォーラムのようなものが、日本全国で盛んに行われている。ここでは筆者が参加した二つのイベントの例について紹介しながら、そこから浮かび上がる現代日本におけるハラール・ビジネスの問題点について、論じてみたい。

1　ハラル&ムスリムフレンドリーセミナー第二弾「和のおもてなし」

日時：二〇一四年一〇月二三日（木）、一四：〇〇〜一六：〇〇

場所：TKP大阪心斎橋カンファレンスセンター、参加費：三〇〇〇円
主催：株式会社シーズ、協賛：大阪観光局

プログラムは以下の通り。
・大阪へのインバウンドの状況（大阪観光局副局長：大川達也）
・旅行者への「ムスリムフレンドリー対応」について、ハラル&ムスリムフレンドリーマップについて（株式会社シーズ：三宅基生）
・講演（あまみ温泉「南天苑」女将：山崎友起子）
・講演（ヒルトン大阪「源氏」鉄板焼シェフ：畑聡、マネージャー：大西正道）
・講演（シェラトン都ホテル大阪「うえまち」料理長：茅ヶ迫正治）
・質疑応答

海外から大阪を訪れるムスリム観光客用に「EAT & STAY OSAKA: HALAL & MUSLIM FRIENDLY MAP」というガイドマップ（図②）を作成した、デザイン会社のシーズと大阪観光局が共同で開いたセミナー。こうしたセミナーには、この例のように官民共催のようなかたちで行われているものが多いようである。参加者約四〇名。大阪で、早くからハラール対応を進めている旅館やホテルの関係者が、これからこの領域への参入を計画している人々に対して、注意すべき点などをアドバイスするという企画。実際に現場で様々な苦労をしてきた人々だけに、話が具体的で興味深かった。

図① ハラル＆ムスリムフレンドリーセミナー第2弾「和のおもてなし」会場の様子

ここで分かったことは、日本の飲食店が厳密な意味でハラールの基準をクリアするのは、非常に手間がかかるということである。いかなるムスリムにも認められる完全なハラールの状態を達成するためには、その店にノン・ハラールなものが何もない状態にせねばならない。しかし、一部のエスニック料理店などを除いて、一般の日本の飲食店でその状態を確立するのは、非常に困難であるし、経済的にも合理的でない。[*5] したがって、ある程度日本の状況に応じて次善の策を採らざるを得ない。

次善の策と言っても、（日本で可能な範囲での）厳格なハラール認証のためには、例えば調理場に関して、ハラール食を調理するためのキッチンとノン・ハラールなものを調理するキッチンとを分ける必要がある。当然ながら、鍋やまな板、包丁などの調理器具は全て別にしなければならないし、客に出す器や皿、カトラリーなども分けなければならない。大きなホテルやレストランならば、そこまでの対応も可能だろうが、中小規模の宿泊施設や飲食店では、そこまでするのは難しい場合も多い。食材についてももちろん、豚肉やアルコールを使わないことは言うまでもないが、その他の肉類などについても、イスラームのルールに基づいて処理されたものを使わねばならない。しかし、そうした食材は、日本ではまだ入手に手間がかかるし、割高である。さらに店内の座席配置などについても、きちんとした配慮をしなければならない。例えば、自分たちのテーブルはハラールな環境が整っていたとしても、隣の席に酒を飲んでいる客がいれば、不快な思いをするムスリムは多いからである。本来ならば、部屋を変えるのが望ましいが、そこまでできない場合でも、（比喩的に言えば）禁煙席と喫煙席を分けるようなかたちで、ムスリムの客が、ノン・ハラールな状態に触れずにすむような工夫が必要なのである。しかし、そこまでしても、厳密な意味でのハラール基準からすれば、次善の策に過ぎないわけである。

ただし、一口にイスラーム教徒といっても、どの程度ハラールを厳密に考えているかは、人によって異なる。ハラールを非常に厳格に捉え、常にそれを実践しようとするムスリムもいれば、旅先ではその国の文化に合わせて多少柔軟に振舞ってもよいと考えるムスリムもいる。そこで重要となるのが、「情報公開」であるという。このセミナーで講演を行った旅館やホテルのスタッフが強調していたのは、まさにその部分で、彼らによれば、大事なのは、自分の店がハラール対応に関してどの程度のことまで出来ているかという情報を、可能な限り詳細に公開することである。それを踏まえて、その店の対応で十分と考えるか、不十分だと考えるかは、ムスリム客自身の判断に委ねるのが現実的なやり方だというのである。

図② 「EAT & STAY OSAKA: HALAL & MUSLIM FRIENDLY MAP」

そこで登場するのが、右に挙げた大阪のガイドマップのタイトルにも入っている「ムスリムフレンドリー」という概念である。この言葉は、二〇一三年三月にマレーシアで行われた「マレーシア旅行フェア」で、日本政府観光局（ＪＮＴＯ）が作成したガイドブックの中で初めて用いられたもので、厳密な意味でのハラール基準は満たしていないが、ムスリム旅行者に対応する意志は持っている店であるということを示す概念である。いわばインバウンド用のハラール認証である。同様のことを表す概念として、最近では他にも、「ローカルハラール」という言葉が使われるようになっている。これもイスラームの国以外での、限定的な意味でのハラール認証を意味している。

大阪のガイドブックには、宿泊と飲食について、その店がどの程度ムスリム対応ができているか、細かく表記されている。具体的には、以下に示すような、宿泊について八つ、飲食については一五のマークがあり、それぞれの施設は、自分のところが満たしているものについて、そのマークを掲載している。

- 宿泊：ムスリムスタッフがいる／イスラーム文化に詳しい日本人スタッフがいる／ムスリム客専用の部屋がある／ムスリム客に適した部屋を予約することができる／キブラの方角が示されている／礼拝用のスペースがある／礼拝用の用具が準備されている／礼拝のための洗浄設備がある
- 飲食：レストランのオーナーがムスリム／ムスリムのシェフがいる／ハラール処理された肉を使っている／ベジタリアン用のメニューがある／豚肉を提供していない／調理にアルコールを使っていない／アルコール飲料を提供していない／アルコール提供の場所を分離している／ハラール調味料を使っている／キッチンを分けている／ハラールフード用の調理器具を他と区別している／ハラールフード用のカトラリーがある／使い捨ての食器を使っている／食材の成分表示を行っている／英語のメニューがある

客は、店側が提供するこうした情報を吟味して、その店を利用するかどうか決めればよいわけである。なお、二〇一四年発行のガイドブック第二号には、ムスリムフレンドリーな大阪のホテルが二〇軒、旅館が五軒、和食レストランが一八軒、ムスリムフレンドリーレストラン（エスニック料理）が三五軒などといった具合に、様々な施設が紹介されている。

2　JAPAN HALAL EXPO 2014

日時：二〇一四年一一月二六日（水）〜二七日（木）
場所：幕張メッセ、参加費：三〇〇〇円
主催：ジャパンハラールエキスポ2014実行委員会

国内のハラル・ブームを受けて、日本で初めて開催された、複数国が参加するハラル関連の国際フォーラムと展示会。フォーラム会場の隣に展示室があり、フォーラムへの参加は有料だが、展示室の見学は無料。フォーラム参加者は約一〇〇名。展示室への出展者は約六〇社で、それぞれがブースを構え自社商品の宣伝を行っていた。その多くが食品関係であった。展示会への参加者の数は不明だが、非常に盛況であった。

フォーラムのプログラムは以下の通り。

一一月二六日

- 基調講演①「アジアの観光BIG BANG到来！」（株式会社ＪＴＢ総合研究所・代表取締役社長：日比野健
- 基調講演②「ムスリムの訪問者はどんな環境を望んでいるか？」Mohamed Jinna, Chairman, United World Halal Development
- 基調講演③「食品輸出に向けたハラール市場の概況～ハラール／ハラール認証の基礎情報を踏まえて～」日本貿易振興機構（ジェトロ）農林水産・食品部、農林水産・食品調査課・課長代理：籠瀬明佳
- 日系企業ハラール対応の経験談①ムソー株式会社・新規開拓部・課長代行：井口修、合名会社アリモト・代表社員：有元年信
- 日系企業ハラール対応の経験談②株式会社ティエフケー・事業戦略室：近藤豊彦
- 各国セミナー（インドネシア）“New Regulation of Halal Products and the role of MUI in Halal Matters” Muhamad Nadratuzzaman Hosen Ph.D., Treasurer, Council of Ulama
- 各国セミナー（マレーシア）“JAKIM Halal Certification and Halal Trend in Malaysia” Norhaizam bte Md Sani, Halal Auditor, PFM Global Ventures, Principle Consultant, NMS Consulting Services, Training Manager, Halal Industries Development Corporation
- 各国セミナー（シンガポール）“Halal Food Market and Consumer Trends: Singapore Halal Industry Experience”

図③　JAPAN HALAL EXPO 2014展示会場の様子

Razali Ramli, Assistant Vice President, Warees Halal Limited

- 各国セミナー（タイ）"Development of Halal Certification in Thailand" Professor Dr. Pakorn Priyakorn, Director of Halal Standard Institute of Thailand
- 各国セミナー（インド）"Halal Trend and Market in India" Mohamed Jinna, Executive Director, Halal India

一一月二七日

- パネルディスカッション①「バイヤーの視点から、ハラール認定食品の市場性について」モデリスト：横山真也（Yokoyama Co. Ltd., Singapore）、パネリスト：Ronnie Tan（MD My Outlets, Singapore）、Fazil Bin Abdul（HCS Consultant, Singapore）、Muhammad Fairuz（Melbridge Corporate Advisory, Malaysia）、井上位一郎（東亜食品工業株式会社社長）
- パネルディスカッション②「日本のハラール環境やハラール対応の経験から」モデリスト：遠藤利夫（日本ムスリム協会理事）、パネリスト：クレイシ・ハルーン・アフマド（日本イスラーム文化センター事務局長）、ムーサ・ムハンマド・オマル（イスラミックセンター・ジャパン理事）、サイード・アクター（日本アジアハラール協会理事）、ファディ・アルナジャール（Muslim Student Association Japan 代表）、山田裕貴（株式会社明成・代表取締役）、島田洋一郎（株式会社 FELLOWS）

日本で初めての大規模なハラール関係の国際シンポジウムというだけあって、報告者やパネルディスカッション参加者などが多国籍で、すべての報告が同時通訳つきで行われた。プログラムからも分かる通り、インバウン

図④　JAPAN HALAL EXPO 2014パネルディスカッション②の様子

ドもアウトバウンドも含んだ、ハラール関係全般に関するフォーラムであった。初日の基調講演では、旅行会社のＪＴＢのハラール問題専門家などがインバウンドの側面について、またジェトロのハラール問題の専門家がアウトバウンドの側面について、現状を概観する報告を行った。

　このハラールの問題について調べていると、インバウンドについてもアウトバウンドについても、ジェトロが非常に大きな役割を果たしていることが分かる。これだけのスケールの話なので、国の機関がもっと前面に出てきてもおかしくないはずなのだが、どうやらいくつかの理由で、そうはなっていないらしい。そこで独立行政法人のジェトロが、この問題を中心になって仕切っていると思われる。

　国の省庁が前面に出られない理由の一つは、関係する省庁が複数にわたってしまうということである。観光については、国土交通省傘下の観光庁、食品の輸出については農林水産省や経済産業省、日本国内での消費に関わるという点では内閣府外局の消費者庁、宗教問題については文部科学省傘下の文化庁と、関係する省庁が多岐にわたることが、このハラール問題を扱う際の難点であるようだ。もう一つの理由は、ハラールがまさに宗教問題だということである。つまり、日本国内においてハラール認証を行う団体の中には宗教法人も多く、ハラール関係の活動は宗教活動とも考えられるので、例えば政府が特定の団体だけをオーソライズするということになれば、それは政教分離の原則に反する可能性があるというのである。また、基本的にハラール認証を行えるのはムスリムだけなので、国の機関がそれを代行するということも極めて困難である。

ジェトロの担当者は明言しなかったが、こうした海外から多くのゲストを招いた国際シンポジウムで、国の省庁など公的機関の人間が前面に出ることができないところに、この問題の難しさが垣間見えるのである。

海外からの講演者は、各国の認証団体の関係者が多かった。近年ハラール・ビジネスを国策として推し進め成功を収めているマレーシアのＪＡＫＩＭや、インドネシアのＭＵＩの担当者、それにプログラムには名前がなかったが、初日の最後に講演を行った、中東地域でのハラール認証を行う「湾岸ハラール・センター（Gulf Halal Center）」の担当者などは、きわめて実践的なアウトバウンドの手法について報告を行った。先述のように、日本の企業がイスラーム諸国に食品などを輸出しようとする場合、これらの認証機関の認証を得る必要があるため、そうした企業にとっては非常に有用な話であっただろう。

二日目は二つのパネルディスカッションが行われたが、とりわけ興味深かったのは二つ目の方で、これには日本を代表するムスリム団体、ハラール認証団体の理事などが参加していた。彼らは、現在の日本における突然のハラール・ブームに対して期待する気持ちがある一方、様々な混乱が見られることについて、戸惑いを感じているようであった。近年のハラール・ビジネスの拡大により、認証団体が乱立する傾向にあり、そうなると、どうしてもいいかげんな団体も出てくることになる。また一定以上のレベルにある認証団体の中でも、ハラール認証に対する考え方に開きがあり、それがハラールに対する誤解を生んだり、様々なトラブルを引き起こす危険性もある。この点については、後述する。

なお、セミナー参加者には二日間とも昼食が用意されたが、それがハラール食材を用いた弁当であり、内容物に関する細かい説明書きが添えられていた。また一日目の晩には会場そばのホテルスプリングス幕張でレセプションパーティーが行われ、ムスリム観光客誘致に積極的な千葉県の関係者などが挨拶を行った。[*6] 会場となったホテルスプリングス幕張は、ハラール対応に先進的なことで知られるホテルであり、当日パーティで出された食材ももちろんすべてハラール食品であった。それゆえ当然ながら、普通の日本のパーティーでは出されるビールなどのアルコール類は、一切提供されなかった。

四 現代日本におけるハラールをめぐる諸問題

1 ムスリムフレンドリーの問題性

大阪でのセミナーについて触れたところでも挙げたが、現在日本では「ムスリムフレンドリー」や「ローカルハラール」といった概念が用いられている。他に類似の概念として、「ムスリムウェルカム」などの言葉が用いられることもある。これらはいずれも、厳密な意味でのハラールは達成できていないが、ムスリム観光客たちをもてなす気持ちはあるということを示す「印」である。

しかし、こうしたある意味で中途半端な概念が、場合によってはトラブルのもとになることがあると、『そのハラル大丈夫?』(週刊東洋経済eビジネス新書No.92、二〇一四年一二月)は指摘している。既述のように、ムスリムにもいろいろな人たちがおり、ハラールについて比較的柔軟に捉えている人たちにとっては、「フレンドリー」や「ローカル」で十分だという場合もあるかもしれない。しかし、ハラールを厳格に考える人たちにとっては、これらの言葉は大きな誤解のもととなる可能性がある。いくら情報公開をきちんとしていると言っても、全ての人がそれに細かく目を通すわけではない。ハラールだと思って店に入った（食事をした）のに、嘘だった、騙された、ということが起こりかねないのである。これは問題だ。そうしたこともあって、例えば観光庁などは、すでに「ムスリムフレンドリー」という表現を使うことを控えるようになっているという。

HALAL EXPOのパネルディスカッション②においても、日本を代表するハラール認証団体の代表者たちが、こうしたローカルなハラール概念の安易な使用について、警鐘を鳴らしていた。ただし、話は元に戻るが、日本がイスラームの国ではないことを考えれば、ほとんどの飲食店にとって、厳密な意味でのハラール認証を取得することは非常に難しく、それしか認めないということでは、ムスリム旅行者に幅広く対応するということは、困難にならざるを得ない。ここに大きなジレンマがあると言えるであろう。

2　ハラール認証団体の多様性

こうした問題を考える際に重要な位置を占めるのが、ハラール認証団体のあり方である。先に挙げた『そのハラル大丈夫？』によれば、現在日本では、昨今のハラール・ブームに便乗するかたちで、多くのハラール認証団体が設立されており、中には単なる金儲け目的の悪質な団体も存在しているという。いいかげんな認証団体によって、いい加減なハラール認証が行われ、そうした団体から、いわば認証を金で買うような店が出てくると、ムスリム旅行者との間でトラブルが生じることは必至である。実際に、先の特集では、ディスプレイに飾られたハラール認証の証明書の横に酒が置いてあるという、笑い話にもならないような店の実例も報告されている。

こうした悪質な団体は論外であり、ここで敢えて取り上げる価値はない。問題は、きちんとした活動をしているハラール認証団体の間にもかなりの多様性があり、その差異が見過ごせないほど大きいということである。今回、日本の代表的なハラール認証団体や関連団体について調査した結果、ハラールに関する考え方について、大きく三つのグループに分けられることが分かった。ここではそれぞれ、①厳格派、②中間派、③柔軟派と名付け、代表的な団体とその考え方について、まとめていきたい。

①厳格派

宗教法人・日本ムスリム協会（Japan Muslim Association ＝ＪＭＡ）

設立：一九五二年、一九六八年に宗教法人　所在地：東京都渋谷区

日本における最初のムスリム団体。「イスラームの宗教活動としての宣教・広報出版・信者の育成教育・宗教行事や儀式の開催・海外イスラーム諸国との親善協力及び国内の宗教団体との対話など幅広い活動」を行っている（ウェブサイト記述より）。ＪＭＡのサイトには「ハラールについて」という項目があり、「ハラールに関する当協会の取り組み」（二〇一三年一一月三日）と「ハラールについて」（二〇一三年六月一二日）という二つの文章が掲載されている。おそらくは日本国内における安易なハラール認証の乱発という事態を受けて、前者の中に以下のような記述がある。少々長いが引用しておこう。

近年、外国から特にイスラーム圏から観光客の増加に対しムスリムの方にも安心して日本での滞在を気持ち良く楽しんでもらうために、外国にはない日本人の「おもてなし」の精神による接待を勧めるムードが盛り上がり、その一環にハラールマーク（ハラール証明書）をお店に張り出すことがもてはやされるような空気

が強く感じられます。しかし、そこには大きな落とし穴があることも知っておかなければなりません。確かに、イスラーム社会にあっても最近は、ハラールマークの商品やレストランなどが多くなってきて、ムスリムたちも安心を求めてそれを基準に買い物や食事をするケースも増えてきました。しかし問題は、イスラーム社会の中で出されているハラールマークと日本のような非イスラーム社会の中で出されているハラールマークが同じ基準で出されているかどうかということです。イスラーム社会でのハラール基準は、商品なりレストランなりで、仕入れから製品として提供されるまでの全ての段階でハラール性が担保されていることを証明するものであり、それはイスラーム社会であれば完全にそれが保障されていることを疑うことはありえないでしょう。しかし、もし日本のような非イスラーム社会でハラールマークを同じ基準で出すことは極めて困難であると言わざるを得ません。日本に住む私達ムスリムにもそれは不可能とは言わないまでも、残念ながら責任をもってそれを証明できる段階にないのが現状です。

したがって、「当協会としてハラール証明書がほしいという要請には、私達ムスリムが本当に安心できることが証明できれば、その証明書を出すことに問題はありません。しかし、その基準が日本独特のもので他のイスラーム社会の基準と異なるものについては、残念ながら責任が持てない以上出すことは出来ません」。これは明らかに、昨今はやりのローカルハラール的な考え方に対する批判と捉えることができる。「それらの要請には契約を結ぶことで個々の事案に対するアドバイスを行い、出来る限り外国からのムスリムにも安心を提供できる方法を整える意味で、ハラール国内委員会を立ち上げて対応することになりました」。ハラール認証は行うが、持続的な契約関係を結んだ上で、かなり厳格な認証を行うことが明記されている。これをクリアできる日本の施設がどれだけあるかは不明だが、かなりハードルが高いことは間違いない。なお、ＪＭＡは、滞日ムスリムのためのイスラーム霊園を山梨県塩山で管理・運営している団体でもある。

宗教法人・日本イスラーム文化センター[*7]**（Japan Islamic Trust＝ＪＩＴ）**

設立：一九九四年、一九九七年に宗教法人　所在地：東京都豊島区

一九九九年に東京都豊島区に大塚マスジドを設立、ＪＩＴの本部もここに移る。同じ一九九九年に、「日本に暮らすイスラム教徒の福祉をひとつの目標とし、食品の認識を高め、日本そして世界中でハラール食品をさらに普及させるために」、ハラール認証委員会を設置し、[*8]ハラール認証発行を始め、化学製品（食品添加物）、食肉、加工製品など、様々な製品を認証しているという。ＪＩＴは国際機関 **World Halal Council** のメンバーであり、二〇〇八年からはアラブ首長国連邦ハラール認証機関に認められた日本の認証機関として、中東諸国への輸出品のハラール認証を行っているという。また、カタールやタイの認証機関からも、日本のハラール認証機関として認められているということである（「ハラール認証」申込書説明参照）。日本では数少ない、国際的に通用するハラール認証が行える団体である。

国際的なスタンダードでハラール認証を行っていることもあってか、印刷資料にも、ウェブサイトにも、ローカルハラール的な考え方については、批判的な見解も含め、全く触れられていない。しかしそのこと自体が、ローカルハラールとは距離を取っていることの証だと言えるであろう。

②中間派

宗教法人・イスラミックセンター・ジャパン（Islamic Center Japan＝ＩＣＪ）

設立：一九七四年、一九八〇年に宗教法人　所在地：東京都世田谷区

団体の設立趣旨は、出版や教育を通した日本国内のイスラーム宣教及び在日ムスリムへの援助であり、その一環としてハラール認証を行っているという（ウェブサイト記述より）。HALAL EXPO の展示会にブースを出し、同団体発行の「ハラール認証ガイド」（二〇一二年一一月改訂版）を配布していた。このガイドは全部で一八ページからなる冊子であり、管見に入る限りでもっとも詳しいハラール認証ガイドである。このガイドの最初のページには「イスラーム理解の必要性」というタイトルのもとに「ハラール認証に取り組むためには、イスラームとハラールについての正しい認識が必要です。認証を希望する企業は、ハラール対策を講じると同時に、イスラームについての学習が求められます」と記されている。こうした原理的な部分を強調する点で、（後に挙げる）他のビジネス先行型の認証団体とは、明らかに一線を画している。

しかしこの団体は、厳格派にはない、先進性・柔軟性も兼ね備えている。同ガイドの中には、「苦情と対策」と題する項目があり、以下のように記されている。「日本国内には複数のハラール認証団体があります。かつてはイスラーム系の宗教法人がほぼ独占的にハラール認証を行ってきましたが、現在ではＮＰＯや会社組織でもハラール認証を行うところが出てきています。ハラール証明書の取得を希望する日本企業のニーズの多様化に対応して、ハラール認証団体も各団体がそれぞれオリジナリティーを前面に出すようになっています。ＩＣＪも最近の国際的なハラール認証の動向と共に、日本国内におけるハラール証明書取得希望企業のニーズやハラール証明書取得経験企業のコメント等を真摯に受け止め、それら企業の期待に最大限答えることができるように、従来の認証システムを検証し直し、新システムを確立するに至りました」（四―五頁）。

実際ICJはウェブサイトの中で、「ムスリムフレンドリーのお店に対する認証」として、「お店自体はハラールではないが、ハラールメニューを置いている、というようなレストランや店舗をムスリムフレンドリーと認証します。その中でメニューや独自の商品別にハラールの認証をし、ムスリムの方々も安心して生活できるシステム作りに尽力を尽くしています」と記している。

NPO法人・日本ハラール協会（Japan Halal Association＝JHA）

設立：二〇一〇年　所在地：大阪市平野区

旅行代理店であるミヤコ国際ツーリストの社長である松井秀司[*9]が、イスラームに関心を持ち（後にイスラームに改宗）、イスラーム圏からの旅行者の受け入れやイスラーム圏への海外ツアー実施などを通して、ハラール認証団体の必要性を感じ設立。協会のオフィスは、ミヤコ国際ツーリスト内に設置されている。現在の理事長は日本人ムスリマのレモン史視[*10]で、松井は副理事長。JHAは、ミヤコ国際ツーリストと協力し合って、特に関西地域でムスリム旅行者にハラール環境での日本観光を提供するなど、具体的なムスリム受け入れに尽力しているところが特徴。またJHAは、とりわけマレーシアのJAKIMと強い繋がりを持っており、二〇一二年五月には、JAKIMから日本におけるハラール認証機関として正式に承認されている。JAKIMと相互認証の提携をしている日本では数少ない団体の一つである。JHAは、ムスリムフレンドリーには肯定的だが、この概念が乱用されないよう警鐘を鳴らしてもいる。以下ウェブサイトからの引用。ムスリムフレンドリーとは「決して「ハラール性を緩和させた」「一〇〇％以下のハラール」などという意味合いで理解されるべきではなく、食に関して言えば、①豚・豚派生品②アルコール③ハラール屠畜されていない食肉・それの派生品、これらのどれかが欠けていてもムスリムが食するに相応しくない物である事から、それを勝手な解釈でこれらの三〇%だけクリアしていれば良いだろう、などという理解は全くの誤りであります」。こうした考え方をとる点でJHAは中間派に位置づけることができると考えられる。JHAは、政府観光局や神戸市などからの依頼により、ムスリムフレンドリーレストラン調査を実施、一定の基準をクリアしている店についてはムスリムフレンドリーレストランとして認定し紹介をしている。

③柔軟派

NPO法人・アジアハラール協会(Nippon Asia Halal Association=NAHA)

設立:二〇一三年　所在地:千葉県千葉市

設立年が比較的新しいところから見て、近年のハラール・ブームへの対応を目的として設立された団体であり、また、所在地が千葉市幕張本郷であることは、先述した千葉県のムスリム街構想なども関連した団体ではないかと考えられる。実際、ここまでに挙げた他の団体と比べると、ハラールに対する考え方がかなり柔軟であり、ムスリムフレンドリー対応にも積極的である。ウェブサイトには以下のような記述がある。「非イスラム教国の日本では、レストランやホテルが認定基準を完全にクリアした上で、ハラール認定を取得することは難易度が高く、訪日するムスリムの方々へ安全・安心な環境を用意するためのムスリムフレンドリー対応が必要となってきます。日本アジアハラール協会は(NAHA)、宿泊施設やレストラン事業に対して、ムスリムフレンドリー基準を策定した唯一の組織です。※ハラール食品の規定は変わりませんが、ノンムスリムの国々のホテル・レストラン施設にて実施可能な基準です」。また端的に「ムスリムフレンドリーの定義」として、「ある施設・環境が部分的にハラール基準を満たすこと」と記している。このようにハラール認証に関してかなり柔軟路線を取っている団体であるが、その代表理事であるDr.サイード・アクターは、マレーシアのＨＤＣやシンガポールのＭＵＩＳでハラール監査員の資格を取得しており、その他にＨＤＣで資格を取得した八人の監査員が在職している。またＮＡＨＡは、シンガポールをはじめ、パキスタン、トルコなど、六ヶ国の認証機関と提携し、代理監査を行っており、国際性も兼ね備えている。[*11]

マレーシア・ハラルコーポレーション（ＭＨＣ株式会社）

設立：二〇一〇年　所在地：東京都新宿区

マレーシア人のアクマル・アブ・ハッサンが代表を務める株式会社。[*12] ハッサンは、一九九〇年に当時のマハティール首相が提唱した「ルック・イースト」政策の国費留学生として群馬大学に留学したが、その時にムスリムとして感じた不便さが現在の仕事をする上での原体験になっているという。その後二〇〇五年にマレーシア政府職員として再来日し、イスラム圏とのビジネスを考えながらもそのやり方が分からないという人たちの声を聞き、ＭＨＣの設立を決意した。彼自身はあくまでビジネスマンとしての視点でハラール認証に取り組んでいるようであり、ウェブサイトにも以下のような記述が見られる。「私が伝えたいのはビジネスとしてのハラルです。イスラム教徒でない日本人が、イスラム教の教義について深く理解する必要はない、と私は考えます」。当然ながらローカルハラール認証に対しても積極的である。ＭＨＣは「日本の商業環境で実現可能なレベルでのハラル対応法を提案して」おり、「特定のラインのみのハラル生産は可能」「ノンハラルメニューの提供は可能」「ムスリム従業員の雇用は不必要」など、日本企業にとっては魅力的に見える提案がなされている。

京都ハラール評議会[*13]

設立：二〇一二年　所在地：京都府京都市

宗教法人・京都ムスリム協会（ＫＭＡ）が運営する京都マスジド内に置かれたハラール認証機関。京都ムスリム協会は、一九八七年の設立で、一九九五年から「イスラーム世界フェスティバル」を毎年ラマダン月に開催するなど、ムスリムではない日本人に対してイスラーム文化の紹介などを積極的に行ってきた団体である。二〇〇四年には同マスジド内に京都イスラーム文化センターを開設、イスラムに関する冊子の発行や、アラビア語講座などを行っており、また二〇〇五年にはＮＰＯ法人京都イスラーム文化協会（ＫＩＣＳ）という団体も設立している。協会は複数の団体を運営しているが、ウェブサイトなども整備されておらず、それぞれがどのような活動を行っているかは、分からないところも多い。ハラール認証については、ウェブサイトや印刷資料などを見ても、詳しいことが記されておらず、どのような陣容で行われているかは不明だが、おそらく京都マスジドをはじめ各団体において代表など中心的な地位に就いているトルコ人のセリム・ギュレチが中心になって行っているものと考えられる。京都は外国人からの人気の高い観光地であるが、協会は京都市と連携して、「Muslim Friendly Kyoto」というサイトを運営しており、英語、アラビア語、トルコ語、マレー語で、京都のムスリム対応の飲食店などを紹介している。[*14]まだ掲載されている店の数は少ないが、ある程度柔軟にローカルな認証を行う方向性を持った団体であると思われる。

一般社団法人・ハラル・ジャパン協会（Halal Japan Business Association）

設立：二〇一二年　所在地：東京都豊島区

団体名称から受ける印象とは異なり、この協会はハラール認証団体ではない。「日本企業がハラールビジネスに取組むための情報提供とPR活動支援を主に行う団体であり、イスラーム圏と日本を結ぶ架け橋として、ハラールの知識を提供するとともに、ハラールビジネスの普及のための活動を行っています」（ウェブサイト記述より）。ハラール・ビジネスが大きくなり始めたのに注目したビジネスマンが始めた、コンサルタント会社といった性質の団体。ウェブサイトは現在の日本におけるハラール・ビジネス関連の情報をよく集約しており、ある意味でハラール・ビジネスのポータルサイト的な存在になっている。毎週一回無料のメールマガジンを配信しているが、この情報量もかなりのものである。昨今のハラール・ブームの存在を証明する団体とも言えるであろう。

一般社団法人・日本ハラル推進協会（Japan Halal Promotion Association）

設立：二〇一三年　所在地：東京都港区

ウェブサイトを含め、この団体に関する情報は少ないため、詳しいことは分からないが、ハラール認証団体ではなく、主に日本の牛肉を「JAPAN HALAL BEEF」と銘打って、ムスリム市場に売り込むことを主目的とした、コンサルタント会社のような団体であると思われる。ウェブサイトを見る限り、特にマレーシアと強い繋がりを持っているように見える。代表理事の桃田昌則の他、三人の日本人が理事に名を連ねている。この団体は、Amazonの電子書籍Kindle版のハラール関係書籍を何冊も出しているが、これらの電子書籍は、一一頁で五〇〇円など、かなり価格が高く、中身も書籍というよりは、研究会の発表レジュメといった感じのものである。

ここまで、日本で活動するいくつかのハラール関係の団体を、その考え方に応じて三つに分類しながら、検討してきた。簡単にまとめることはできないが、基本的に設立年代が新しい団体ほど、ビジネスとしてのハラールに関心を持つ傾向が強いということは言えそうである。また、同じハラール認証団体といっても、厳格派と柔軟派とでは、考え方にかなりの開きがあることもまた、明らかになった。

五　おわりに

ここまで、イスラームにおける食のルールであるハラールが、現代日本において、どのような状況にあるのかについて概観してきた。様々な理由により、現代日本では、インバウンドとアウトバウンドの両面でハラール・ブームが起こっており、そこにビジネス・チャンスを見出そうとする企業や団体が増加している。そして、そうした流れを受けて、各種のセミナー等が盛んに行われ、ハラール・ビジネスへの参入を促している。しかし、そこにはいろいろな問題が存在していることも明らかになった。

とりわけハラール認証については、現在様々な団体が、それぞれいわば勝手に認証を行っている状態にある。そうなると、ハラールを厳格に考える団体と、柔軟に考える団体とで、当然ながら認証の基準にかなりの差異が生じる可能性がある。しかし、市場においては、どちらも同じ「ハラール認証」として流通してしまうのである(事情に詳しい人ならば、それぞれの団体のハラール・マークを見分けることも可能かもしれないが、ほとんどの人にとってそれは事実上不可能である)。イスラーム諸国から来る、自国ではハラール環境が自明な人々にとって、ローカルハラールという考え方は、馴染みのないものだろう。いかに情報公開を徹底したとしても、誤解の生じる余地は大きいと考えねばならない。

こうした状態を脱するためには、日本全体で統一的な基準を作るか、もしくは認証団体を統轄する団体を作るか、いずれにせよ何らかの対策を考える必要があることが分かった。イスラーム諸国においては、例えばマレーシアにおけるＪＡＫＩＭのように、ハラール認証機関は基本的に一つに定まっている。しかし、先にも述べたように、「政教分離」問題があるので、国の省庁がこの件に関与することは、なかなか難しい。

先に紹介したHALAL EXPOのパネルディスカッション②でも、各認証団体の代表者たちは、諸団体を統括する上位団体の必要性を訴えていた。もっとも、これだけ考え方が多様であれば、それは簡単なことではないであろう。しかしながら、現状の問題点を解消するためには、何らかの対策が必要であることは明らかだ。例えば代表的な認証団体が主導して、様々な考え方の団体との間でコンセンサスを形成し、自主的な業界団体のようなものを作るというような対策をとらなければならないだろう。

1——現在の日本にハラール・ブームが到来しているという点については、第四章「マスメディアの中の「ハラール」」で詳しく論じているので、そちらを参照のこと。

2——マーヴィン・ハリスが『食と文化の謎』の中で提起した解釈枠組のこと。彼は、宗教による食のタブーは一見非合理的なものに見えるが、実は合理的な説明が可能であるとし、ユダヤ教やヒンドゥー教に見られる食のタブーなどを分析した。

3——Pew Research Center, "The Future of the Global Muslim Population" Jan 2011.

4——『読売新聞』（二〇一三年一二月一二日）「イスラム教徒おもてなし」より。

5——日本の一般的な飲食店の場合、いくらハラール対応しているといっても、ムスリムの客はごく一部であり、残りの大半は非ムスリムである。にもかかわらず、アルコール類を全く置かないとか、アルコールを含まない特別な調味料類しか使わないとか、肉類を全てハラール認証されたものにするといった対応をすることは、明らかに経済的に割に合わない。

6――二〇一三年一一月、千葉市の熊谷市長は、海外観光客誘致のため市が企業や民間団体などと作る市海外インバウンドツーリズム推進協議会の設立総会で、千葉にムスリム街を作りたいという構想を明らかにした。礼拝場所やハラール対応などを充実させて、東南アジアのイスラーム圏からの集客を増やし、横浜の中華街や新大久保のコリアタウンなどに匹敵するムスリム街を作りたいという。

7――配布されている印刷資料（「ハラール認証」申込書）には「日本イスラーム文化センター」とあるが、ウェブサイト上には「日本イスラム文化センター」と記されている。HALAL EXPOの展示会にブースを出しており、この印刷資料を配布していた。

8――印刷資料の情報による。しかしウェブサイトには、二〇〇四年からハラール認証発行を始めたとある。

9――筆者と三木英が二〇一三年二月七日に松井に対して実施したインタビュー調査の情報を基にしている。

10――男性のイスラーム教徒がムスリムと呼ばれるのに対し、女性のイスラム教徒はムスリマと呼ばれる。

11――インバウンドとアウトバウンドで異なるハラール認証基準を設定して、いわばダブルスタンダードを実行していると考えられる。

12――筆者と三木英が二〇一四年二月一四日にハッサンに対して実施したインタビュー調査の情報を基にしている。

13――ウェブサイトには「京都ハラール評議会」と「京都ハラール協議会」という二つの表記が混在しており、団体名がはっきりしない。ここでは「評議会」の方を用いる。

14――飲食店が、「ハラル」「ムスリム・フレンドリー」「ムスリム・ウェルカム」「ポーク・フリー」の四つのカテゴリーで紹介されている。

［参考文献］

籠瀬明佳　二〇一四「消費者としてのムスリムが求めるもの」『ジェトロセンサー』一〇月号、日本貿易振興機構

佐々木良昭　二〇一四『ハラールマーケット最前線』実業之日本社

中田考監修　二〇一四『日亜対訳クルアーン』作品社

日本聖書協会　一九八七『聖書　新共同訳』日本聖書協会
日本ハラール推進協会　二〇一三『ハラールビジネス入門』Kindle 電子書籍
ハッサン、アクマル・アブ　二〇一四『決定版「ハラル」ビジネス入門』幻冬舎ルネッサンス
ハラールマーケット・チャレンジ・プロジェクト　二〇一三『ハラルマーケットがよくわかる本』総合法令出版株式会社
ハリス、マーヴィン　二〇〇一『食と文化の謎』岩波現代文庫
南直人編　二〇一四『宗教と食』ドメス出版
森下翠恵・武井泉　二〇一四『ハラル認証取得ガイドブック』東洋経済新報社
山内昶　一九九六『タブーの謎を解く――食と性の文化学』ちくま新書
山内昌之・大川玲子監修、造事務所編　二〇一三『イスラーム基本練習帳』大和書房
『ジェトロセンサー』二〇一四年一〇月号「特集：ハラール、イスラム16億人市場を視野に」日本貿易振興機構
『そのハラル大丈夫?』週刊東洋経済eビジネス新書 No.92、二〇一四年一二月

［ウェブサイト］
一般社団法人・日本ハラル推進協会：http://www.japan-halal.net/
一般社団法人・ハラル・ジャパン協会：http://www.halal.or.jp
京都ハラール評議会：http://www.halal-kyoto.info
宗教法人・イスラミックセンター・ジャパン：http://islamcenter.or.jp
宗教法人・日本イスラーム文化センター：http://www.islam.or.jp
宗教法人・日本ムスリム協会：http://jmaweb.net
マレーシア・ハラルコーポレーション：http://mhalalc.jp
NPO法人・アジアハラール協会：http://web.nipponasia-halal.org
NPO法人・日本ハラール協会：http://www.jhalal.com

第4章　マスメディアの中の「ハラール」

『朝日新聞』記事の分析

◉沼尻正之

この章では、近年の日本のメディアで「ハラール」がどのように取り上げられているかについて論じる。具体的には、新聞のハラール関連記事について検討してみたい。

一　調査の概要とハラールをめぐる現状

おおよその印象として、この二年ほどの間に、ハラールがメディアに取り上げられることが非常に増えてきた。このことを示すために、ここでは新聞でこの話題が取り上げられた回数とその内容を調査してみたい。具体的には『朝日新聞』を取り上げ、過去二〇年間（一九九五年以降）の記事の中で、ハラール関連記事が年ごとにいくつあるかをカウントしてみた。『朝日新聞』データベース「聞蔵Ⅱビジュアル」を利用し、「ハラール」もしくは「ハラル」を検索ワードとし（「Halal」の日本語表記がまだ一つに定まっておらず、『朝日新聞』という一つの新聞においても、この両者が併用されているので「or」検索を用いた）、地方版も含めた全記事の中で、ハラールが「主な話題」となっているもの（主な内容が別のことである記事の中にこの言葉だけが出てくるようなものは除いた）を、ピックアップした。『朝日新聞』を取り上げた理由は、代表的な全国紙であること、また記事検索用のデータベースが充実していることなどである。その記事検索結果を表①にまとめた。

ここから分かるように、従来日本の新聞では基本的にハラールに関する記事は少なかった。唯一の例外が二〇〇一年だが、これはこの年インドネシアで日本の食品メーカー「味の素」が、製造工程に豚由来の酵素を使った製品を販売したことが、大きな国際問題に発展したからである。それを除けば、基本的にハラールが新聞で話題となることは少なかった。それが、二〇一一年以降に右肩上がりに増え始め、二〇一三年から明らかに急増している。このころから、ハラールがある程度継続的に社会の中で話題になるようになり、その後ブームとなったことを示すデータだと言えるだろう。

1995～99年	2000年	2001年	2002年	2003年	2004年	2005年	2006年
各0	0	16	0	2	2	0	1
2007年	2008年	2009年	2010年	2011年	2012年	2013年	2014年
6	0	7	1	5	7	23	47

表①　『朝日新聞』におけるハラール関連記事数

	2011年	2012年	2013年	2014年
マレーシア	81,516	130,183	176,521	249,500
インドネシア	61,911	101,460	136,797	158,700

表②　マレーシア、インドネシアからの訪日旅行者数（単位：人）
日本政府観光局（JNTO）のデータより作成

ところで、二〇一三年からハラール関連記事が急増した理由は何だろうか。その理由について、ここで少し考えておきたい。その理由の一つは、外務省が、日・ASEAN友好協力四〇周年に合わせて、二〇一三年七月から、東南アジア五ヶ国について、訪日ビザの緩和を実施したことであると考えられる。具体的には、タイとマレーシアは免除、ベトナムとフィリピンは数次化し、インドネシアは数次ビザの滞在期間を延長することとした。これにより、マレーシアやインドネシアのようなムスリムが多く住む国からの旅行者が急増し、国内の飲食店や観光産業などが、ハラールを意識せざるを得ない状況が生まれた。実際、二〇一三年の二三本の記事について、その日付を見てみると、その年の前半（六月末まで）に書かれたものが六本、後半に書かれたものが一七本となっており、二〇一三年の後半にハラール関係の記事が急増したことが分かるのである。

ここで念のため、マレーシアとインドネシアからの訪日観光客数の推移に関する近年のデータを見ておこう（表②）。

もともとＡＳＥＡＮ諸国は近年の経済発展により、豊かな国民が増加し、日本への観光客も増えてきていたが、二〇一三年七月のビザ緩和は、この傾向に拍車をかけることとなった。二〇一一年と二〇一四年の数値を比べると、マレーシアからの訪日旅行者数は約三倍に増加している（ただし、二〇一一年は東日本大震災の影響で前年よりも数が減っている）。なお、これらの旅行者の内ムスリムがどれだけいるかは分からない（入国者の宗教に関する統計は存在しないため）が、仮にそれぞれの国のムスリム住民比率が旅行者にもそのままあてはまるとすれば（マレーシアは人口の約六割がムスリム、インドネシアは約九割がムスリムである）、二〇一四年にはマレーシアからは約一五万人、インドネシアからは約一四万人、つまりこの二つの国だけからでも約三〇万人のムスリム観光客が来日したことになる。世界のその他の国々からのムスリム観光客のことも考えれば、訪日ムスリム客の数はかなりのものになることが想像できるのである。

二〇一三年の後半にハラール関係の記事が増えた、もう一つの理由と考えられるのが、二〇一三年九月八日に、国際オリンピック委員会総会で、二〇二〇年のオリンピックが東京で開催されることが決定されたことである。滝川クリステルの「おもてなし」が流行語になったこの招致活動が成功したことで、日本人は訪日外国人に対する「おもてなし」を真剣に考える必要に迫られた。国内産業のハラール対応問題は、まさに訪日ムスリムをもてなすために不可欠なことだからである。

二　ハラール関連記事の詳細

では新聞記事に話を戻して、これらの記事では具体的にどのようなことが語られているのだろうか。現在のハラール・ブームが始まったと思われる二〇一一年以降の記事について、その日付と内容、文字数、そして全国版か地方版かといった情報をリストアップしてみよう。

表③『朝日新聞』におけるハラール関連記事詳細情報（二〇一一年以降）

発行日	朝夕刊／面名／頁／文字数	タイトル
二〇一一年		
1／19	朝刊／青森全県・1地方／29頁／一四二四	イスラム団体お墨付き、戒律守り鶏肉生産、在日信者用、3月にも初出荷／青森県
3／1	夕刊／2総合／8頁／一二八二	（おしゃれなイスラム　インドネシアから：4）戒律守って、もっと美しく
9／13	朝刊／2経済／9頁／二一一四	林兼産業が「ハラル食品」事業に参入【西部】
11／7	朝刊／大分全県・1地方／25頁／六一六	イスラム文化、祈りとともに　別府のモスクで「犠牲祭」／大分県
11／17	朝刊／2経済／9頁／一七四	（ひと・ことば）林兼産業・橋本鉄志社長　イスラム食開発中【西部】
二〇一二年		
2／6	朝刊／アジア／10頁／二〇七二	（アジアのイスラム：6）タジキスタン　穏健社会に強まる規制
2／7	朝刊／大分全県・1地方／31頁／五三六	ハラルレストラン開店　イスラム教で許された食材だけ使用　別府／大分県
10／19	夕刊／2社会／8頁／二六六〇	（西先端）イスラム食品に商機　16億人市場狙い現地生産【西部】
11／13	朝刊／京都市内・1地方／33頁／八三九	イスラム風の京弁当　留学生に食材配慮、試食会開催　京都外大教員が事業／京都府
11／17	夕刊／1社会／9頁／一八四〇	イスラム観光客を呼び込め　料亭、戒律配慮の献立　旅行会社、会議室借り礼拝【大阪】
11／30	朝刊／北海道総合／30頁／一四一一	歓迎、イスラム教徒　集客施設、戒律へ配慮進む／北海道
12／22	朝刊／北海道総合／29頁／三七九	戒律メニュー、北の幸で　イスラム「認証」のルスツに団体客／北海道
二〇一三年		
1／11	朝刊／京都府・2地方／26頁／一二〇一	（wktk＠キャンパス）立スポ　カレーで世界をつなぐ／京都府
1／20	朝刊／グローブ8面／8頁／二三三一	グローブ13号〈現場を旅する：39〉マラッカ、ハラル巨大市場を狙え
1／25	朝刊／長野全県・2地方／26頁／九一九	信州みそ、イスラム圏へ　ひかり味噌、厳格な食品認証取得業界初／長野
2／4	夕刊／2社会／10頁／六〇〇	

イスラムが商機のミソ　長野のみそ、戒律に基づく認証取得

3／9　朝刊／2経済／9頁／三七三
井村屋「調味料、イスラム圏で」社長、参入検討を表明　豚肉など対応【名古屋】

5／29　朝刊／山梨全県・1地方／35頁／五一三
戒律守る料理を試食　イスラム教徒も安心、観光客増見込んで研修会　富士河口／山梨県

8／24　朝刊／1経済／6頁／一一九三
関空、進むイスラム仕様　礼拝部屋を拡充など　ビザ要件緩和、追い風【大阪】

9／4　朝刊／秋田全県・1地方／23頁／九六三
「こまち」ムスリムに届け　戒律に基づく初の認証　大館の業者、販路拡大狙う／秋田県

10／1　朝刊／山梨全県・2地方／28頁／二八八
イスラム教徒の食習慣研修充実　県、観光客誘致で／山梨県

10／11　朝刊／オピニオン1／17頁／一一〇五
（私の視点）東京五輪：中　外国人をもてなす　アラビア語の需要に備えよ　水谷周

10／13　朝刊／ちば首都圏・1地方／31頁／一三七九
ムスリム客「おもてなし」東京五輪に向け誘客図る　県、セミナーや料理試作も／千葉県

10／19　朝刊／石川全県・2地方／31頁／三五二
ムスリムもOK、金沢でカレー博　あす、柿木畠商店街／石川県

10／30　朝刊／山梨全県・2地方／28頁／一八〇三
（単刀直入）慶山グループ社長・千須和昌和さん　東南アジアからの集客に力／山梨県

11／4　朝刊／熊本全県・1地方／27頁／一四二九
（インタビュー　今週の人）ハラール料理店経営　アリ・ジャファールさん／熊本県

11／5　朝刊／2社会／38頁／一七九七
イスラム食、おいしい商機「ハラール」、豚・アルコール避ける観光客増、店が続々

11／7　夕刊／1社会／7頁／一七三〇
イスラム食、うまい市場　東南アジアの観光客増【名古屋】

11／15　朝刊／京都府・2地方／26頁／六二〇
（まなびば！）京都外国語大　イスラム教徒、安心の食／京都府

11／16　朝刊／千葉圏域・2地方／28頁／四四四
千葉市にムスリム街構想　熊谷市長、表明「横浜中華街に匹敵するものを」／千葉県

11／20　朝刊／大分全県・2地方／34頁／五二六
ハラール認証、産・農・官学ぶ　イスラム市場視野、大銀講習会／大分県

11／22　朝刊／石川全県・1地方／33頁／一一二〇
（いしかわフォーカス）ハラールでおもてなし　イスラム食、金沢で提供の動き／石川県

12／10　朝刊／横浜・1地方／29頁／七二一
ムスリム客をおもてなし　横浜市、研修会や情報発信に力／神奈川県

12／13　朝刊／名古屋・1地方／33頁／一三四四
サウジ留学生おもてなし　スキー・五平餅づくり体験　豊根村、草の根交流8年／愛知県

12／26　朝刊／山梨県・1地方／31頁／一一七三
イスラム教徒安心、広がるハラール　山梨大、学食に特別メニュー／山梨県

二〇一四年

1／15　朝刊／京都府・2地方／26頁／五六四
イスラム教徒はん、おこしやす　京都市など4カ国語対応HP／京都府

1／30　朝刊／静岡・1地方／33頁／一〇三三
ムスリム学生にもおいしい学食　県立大、戒律に配慮「ハラール食」／静岡県

1／31　朝刊／栃木全県・1地方／29頁／九一六
イスラム教徒もてなし作戦　県、誘客へ対策急ぐ「ハラール食品」講習会計画／栃木県

2／6　朝刊／栃木全県・1地方／33頁／五九三
「ハラール」学ぼう　観光業者ら80人受講／栃木県

2／8　朝刊／1社会／15頁／五四五
（各駅停話：12）JR中央線・大久保　エスニックここに極まる

2／11　朝刊／茨城全県・2地方／28頁／六三一
「ハラール」学んで、ビジネスチャンス　イスラム圏に期待、つくばでセミナー／茨城県

2／19　朝刊／2外報／10頁／一八五〇
イスラム圏「ハラール」商戦　戒律に沿った宿泊サービス・金融…集客狙い次々開発

3／11　朝刊／福井全県・1地方／30頁／八三四
しょうゆのコク、イスラム圏にも　産学連携しノンアルコール調味料／福井県

3／16　朝刊／ちば首都圏・1地方／37頁／一七七〇
イスラム食対応、妙味あり　豚・アルコール使わず　ホテル・空港、増える観光客に的／千葉県

3／29　朝刊／伊賀・1地方／34頁／一六一三
イスラム圏挑む、伊賀の老舗醤油　厳しい認証「ハラール」取得／三重県

4／13　朝刊／東海経済／6頁／一四四四
（深読み先読み）抹茶、茶室を出て新境地　あいや・杉田芳男社長【名古屋】

4／21　朝刊／山形・1地方／29頁／一四八六
（根ほり葉ほり）丸十大屋社長・佐藤知彰さん／山形県

4／27　朝刊／名a+C4面／4頁／四〇四六
味わい深い学食ワールド　今回の筆者・嶋田圭一郎　朝日プラス・シー【名古屋】

5／3　朝刊／福岡全県・2地方／30頁／三六三
ムスリムの食習慣、正しく知って　イスラム団体、8日にセミナー／福岡県

5／8　朝刊／2経済／6頁／一四二一
（この人に聞きたい）高岡淑雄さん　機内食、国際線客増加の対応は【大阪】

5／14　朝刊／ちば首都圏・1地方／25頁／四四二
学食にアジアの味登場　メニュー8カ国、イスラム食も　神田外語大／千葉県

5／18　朝刊／1社会／35頁／一三三七
イスラム客に「お・も・て・な・し」増える来日、16億人市場に熱視線【西部】

5／29　朝刊／宮城全県・2地方／26頁／一二九七
巨大イスラム市場に注目　ハラール認証取得／東北・共通

5／30　夕刊／1社会／11頁／一四二五
イスラム圏で飛騨牛食べて　岐阜県、輸出へ研究チーム【名古屋】

6／6　朝刊／佐賀全県・1地方／31頁／五六四
県食肉センター、建て替え検討　輸出基準を満たす施設に／佐賀県

6／12　朝刊／三重全県・1地方／29頁／四六四
ムスリムに安心、おもてなし学ぶ　津で禁止食品など研修／三重県

6／12　朝刊／宮崎全県・1地方／27頁／四四四
イスラム研究棟完成　宮大、留学生ら交流拠点／宮崎県

6／12　朝刊／秋田全県・1地方／27頁／五二四
「ハラール」学び、おもてなし　仙北でセミナー、イスラム観光客対応／秋田県

6/30 朝刊/福井全県・1地方/33頁/九九〇
(教育14 県立大のものづくり:下) 県内企業と発酵食品/福井県

6/30 朝刊/静岡・1地方/35頁/七一九
静岡空港にイスラム教礼拝室 県、17年度までに整備 教徒の利用拡大視野/静岡県

7/12 朝刊/1経済/7頁/九八六
(透視図) 食のタブー 宗教に配慮、説明尽くそう 経済部・西村宏治【大阪】

7/23 夕刊/1総合/1頁/一三七四
イスラム歓迎、千葉が熱い 店や施設に祈禱室など 東南アジアのビザ緩和が追い風

8/3 朝刊/グローブ6面/6頁/三〇七七
グローブ140号〈イスラム的アジアを行く〉タイ 国共内戦が生んだ「難民村」

8/3 朝刊/グローブ2面/2頁/三九五六
グローブ140号〈イスラム的アジアを行く〉日本 ムスリム「おもてなし」に右往左往

8/28 夕刊/2社会/14頁/一三〇九
ムスリム客、おもてなし食 禁忌食材と調理別 大阪、ハラル料理じわり【大阪】

8/31 朝刊/ちば首都圏・1地方/35頁/四三三
アジア各国の料理、学食で味わって 神田外大が土日限定開放へ 来月から/千葉県

9/17 朝刊/神奈川全県・2地方/34頁/一五三四
食品、「ハラール」のおもてなし イスラム戒律に合う認証制度 川崎で講座/神奈川県

9/21 朝刊/東京西部・1地方/37頁/三五七
ハラール食味わい学ぶ 中央区/東京都

9/22 朝刊/ちば首都圏・1地方/33頁/二〇四
アジアンな味で異文化を楽しむ 神田外大で学食開放/千葉県

10/1 朝刊/岐阜全県・1地方/29頁/六五四
イスラム食でおもてなし 岐阜都ホテル、ハラール認証取得/岐阜県

10/8 夕刊/2総合/2頁/一三三五
(魚醤をたどって:6) 発酵1日、学食の隠し味

10/11 朝刊/1社会/35頁/一五四四
マララさん勇気くれた「受賞、誇りに」「ずっと無事で」 ノーベル平和賞【大阪】

10/21 朝刊/1経済/6頁/二一一
イスラム教配慮の添加物 日本触媒、ハラール認証取得【大阪】

10/29 朝刊/長崎全県・2地方/26頁/四二四
イスラム教の生活習慣お勉強 企業関係者らセミナー、ビジネスチャンスに/長崎県

10/30 朝刊/静岡全県・2地方/24頁/一一三〇
(インタビューQ) どうすれば心をつかめますか 静岡ムスリム協会副代表・アサディみわさん

10/30 朝刊/静岡全県・2地方/24頁/九四六
ムスリムビジネス始動 戒律守られた製品・観光客の誘致、市場への期待感/静岡県

11/18 朝刊/2外報/10頁/二二九七
(世界発14)「ノンアル」、王国酔わす 独オクトーバーフェスト、大瓶23万本分

11/28 夕刊/1社会/15頁/一八二七
キッチンで世界旅行 外国人の自宅訪問、紹介サイト人気

12/6 朝刊/2経済/10頁/一五九五
(地域発・企業発) 化粧品、イスラム開拓の夢 豚・アルコール不使用「ハラル」

12/20 朝刊/2経済/8頁/四五九

ハラール和牛、インドネシアへ　ムスリム市場開拓、熊本から第1便【西部】
12／20　朝刊／熊本全県・1地方／27頁／一七〇八
イスラム輸出に官民連携　ハラール牛肉、インドネシアへ／熊本県

12／20　朝刊／東京西部・1地方／23頁／三一七
「ハラルおせち」はいかが　赤坂のイスラム教徒向けレストラン／東京都

三　ハラール関連記事の分析

以上が二〇一一年以降の『朝日新聞』におけるハラール関連記事（八二本）だが、この結果からどのようなことが言えるか、以下で考察してみたい。

まず、全国版と地方版の記事数について。全八二記事の内訳は全国版三〇、地方版五二となっている。全体的に見て地方版の記事が多いのが特徴だが、この傾向は最近になって顕著になっていると言える。例えば、ここでは具体的には示さなかったが、二〇〇一年に味の素の事件によりハラールが問題になったときは、関連記事は全て全国版であった。事が国際問題だったので、当然の事態であろう。またここで詳しい情報を挙げた中でも二〇一一年は五つの記事の内、地方版は二つだけである。こうした傾向は、ハラールの問題が、近年になるに従い、われわれの生活にとって身近な問題となってきたことを示しているのではないかと考えられる。なお、地方版の内訳についてだが、これについては日本全国比較的まんべんなく記事があり、特に地域的な偏りがあるとは言えないと見ることができる。

次に記事の内容について。これは大きく三種類に分けることができる。まずはじめに、①インバウンド関連記事：滞日・訪日ムスリムの日本国内におけるハラール食品に対する需要など（すなわち内需）を話題としたもの。

次に、②アウトバウンド関連記事：日本企業がイスラム諸国に食品輸出を行う際の課題など（すなわち外需）を話題としたもの。そして、③その他：一般的な文化的な話題として、もしくは海外事情紹介などの文脈でハラールを話題にしたもの。これらの三種類は相互に排他的なものではなく、文字数の多い大きな記事においては、例えばハラールに関する課題として、インバウンド、アウトバウンド両方の面について触れているようなものもある。例えば、二〇一四年5／18記事「イスラム客に「お・も・て・な・し」増える来日、一六億人市場に熱視線」などがその例である。

全記事を検討した結果、三種類それぞれの記事数は、次のようになった（なお記事タイトルだけからでは内容が分かりにくいものもあるが、筆者は全ての記事に目を通して内容を確認している）。①：五四、②：二五、③：五。最も多いのは①のインバウンド関連記事で、記事数五四本は全体の約六五％にあたる。それらをより詳しく見ると、①a：主に滞日ムスリムに関する記事：二〇、①b：主に訪日ムスリムに関する記事：三四となっている。①aの例としては、二〇一二年11／13「イスラム風の京弁当　留学生に食材配慮……」や、二〇一三年12／26「イスラム教徒安心、広がるハラール　山梨大、学食に特別メニュー」など、イスラム圏からの留学生や学食のハラール対応などを話題にしたものが目立つ。二〇一一年1／19「イスラム団体お墨付き、戒律守り鶏肉生産、在日信者用、3月にも初出荷」など、一般の滞日ムスリムに関する記事もあることはあるが、数は少ない。次に、①bの例としては、二〇一二年11／17「イスラム観光客を呼び込め　料亭、戒律配慮の献立　旅行会社、会議室借り礼拝」や、二〇一三年11／5「イスラム食、おいしい商機「ハラール」、豚・アルコール避ける観光客、店が続々」などがある。どちらも日本国内の話だが、比較すると、①aの方は、多文化共生・異文化理解といった主旨の記事が多いのに対し、①bの方は、ハラール・ブームを純粋にビジネス・チャンスと捉える内容の記事が多いことが分かる。

②のアウトバウンド関連記事にも、大きく分けて二つのタイプがあり、一つはどちらかと言えば一般的にムスリム市場の可能性について言及するタイプのもの、もう一つは、具体的な企業や商品がイスラム教圏の国でハラール認証を取得したというタイプのものである。この二つは厳密には区別できないことが多いが、前者の典型的な記事例としては、二〇一二年10／19「イスラム食品に商機　一六億人市場狙い現地生産」や、二〇一四年5／29「巨大イスラム市場に注目　ハラール認証取得」などがあり、後者の典型的な例としては、二〇一三年1／25「信州みそ、イスラム圏へ　ひかり味噌、厳格な食品認証取得業界初」や、二〇一四年3／29「イスラム圏挑む、伊賀の老舗醤油　厳しい認証「ハラール」取得」などがある。後者の方は、その性質から言って、地方版の記事として掲載されることが多い傾向があると言うことができるだろう。

③はあくまで残余カテゴリーなのだが、この中にも面白い記事はある。例えば、二〇一四年11／18「（世界発二〇一四）「ノンアル」、王国酔わす　独オクトーバーフェスト……」は、ビール大国ドイツにおいて、アルコールが飲めないムスリム用に、ノンアルコール・ビールの生産が増えているのだが、どの程度厳密に「ノンアルコール」であればハラールになるかが、当地において議論になっているという話であった。トルコ系移民などムスリム人口が多いドイツならではの話題であるが、将来日本に多くのムスリムが居住するような時代が来るとすれば、こうしたこともまた、議論になってくるのだということが分かる、興味深い記事であった。

四　結論

以上、ハラール関連記事の内容について、少々分析的に見てきたが、全体的な印象としては、次のようなことが言える。つまり、宗教というのは、一般的には文化や社会の話題として取り上げられることが多いが、このハラール問題に関しては、明らかに経済的な観点から取り上げる記事が多いということである。外国人観光客を日本にたくさん呼び込もうとか、海外により多くの食品などを売り込もうといった、ビジネスの文脈でハラールは話題とされているのである。しかしながら、実際にハラール食品やハラール製品などを消費するムスリムたちにとっては、それは自らの信仰と直結した重大な宗教の問題なのである。経済的な効率性を優先するビジネスの論理でばかりハラールの問題を見てしまうと、思わぬ落とし穴にはまるおそれもあるということを、ハラール・ビジネスに携わる人々には、よく意識して欲しいと思わざるを得ない。今回新聞記事の調査を行って、そのような印象を持った。

第5章　韓国・台湾イスラーム事情

◉三木　英

日本の隣国・大韓民国――以下、韓国と称する――の宗教[*1]については、日本国内でも豊富な研究蓄積がなされている。いまや全人口中の三割程度を信者とするまでになったキリスト教が、最も盛んに論じられているところである。韓国のキリスト教、とりわけプロテスタンティズムは布教意欲旺盛で、日本でも活動を展開して多くの教会を設けるまでに成長している。これについては第一〇章・第一一章が扱うため、ここでは触れない。また韓国の民俗宗教や新宗教も日本人研究者が取り上げているところであるが、これにも触れることはしない。本章が対象とするのは、韓国におけるイスラームである。

日本も韓国も、ともに儒教・仏教を文化的基礎に持ち、国民の多くが一つの民族に属して一つの言語を共有している。その両国において、イスラームは少数者の宗教と位置づけられる。とはいえ、いまの両国におけるイスラームのポジションに大きな違いがないとは、いえないようである。日本におけるイスラームを所与として見ず、その特異性を捉えようとするのであれば、韓国におけるそれとの比較が有効であろう。

そして台湾にも、ムスリムは暮らしている。その人口は日本においてよりも多くを数える。さらに、台湾ムスリムのかなりの部分がイスラーム世界からの移民でないことも、日本とは異なるところである。そうであれば、台湾においてイスラームはニューカマー宗教とはいえず、よってムスリムと非ムスリムとの間に築かれる関係も日本におけるそれと同じではあるまい。

日本において定住志向の強いムスリムであるから、日本生まれのムスリムが成長してゆけば、やがてイスラームがニューカマー宗教でなくなることはありえよう。近い将来の日本のイスラームを考えるために、現今の台湾イスラーム事情を押さえておくことは無駄なことではない。

一　韓国における移民

まず、韓国に暮らす移民たちの現状報告から始めよう。[*2] 一九八〇年代末から九〇年代初め、移民は韓国全人口中の約〇・一％（約五万人）に過ぎなかったが、二〇一一年六月末現在でのその比率は二・五％（約一四〇万人）にまで急増した。日本以上に急速で高い伸び率である。これに伴い、政府は「統制と管理」に基づく「閉鎖的・消極的」政策を見直し、移民の「拡大・包摂」方針を掲げるようになった。

韓国が移民送出国から受け入れ国へと転じたのは、一九八七年のことである。この頃に韓国に流入していた単純労働者に対し、政府は「統制と管理」の方針に拠って臨んでいた。移民はあくまでも臨時の、一定期間が過ぎれば祖国へと帰国してゆくゲスト・ワーカーと認識されていたのである。しかし一九九七年のアジア通貨危機によって韓国経済は大打撃を被る。経済再建は最優先の課題であった。そのためには外国資本の誘致が必要不可欠となり、それに伴って政府は外国人に課していた経済活動の制限を撤廃・緩和することに踏み切る。永住権制度を導入し、さらには永住権取得後三年を経た一九歳以上の外国人には地方選挙権も付与するようになった。日本に倣った産業研修制度も導入している。以前にもまして多数の外国人労働者——専門的な人材も単純労働に従事する人々も——が流入してくることになったのは、移民にとっての生活（労働）環境が好転したからで、それは韓国の経済事情がもたらしたものである。

移民は労働者だけではない。一九九〇年代半ばからは婚姻移民（女性）が増え始め、二〇〇〇年以降に急増している。韓国人女性と結婚できない農村男性の増加したことが原因である。二〇〇五年以降の国際結婚の割合は全結婚件数の約一〇％にも及ぶというから、農村部の深刻な状況が推測できる。また二〇〇一年からは外国人留学生誘致策が実施されている。人材を確保しようとの思惑と、先進国としての誇りがここにうかがえるだろう。同年に約一万人であった留学生数は、一〇年間で八倍以上に膨れ上がった。

かかる状況の現出に対応し、政権は移民の人権保護を重要課題とし、また彼らの韓国社会への統合を企図して、多文化政策を打ち出していったのである。二〇〇七年に制定された「在韓外国人処遇基本法」は、その具体化である。いうまでもなく、少子高齢化・高学歴化が国内に急速に進行し――３ｄ（dirty, dangerous, difficult）労働を忌避する風潮も生まれ――単純労働者不足が深刻になったこと、また高度人材の海外流出の続いていた状況も、重要な背景として特記しておかねばならない。

移民のなかにはもちろん、ムスリムが多数含まれている。韓国内の外国籍住民中の最大勢力は中国籍（ここに朝鮮族が多く含まれる）であるが、以下、ベトナム、アメリカ、フィリピン、インドネシアと続く。このインドネシア出身者の多くがムスリムである。ウズベキスタン、パキスタン、バングラデシュ出身者も多く、その彼らの大半もムスリムであると推測できる。彼らの流入とともにイスラームもまた、韓国内での存在感を増してゆく。

ここで、アンサン（安山）多文化特区について、やや詳述しておこう。ソウル中心部から地下鉄に乗り一時間程度でアンサン駅に着くが、そのすぐ北が二〇〇九年五月に特区に指定された一帯である。

二〇一二年現在の特区内人口は約一七〇〇〇人を数え、その三分の二が外国出身者である。アンサン市全体では約七六万人口であるが、市民の一〇％が外国人ということで、したがって特区だけに外国人が暮らしているわけではない。とはいえ、特区における外国人比率は瞠目に値する。中国人が最多数で、次いでウズベキスタン、ベトナムと続く。韓国におけるウズベキスタン人は、日本における南米への日系移民に相当する存在で、かつてその国に渡った韓国人（その子孫）が父祖の地に帰還してきているということである。そして四位以下はインドネシア、フィリピン、ロシアとなり、スリランカやタイがそれに続く。毎年実施されている調査によれば、市内の総計一三五五のレストランやショップのうち、三〇九が外国人の経営になるものであり、その割合は二三％である。さらに追記すれば、外国人経営の店舗の四六％は飲食店となっている。

特区の外国人のなかでは労働者が最も多く、全体の七三％がそれにあたる。結婚による在住者は四八三四人で、同じく一一％。専門職および留学はそれぞれ一％である。アンサン多文化特区では、外国人の増加により、以前から当該地域に暮らしていた韓国人の他地域への転出が相次いでいると聞く。

週末ともなれば、特区には五万人の外国人が訪れる。ここに来れば言葉が通じるためであり、言語を共有する友人と交遊するためであり、また携帯電話を開通させるためでもある（実際、特区内に携帯電話ショップの目立ったことであった）。食材を求めての来訪も、少なくない。さらに週末であってもここでは銀行が営業しており、そこから母国への送金を行うということもある。これ以外にも、外国人労働者としての悩み相談のため、また健康診断を受けるという理由から、訪れることもある。

特区――そしてそこに設置された移民コミュニティ・サービス・センター（Migrant Community Service Center）――では、移民の抱える種々の問題に対処すべく、体制が整えられている。センター建物には診療所が併設されており、「Foreigner Health Service Guide」というパンフレットも備えられている。この施設は、正規滞在外国人だけでなく非正規滞在者にも開かれており、日曜診療プログラムも準備されている。健康問題でアンサンを訪れる外国人労働者も少なくないのだろう。

「安山多文化村特区（Ansan Multicultural Village Special Zone）」と題された地図付きのパンフレットには、ショップ等の所在地が記されている。そのショップがどこの国に関わるものかも記されており、国々を列挙するなら韓国・中国・インドネシア・モンゴル・ベトナム・ロシア・タイ・インド／ネパール・ウズベキスタン・パキスタン・カンボジア・バングラデシュ・ミャンマー・スリランカ、となる。同紙上には Main Facilities として諸施設も掲示されており、そこにイスラームのマスジドが確認できた。特区内には三つのマスジドが存在しているのである。

二　韓国におけるイスラーム

朝鮮半島におけるイスラームの歴史は、九世紀の統一新羅の時代にまで遡ることができるという。とはいえその系譜は途絶えており、ここに詳細を記すことに益はない。イスラームと韓国が再び結びつくのは、一九世紀になってからである。日本の植民地政策が進められるなか中国東北部（満州）に移住していった人々が、彼の地でイスラームに接触したのである。改宗してムスリムとなった人々は第二次大戦終結後に帰国するが、集団礼拝の場すら持てない状況が長く続いたという。そして一九五〇年に勃発した朝鮮戦争が、現代の韓国イスラームにとって大きな契機となった。国連軍の一員として参加したトルコ軍のムスリムが見せた勇敢さ、規律正しさ、そして人道主義的な行動に韓国人が感銘を受け、改宗する者が僅かながら現れたということである。[*3] そしてその彼らが、既述の満州からの帰国ムスリムとともに、一九五五年に南朝鮮ムスリム連盟（South Korea Muslim Association）を結成する。それがさらに韓国イスラム教中央会（Korea Muslim Federation ＝ＫＭＦ）へと発展してゆくのである。[*4]

韓国にはいま、およそ一三万五〇〇〇人のムスリムが暮らしており、そのうち韓国人ムスリムは三万五〇〇〇を数える。[*5] 前出の改宗ムスリムとその子孫が中心であるが、ムスリム（ムスリマ）との結婚による改宗者も多く、韓国人ムスリム中の四〇～四五％がそれに該当する。男女比は半々である。[*6] ここから、在韓国ムスリム中に韓国人の占める比率の高いこと、また――イスラーム圏出身男性との結婚を機に改宗した女性が数的に優位な日本と比較すれば――韓国人男性ムスリムの数の多いことが理解されるだろう。さらにいえば、韓国イスラーム社会の中枢部に韓国人の位置している――これについては後述する――ことも、日本と大きく異なる点として指摘できる。一九七〇年代、韓国では「中東ブーム」が起こっている。中東に仕事を求めて渡航する韓国人が相次いだということであるが、その「デカセギ」に出かけた彼らが現地滞在中にイスラームに接し、改宗するというケースが少なくなかった。それが現時の韓国人ムスリムの多さにもつながっている。七〇年代の韓国人ムスリムにあっては、現在の男女同比率とは異なり、男性が圧倒的多数であったようである。

韓国のイスラームは Korea Muslim Federation（ＫＭＦ）こと「韓国イスラム教中央会」を指す、と捉えればよい。国内における宣教活動と外国のイスラーム団体との交流を主要目的として、一九六五年に発足したものである。ＫＭＦは一九六七年に「財団法人韓国イスラム教」として認可され、韓国ムスリムを代表する機構として法的地位が認められている。代表者は韓国人である。

ＫＭＦの本部は、本格的マスジドとして韓国で初めて開堂された（一九七六年）ソウル中央聖院（ソウル・セントラル・マスジド）に置かれる。事務総長は韓国人が務め、その人物はソウルの（宗教上の指導者であり、礼拝において導師を務める）イマームでもある。このソウル以外でマスジド（聖院）の名で呼ばれるものはプチョン（仁川広域市）、パジュ（京畿道坡州市）、アニャン（京畿道安養市）、アンサン（京畿道安山市）、クァンジュ（京畿道広

図①　ソウル中央聖院（ソウル・セントラル・マスジド）

州市）、チョルラ（全羅北道全州市）、テグ（慶尚道大邱広域市）、プサン（慶尚道釜山市）にあり、これらは組織上ＫＭＦに属す。これらを含んで支部は全一四である。これら以外にも、国内にはムサッラーが四〇ヶ所以上に設けられている（本稿執筆時点）。

着実な発展を遂げている韓国イスラームであるが、それでも宗教的マイノリティであることには変わりがない。イスラームへの無理解に発する言動に、国内ムスリムが難渋することはままあるという。マスジド（ムサッラー）開堂にあたり、地域の――とくにそれがベッド・タウンであった場合――住民からの反発が寄せられること、建設のための土地を取得したものの結局断念せざるを得なかったというケースもあるようで、こうした状況は第一章で確認したように日本でも時に見られるところである。

とはいえ対イスラームへの国民の態度は、徐々にポジティブな方向に変化してきているようである。もちろん、政府による多文化政策の影響が大きい。そして、ＫＭＦによる努力の成果でもある。ＫＭＦは全国にマスジドやムサッラー――ビニールハウスを礼拝所としたこともある――を設け、必要があれば地域住民と気長に交渉して彼らからの理解を得、国民に浸透してゆこうとしているのである。教育プログラムにも力を入れており、ムスリムとの結婚を契機に入信した人々、あるいは国際結婚により誕生した「多文化子女」を良きムスリムに育て上げようとしている。それが、「子女」の暮らす地域社会や学校におけるイスラームへの認知を高めることにつながるからであろう。

さらにＫＭＦは、マス・メディアが発する情報や教科書のなかのイスラームに関する記述・報道に誤解（歪み）があると判断した場合、それを指摘し、矯正するよう働きかけている。韓国では、誤っていると認識された記載について、七人以上の申し立てにより、その正誤を判断する「言論中正委員会」が設置される。そこでの検討により「誤」と判断されれば、記載の修正が行われねばならない。そしてそうした記事を書いたジャーナリスト等には反省が求められる。教団は地道なモニタリングにより、「誤」を「正」へと転換する努力を続けている。かつて教科書においてイスラームに割かれた分量は僅かなものであったが、教団努力が結実して増えたということであった。

「九・一一同時多発テロ」以降、モニタリングはより積極化したようで、それが奏功してマスジドを訪れる人が増加してきたようである。ソウル・セントラル・マスジドは休日ともなれば、多くの観光客で賑わう。またマスジドで開催されるイスラームに関する講義の受講者も増加してきた。非ムスリムの生徒たちを講義に招待しているとのことで、日本でこれを行えば何らかのクレームは必至であろうが、子どもたち対象のイスラーム講義が支障なく行われているとすれば、それは政策の影響するところと判断できる。さらに、学校で「社会」を担当する教師を招き、特別講義を実施することもある。イスラームへの理解度を高める地道な試みである。

いま、国内の工業地帯ではムサッラーが増えてきている。いうまでもなく、この祈りの場に集まるのは移民労働者が大半である。ＫＭＦはムサッラーが開設されたとの情報を得、そこに五〇～六〇人程度が集まるまでに発展していることを確認したなら、ムサッラー運営主体に対しＫＭＦへの登録を要請する。ムサッラー側がＫＭＦに接触してくることもあろう。そして当該ムサッラーは、要件を満たしていると承認されれば、公式の支部となる。数名が資金を出し合ってムサッラーを運営しているというケースをKMFが支援することもあるようである。KMFは国内のイスラームに関わる情報を抜かりなく蒐集しているのだろう。韓国のイスラームはKMFを指す、と記した所以である。

三　台湾における移民

一九八〇年代までの台湾は、移民送出国であった。しかし一九八七年の戒厳令解除後、状況は一転し、政府は周辺諸国との経済的・人的交流推進を図って一九八九年に公共事業部門での外国人労働者導入を開始している。続いて一九九一年、民間の製造業者や建設業者による外国人労働者の雇用も始まった。

その少し前頃から、家事労働における女性の負担を軽減し女性の労働参加率を高める必要性を説く声が、政府や女性団体の間で高まってくる。それを受けて就労する女性の増加してきたことにより、政府は一九九二年、家事・介護労働者の国外からの導入を承認することになった。また国際結婚件数が、一九七〇年代後半以降に顕著に増えてきている。一九八〇年代にはタイやフィリピンの女性が、一九九〇年代には中国あるいはベトナムから多くの女性が、婚姻移民として来台してきた。今日では、女性が外国人の場合の国際結婚は一二組に一組の割合（男性が外国人の場合は一六九組に一組）で、外国人配偶者の数は約四六万人にも上る（横田 二〇一三：三一三―三三〇）。「移民の女性化」である（横田 二〇一三：三一七）。

こうした事情は必然的に、台湾政府による「移民の社会統合」政策へとつながる。移民中の多数を占める女性は台湾に定着する存在だからである。一九九九年には「外国籍花嫁生活適応指導プロジェクト」が推進され、さらに二〇〇三年には「外国籍配偶者生活適応指導プロジェクト」も実施されている。日本における施策とは異なって、台湾はホスト社会への移民の統合を明確なコンセプトとして打ち出している。そしてそれは台湾において、日本とは違うイスラームとの関わり方として具現化されているはずである。

四　台湾におけるイスラーム

台湾における宗教人口は仏教、そして道教が主流で〔文化庁文化部宗務課 二〇一四：四九〕、イスラームの信仰者は少数派であって、およそ二〇万人である。その四分の一にあたる約五万人は華人のムスリムで、さらに華人ムスリムの九割は国民党とともに台湾に渡ってきた中国本土出身のムスリムとその子孫たちである。残る一五万人は近年にイスラーム世界から移住してきた者たちで、大半はインドネシア出身者のようである。[*7]

台湾におけるイスラームの歴史は、明時代の末期である一七世紀に大陸からムスリムが移住してきたことに始まる。異民族（清）による支配から逃れてのことであった。しかし彼らが奉じたイスラームは、やがて見えなくなってゆく。本土と隔絶してしまったことを要因に、また台湾人・台湾文化への同化が進んで、いつの頃からか消えてしまったのである。豚肉を食べないという慣習を守る人々がいまも台湾には存在するというが、それは当時の名残である。当時マスジドであったところが民間信仰の廟になったというケースもあるという。[*8] こうして途切れたイスラームが、一九四九年になって再び台湾に姿を現す。

一九三八年、大陸の漢口において、日本の攻勢から国を守るという目的で中国回教協会（Chinese Muslim Association ＝ＣＭＡ）が結成されている。この組織が一九四九年から――七万人のムスリムを伴って――国民党とともに来台してきたのである。以降、ＣＭＡは国内的にも国際的にも、台湾ムスリム・コミュニティを代表するものとして現在に至っている。台湾の、登録されたムスリム市民はすべて、この協会のメンバーである。そして台湾に存在する六つのマスジドは、この協会のグループ・メンバーと規定されている。六つとは、台北清真大寺・台北文化清真寺・龍岡清真寺・台中清真寺・台南清真寺・高尾清真寺である。[*9] このなかで台北マスジドが最も古く、一九七九年に開堂された台南マスジドが最も新しい。

図②　台北清真大寺（写真提供＝沼尻正之）

ＣＭＡは台湾ムスリムの社会・経済的ステイタスの改善に尽力し、文化交流・異文化間対話を促進する活動に従事している。サマー・キャンプを開催してムスリム間の親睦を深め、二ヶ月に一度コミュニティ・ニュース雑誌を刊行し、ムスリム墓地を管理する。サウジアラビアへの留学制度を整えて、次世代養成にも腐心している。（後述の）ハラール認証を行ない、ハラール・レストランの管理を行うことも、業務である。ムスリム・ガイド養成講座も開講している。さらに、政府が主催するイベントに協力することもある。台北市にある国立台湾博物館では「イスラーム文化與生活特展」が二〇一四年夏に開催されたが、これに協会が協力したことはいうまでもない。組織は代表者会議（general assembly of representatives）、理事・幹事会（board of directors and supervisors）、常任理事・幹事会（board of standing directors and supervisors）から成る。協会長の任期は三年である。[*10]

協会運営のための資金は寄付によって賄われる。そこに税金が課せられないことも、付記しておこう。五万人いる台湾人ムスリムは——国民党とともに来た人々ゆえに——ステイタスは低くなく、中レベルより上にランクされ、公務員、教師、軍人が多いとのことであった。[*11]

台湾におけるイスラームと日本におけるそれとが、かなり異なることは明白である。そのなかで行政とイスラームとの協力関係について、さらに具体例を記しておこう。二〇一三年の断食明けを祝う大祭（イード・アル・フィトル）の会場が台北駅の広大な吹き抜け空間であった、という事実である。国内随一の駅の、公共である空間がイスラームの行事のために提供されたとは、日本人にとっては信じ難いところであろう。もっとも、これに対しては市民から苦情が寄せられたという。特定宗教のために便宜を図ったことへのクレームであっただろうか。そのため二〇一四年のこの空間を利用してのイードは、ムスリムだけでなく台湾人も交流できるよう、文化交流イベントのニュアンスが強調されての開催となっている。宗教色を薄めたといえるが、行政によるイスラーム尊重の姿勢に変わりはない。

文化交流を行政が意識的に演出しようとするのは、移民が増えたからにほかならない。その移民の大部分が世界最多のムスリム人口を抱えるインドネシア出身というのであるから、台湾在住のムスリム数は増加する。[*12]インドネシア人ニューカマーのムスリムは、台湾人家庭に住み込んでの家事労働従事者や工場労働者が主である。また近年では台湾人がイスラームに入信するケースが増加している。主として女性の、結婚を契機としての改宗である。こういう背景があって、行政はイスラームにポジティブな姿勢を示すのである。

台湾におけるイスラームの、将来にわたっての安泰がイメージされる。しかし現実はそうであるとは限らない。

ＣＭＡはいま、ムスリムの減少を懸念しているところである。台湾社会でイスラームの信仰を代々伝えてゆくことは簡単なことではないのだろう。おそらく若い世代のなかには、ムスリムの自覚に乏しい者たちも現れているに違いない。後継者の育成が協会の大きな課題なのである。在台湾のムスリムの居住地域は島内に分散しており、その地理的問題が信仰継承の難しさの一因であるという。マスジドに学校（マドラサ）は附設していないということなので、なおさら若い世代のイスラーム教育は容易ではない。マスジドで教育に関し行われているのは、土曜・日曜に行われるアラビア語他の学習会だけである。台北マスジドに平日に祈りに訪れる者は二〇人程度。金曜礼拝には五〇〇〜六〇〇人が訪れる。イードに際しては一〇〇〇人以上が集まるとはインタヴューによって得た情報である。台湾最大のマスジドにしては、小さな数値であろう。

台湾にマスジドが六つあると先に記したが、いま国際空港のある桃園で新しいマスジドの設置が予定されている。開堂するにあたっては中国回教協会にその旨を届け、認可される必要がある。右記の新マスジド計画は、この手順に従ってのことであろう。しかし、協会が把握していない礼拝所が既に、いくつか設立されている。おそらくインドネシア人ムスリムが居住地・勤務地近くに暫定的に確保した祈りの場であろう。これらのムサッラーに、インドネシア人が母国から宗教指導者を呼び寄せていることもあるらしい。華人ムスリムの三倍数のインドネシア人ムスリムであるから、今後も各地にムサッラーが設けられてゆく可能性は高かろう。それらを中国回教協会はどのように組織に組み込んでゆくのか、あるいは移民たちの自主性に委ねたままとするのか、筆者には不明といわざるをえないが、これが台湾におけるイスラームの未来を左右するであろうことは間違いないところである。

本節の最後に、日本においても認知度が高まりつつある「ハラール」について、筆を及ぼそう。台湾におけるハラールの管理機関は、台北にオフィスを持つ社団法人台湾清真産業品質保証推廣協会（Taiwan Halal Integrity Development Association＝ＴＨＩＤＡ）である。ＴＨＩＤＡはハラール認証団体として、マレーシア政府ハラール認証機関のジャキム・ＪＡＫＩＭ（Jabatan Kemajuan Islam Malaysia）、インドネシアのムイ・ＭＵＩ（Majelis Ulama Indonesia）、シンガポールのムイス・ＭＵＩＳ（Majlis Ugama Islam Singapura）によって承認されている。また国際機関である世界ハラール・フード会議（World Halal Food Council＝ＷＨＦＣ）や国際ハラール真性連盟（International Halal Integrity Alliance＝ＩＨＩ）のメンバーでもある。

この協会が発行するパンフレット**A Brief Introduction to THIDA**には「ムスリム市場は毎年八〇〇〇億から一兆二〇〇〇億ＵＳドルの価値がある、大変重要な新市場である」とあり、日本と同様、この分野への台湾産業界の視線は熱い。さらにパンフレットはこういう。「近年、農業、水産物、加工食品、食品調味料、健康食品、バイオテック、医薬品、化粧品、さらには食糧機械といった様々な分野の産業が、ハラール認証やハラール鑑定を求め台北や台中他の街のモスクを訪れている」、「ハラール・フードはムスリムにとってイスラーム的に合法であるだけではない。ハラール・フードは昨今のトレンドに合っている。消費者市場は健康・衛生・安全重視だからである。よってハラールの産出が極めて重要な新たなビジネス・チャンスとして、浮上してきている」。そして四〇〇社近くの企業が、既に認証を得ているとのことであった。

このＴＨＩＤＡは、在台湾のマスジドのハラール・チームにアクセスし、ともにハラール認証を行うことを提言して、二〇一二年一月にＣＭＡとの協働合意に達している。ＴＨＩＤＡはあらゆるハラール産品の認証に責任を持ち、ＣＭＡはハラール・レストランやホテル、食肉業他を認証することに責任を持つ、という役割分担である。中国回教協会が外国からのムスリム旅行者のため発行しているパンフレットTraveling in Taiwan for

Muslims は台湾各地のレストラン全四七を紹介しており、そこには type of certification のカテゴリーがあってMFR＝Muslim Friendly Restaurant、MR＝Muslim Restaurant（Operated by Muslim）、MSS＝Muslim Snack Shop、MFT＝Muslim Friendly Tourism の四タイプが記載されている。外国からの旅行者には心強いものであろう。

台湾においては、ハラール認証・管理に関し一元化されている。そうではない日本にとって、参照に値するものであるだろう。

五　おわりに

以上に、韓国と台湾における（移民と）イスラームについて見てきた。この二つの国と日本は、宗教的マイノリティとしてイスラームを抱えていることにおいて同じである。しかし行政とイスラームとの間に築かれる関係は、三つの国で同じではなかった。日本においてだけ、イスラームと行政との交わらない状態が続いているように思われるのである。それはおそらく、移民という存在をどう認識しているかという点で、日本だけが他二国と異なるからであろう。日本は移民を、社会の未来を共につくってゆく仲間とは見ていないのではないか。仲間と見ていれば、日本は移民にアプローチして連携してゆくはずである。そしてその移民の生活が宗教から切り離せないものなら、行政は宗教にも歩み寄るべきと考えられる。もっとも日本国内のムスリム人口の寡少と政教分離の原則とがファクターになって、行政からの働きかけが不活発であることは否定できない。とはいえ、日本の「閉鎖的・消極的」な姿勢が——他二国のようには——変わっていっていないからこその現状、と考えることは可能である。

また日本のイスラームだけが「中心」を持たないことも、韓国・台湾のイスラームと比較した場合、浮上してくる特異点である。韓国・台湾のイスラームには「中心」――ソウル・セントラル・マスジドと台北清真大寺――が存在し、それが扇の要となって一元的な管理・指導体制が構築されている。換言すれば、この二つの国においてイスラームは国家レベルの組織化を(ある程度)達成している。対して日本のイスラームには、日本ムスリム協会、イスラミック・センター・ジャパン、イスラミック・サークル・オブ・ジャパンといった団体はあるものの、それらは国内のマスジドやムサッラーそしてムスリムたちすべての上に君臨する機関ではない。日本国内のマスジド(ムサッラーそしてムスリム)のほとんどは、上位機関に世話されなければならないものではなく、それぞれが自立・自律的に運営されている。

本稿はここで、日本のイスラームが行政と関係を持つことを薦めているのではない。また、国内マスジドとムスリムをまとめ上げる中心機関を設立すべきと力説したいのでもない。韓国や台湾におけるイスラームの在り方が日本のそれよりも優れているとは、断言できないからである。

本稿は、日本のイスラームを考えるにあたり、比較対象となりうる題材を提示したに過ぎない。そして日本のユニークさを浮かび上がらせることには、成功しただろう。以降の課題は、このユニークさが日本のイスラームにいかなる影響を及ぼすのか、価値中立的な診断を下すことである。

1――国際連合の統計によれば、韓国の人口の二二・八%が仏教徒で、プロテスタントは一八・三%、そしてカトリックが一〇・九%となっている。プロテスタントとカトリックを合算すれば、国民のほぼ三割がキリスト教徒である〔文化庁文化部宗務課 二〇一四:七四〕。

2――以下の韓国における移民についての記述は、〔李 二〇一三〕に依拠した。

3――ウェブ・サイト http://www.islamkorea.com/english/index.html のなかの 'History of Islam in Korea' に拠った。

4――Korea Muslim Federation のホームページ http://www.koreaislam.org/ を参照のこと。

5――外国出身者のムスリムは約一〇万人である。彼らの属性については〔Lee 2012〕を参照のこと。詳細は省くが、日本で暮らす外国出身ムスリムと共通するところが多い。

6――ソウル中央聖院（ソウル・セントラル・マスジド）のＫＭＦ事務総長でもあるイマームにインタヴュー（二〇一二年九月二日）して、得た情報である。本文中のＫＭＦ、また韓国イスラームについての記述も、このイマームに御教示いただいたものである。

7――中国回教協会の「専員兼會刊主編 specialist-Halal Tourism & Editor」である于嘉明（YU, Saleh）氏にインタヴュー（二〇一三年九月）して得た情報である。なお、それら情報をはじめ、本文中の記述はインタヴュー時点のものである。

8――于氏へのインタヴューから得た情報である。

9――清真寺とはマスジドのことである。ここではＣＭＡパンフレット中の表記を尊重し「清真寺」と既述したが、以下は「マスジド」と表してゆく。なお、台北のマスジドだけは、その漢字表記が清真「大」寺となっている。

10――本文中に言及した国立博物館・特別展会場のパネルに記載してあったことである。

11――于氏の御教示による。

12――台湾における外国出身ムスリムの諸属性については、〔Kuo 2013〕を参照のこと。

【参考文献】

文化庁文化部宗務課　二〇一四『在留外国人の宗教事情に関する資料集――東アジア・南アメリカ編』

横田祥子　二〇一三「台湾における多文化主義の変容――婚姻移民の増加と変容する「血」のメタファー」吉原和男編著『現代における人の国際移動――アジアの中の日本』慶應義塾大学出版会、三一三―三三二頁

李妊姫　二〇一三「韓国における多文化社会化の進行と移民政策の現状」吉原和男編著『現代における人の国際移動――アジアの中

の日本』慶応義塾大学出版会、三四九―三七四頁
Chinese Muslim Association, "Traveling in Taiwan for Muslims"
Kuo, Wenban, 2013, *An Explorative Study on the Taiwanese Muslim*（*2012-2013*）, Institute for Asian Muslim Studies, Waseda University.
Lee, Hee-Soo, 2012, *A Survey on Muslims in Korea-2011*, Institute for Asian Muslim Studies, Waseda University.
Taiwan Halal Integrity Development Association, "A Brief Introduction to THIDA"

［ウェブサイト］
台灣清真産業品質保伀證推廣協會：http://thida.org
http://www.koreaislam.org
http://www.islamkorea.com/english/index.html

第6章 台湾仏教寺院における非宗教的な交わり

◉三木 英

一　台湾仏教

台湾では総人口の約半分が宗教人口である。仏教信者が最も多く、道教信者がそれに次いで、両者で全宗教人口の大半を占めている。本章ではそのうち、仏教に照準を合わせるが、実は台湾において純粋な仏教寺院といえるものは少なく、多くは道教と習合している〔上水流 一九九八：七七、文化庁文化部宗務課 二〇一四：四九〕。

そのなかで、純粋な仏教の団体として現在の台湾に活動するのが、五大道場と呼ばれる法鼓山（台北県）、佛光山（高雄県）、慈済基金会（花蓮県）、中台山（南投県）、霊鷲山（台北県）である。[*1] これらの歴史はすべて半世紀に満たず、そうした新しい団体が台湾に築いた巨大施設はまさに壮観である。本章は右記中の佛光山と中台山に言及するが、それは、この二つの道場が日本に寺を建立しているからにほかならない。慈済基金会も日本での活動に——とりわけ大震災をはじめとする天災の被災地において——評価すべきところがあるものの、宗教活動というより被災者支援活動を実践するボランティア団体という側面が強く、ここでは取り上げることはしない。それ以外の道場は、筆者の知る限り、日本への進出を果たしていないはずである。

台湾仏教といっても、他国の仏教とは違うオリジナルな教えがそこにあるわけではない。重視されるのは既存の諸仏典である。いま台湾仏教が語られる場合には必ずといっていいほど「人間仏教」という言葉が発せられているはずであるが、これも独自な仏教を表すものではない。この言葉に籠められているのは、仏教を現代人の生活に合わせて解釈し、平易に解説して人々のために役立てようという考えである。人間仏教の思想は特定宗教者・特定団体が専らにするところではなく、五大道場に共通している。仏教改革運動のスローガンというべきものであって、要は「俗世間から隔絶したところでの修行三昧ではなく、もっと人間のなかへ」と謳っているのである。

周知のように、台湾には一九四九年から戒厳令が布かれていた。長く「戦時体制」にあったために、思想・信条の自由、集会の自由には制限が課されていた。しかし一九八七年にようやく戒厳令は解除され、庶民たちは自由を得る。政治によって押さえこまれていた人々の種々の思いは、表出することが可能になったのである。その人々の思いと五大道場の主張するところが交差する。道場はたとえば、仏の教えの実践として社会貢献を為すことを人々に説く。人々は手に入れた自由を、人生を充実させる活動に、たとえば社会に貢献することで活かしたいと考えていた。道場の主張と人々のニーズがマッチして、道場は多くの信者を得て急速に成長を遂げてゆく。

ここでデヴィッド・ジョーダンによる研究も参照して、仏教の成長を促すことになった第二次世界大戦終結後から一九八〇年代までの台湾社会の変動を確認しておこう〔Jordan 1994: 137-160〕。彼によれば第一は経済成長であり、それによって人々は宗教施設の建設等に多額を提供しうる余裕を持つようになった。次に指摘されるのは政府による医療政策で、公共医療機関が整備されてくることで従来活発に行われていた宗教的な病気治しへの人々の依存度が低下し、宗教に対しては身体的でなく精神的な癒しが求められるようになった。また教育水準の上昇というファクターにより——宗教への批判的態度が涵養される一方で——宗教的な文献に人々が親しむようになってくる。そして社会移動の活性化が地縁に基づく旧来の意識を薄れさせ、「汎台湾」意識を生成して、全土の人々から支持される宗教団体の登場する素地を形成するのである。かくして台頭してきたのが、既述の台湾五大道場というわけである。

台湾宗教を研究する五十嵐真子の考察も、ここに挙げずにはおられない。彼女は、戦後から一九六〇年代にかけカトリックまたプロテスタント諸派が急速に勢力を拡大してきたという現実への対応として、仏教がキリスト教ミッションの方法を取り入れた布教活動を展開したことを指摘している。また戦後の国際社会のなかで台湾のポジションが揺らいでくると、[*2]仏教界も現実の台湾社会に目を向けざるをえなくなり、積極的に環境・福利厚生・人権問題に関わるようになって世俗社会との接点を持つようになっていったという〔五十嵐 二〇〇六：一八四―一八五〕。五大道場の創始者たちは、そうした活動に挺身していったのであった。

道場創始者たちは何も持たない素手の状態から宗教活動を開始し、大教団を成立させた人たちであった。その姿が人々に感銘を与え、彼らからの広範な支持を集めるようになったことも示唆しておいてよいだろう。日本において新たに創立された宗教団体が急成長を遂げると、そのファクターとして病気治し等の奇跡を教団がアピールしていると指摘されるところであるが、台湾ではこのことはあてはまらないようである。[*3]

二　大阪佛光山寺

台湾仏教のなかで最も早く日本に進出してきたのは、佛光山である。佛光山は台湾・高雄において一九六七年に星雲大師（一九二七～）が創設したもので、以降その発展は目覚ましく、世界各地に二〇〇を超える別院を有し信者総数三〇〇〇万人を数えるまでに成長している。日本では大阪、東京、名古屋、福岡、山梨、群馬に別院を設けており、総計五〇〇〇人の信者を擁する。[*4]

ここでは、大阪別院を取り上げよう。[*5]一九九二年、大阪佛光協会が設立される。東京他での活動開始も、ほぼ同じ頃である。そして二年後の一九九四年には大阪佛光山寺が兵庫県宝塚市に開創され、二〇〇一年に宗教法人

図①　大阪佛光山寺

の認証を得て現在に至る。

大阪佛光山寺を運営するのは住職を含む数名の僧侶で、すべて女性である。二〇〇九年に実施した彼女たちへのインタヴューによれば、信者は約一八〇〇人を数え、その九〇%を女性が占める。大部分が家庭の主婦で、四〇〜五〇歳代が中心である。大陸出身者はほぼいない。オールドカマーの台湾人、また日本人男性と結婚して来日した台湾女性がその主なるところである（日本人信者は五〇〜六〇歳代の男性が多く、およそ五〇人である）。またオールドカマーあるいはニューカマーの、在台湾家族が来日して、寺に姿を見せることもあるという。

したがって、在日ブラジル人のようなワーキング・クラスの台湾人ニューカマーは、ここにはほとんどいない。信者の多くは就労目的で来日した単身者ではなく、日本に定住して家庭を営む者たちであると推測できる。

長く日本に暮らすとなれば、信者のなかにはこの世を去る者も現れてくる。そのため、葬儀を佛光山に依頼するケースが見られるようになった。もっとも台湾における葬儀は——仏教のものではなく——儒教に関わるもので、よって佛光山は基本的に葬儀に携わることはない。とはいえ大阪佛光山寺には納骨堂が設けられており、これは在日台湾人の強い要請を容れてのことであろう。

信者にとって、佛光山は「ここに来れば台湾」である。言語・文化を共有する者たちとの交流が心地よいことはいうまでもない。これを第一の魅力として来寺する者は少なくないはずである。実際、寺に集う者がみな熱心な信仰者とはいえそうにない。料理を囲んでの談笑の場にはいたものの法要が始まればいなくなる、という人もかなりいるようである。寺側としては、来寺してもらわないことには話にならないのだからと、人々を招き寄せようと工夫を凝らす。以前には手芸教室や経営セミナーが――その分野を得手とする尼僧が在任中に――催され、そして現在では文芸教室が開かれている。寺はまるでカルチャー・センターのようである。パーティのような集まりも頻繁に開かれており、一〇〇〜二〇〇人が集まるという。その場には中高年の女性の姿が顕著である。忘年会を開催しており、そこではカラオケや踊り（アミ族の踊りも）が披露されることもある。近所の日本人がこれに参加することもあるようで、それは尼僧が運営し信者も女性が多いことから、心安く感じられるからだろう。また阪神・淡路大震災の折、寺には支援物資が多く集められ、それは近隣の日本人たちにも配布された。この支え合った事実があるからでもあろう、近隣社会との関係は良好のようである。また、旅行（台湾の本山への、あるいは日本国内の他の佛光山寺院への）を企画し、希望者を募ることも頻繁に行われている。そしてもちろん、悩み相談も受け付ける。悩みを家族以外に打ち明けたいとは誰しもあることで、それが悩みを知られたくない友人以外を相手に、しかも母国語でできるとなれば、信者たちには心強い。僧侶は秘匿性が高いことも、それを後押しする。

佛光山の僧侶には女性が多い。それは台湾（中国）が父系制の社会ゆえ、男性の出家することが簡単ではないということが影響している。また台湾における兵役義務も、それに棹差す。そしてここ日本においても、佛光山の活動は女性を中心に展開されている。

言語と文化を同じくする女性を中心とした、堅苦しくない交わりが、佛光山寺においては成立している。それが寺と寺に集う信者たちの活気を生み出しているのである。

三　普東禅寺

日本国内には、台湾五大道場のうち、もう一つが進出してきている。中台山である。[*6] 京阪電車門真市駅から徒歩五分程度にある、かつてはガラス工場兼住宅であった四階建てビルが日本分院・普東禅寺へと改装され正式に発足したのは、二〇〇九年七月のことであった。

中台山を開創したのは惟覚《ユイカク》和尚（一九二八～二〇一六）である。彼は一九六三年に台湾基隆で出家し修行を重ねていたが、やがてその声望は高まり、彼のもとを訪れる信者が増えてきた。そこで彼は一九八七年に霊泉寺を建立するも、その後も信者は増え続け、それに対応するために南投県の埔里鎮に中台禅寺を開く。いま現地で壮麗な姿を見せる寺は、一九九二年から三年間を設計に、その後七年を建設にと、計一〇年を費やして二〇〇一年九月一日に完成したものである。

中台山は台湾に九〇ヶ所余りの、そして海外ではアメリカ（七ヶ所）、オーストリア、オーストラリア、フィリピン、香港、タイそして日本に分院を有する。普東禅寺は中台禅寺が日本に設けた、最初にして（現時点では）唯一の分院である。

台湾の本山で修行する法師は女性が約一〇〇〇名、男性二〇〇名ということで、女性の圧倒的多さは佛光山と変わらない。もっとも、調査のために二〇一四年に普東禅寺を訪問した時点での住職は男性で、[*7] 他に三名の男性法師が常駐していた。全員が男性であって、この点は大阪佛光山寺とは異なる。

信者数は八〇～一〇〇名。女性が七〇%を占め、主婦が多いことは佛光山寺と同じである。年齢層は三〇歳代から六〇歳代と、若干幅広い。台湾出身は全体の三割程度にとどまり、大陸中国出身が多いということで、ここは大阪佛光山寺と大きく異なるところである。新たに入信する者が顕著で、ほとんどが永住者資格を持つというから、日本人男性との婚姻関係にある者が多いのだろう。日本人信者は一〇人程度おり、配偶者が台湾・中国出身であるという。信者居住地は大半が大阪で、東京や三重、富山、横浜から来寺する者もいる（住職他が信者のいる名古屋や東京に出張することもある）。

図②　普東禅寺

普東禅寺では「中国語」「料理（精進料理）」「座禅」「お経」の講座・教室を設けている。その案内ビラを作成して近隣家庭にポスティングしており、住民に参加を呼びかけている。ビラには、毎日の早朝（七～八時）と夕刻（一六～一七時）の勤行に「随時参加歓迎」と記載されてもおり、地域住民に親しまれるという目標を寺が掲げていることがうかがえる。門真市内の保育園との交流を行ない、地元での国際交流活動に積極的に参加しようとしているのも、この目標を意識してのことであろう。普東禅寺発足の前後には住職らが地元に所在する日本仏教の寺をいくつか挨拶に訪れているが、軋轢を避けたいとの意図がそこにはあるはずである。

地域に密着し、地域に地歩を固めて更なる展開を目指そうとしている普東禅寺であるが、その努力が実を結んでいるかどうか、調査が充分ではないために筆者には不明という以外にない。近隣住民にどれほど浸透しているかを明らかにすることは、今後の課題である。とはいえ（無料の）中国語講座で学ぶ日本人が寺の行事に携わるようになったケースがあるとのことで、その受講者は寺からそう遠くないところに居住していると推測される。もっとも、彼らが台湾仏教にどれほど惹かれているかは、わからない。寺近辺に住む信者は何名かはいるかもしれないが、公共交通機関を乗り継いでの来寺がほとんどであろう。

寺で出会った若い女性――彼女は中国から留学生として来日し日本人男性と結婚している――は、「この寺に来れば言葉（北京語）が通じ、同じ国の人間であるから集まりやすく、中国仏教と台湾仏教が似ているし、法師様がみんな優しい」と語ってくれた。頻繁に寺に「遊び」に訪れる彼女の（寺を介しての）知人も、こうした理由から信者になっているのだそうである。そして信者になった人物が知己に寺の（右記の）魅力を伝え、コミュニティが徐々に拡大してゆく。信者獲得（布教）のために採られている手段は、先述のビラ配布やホームページでの情報発信が主なるものであった。その効果がどれほどであるかは不明であるが、「口コミ」の影響が大きいことは間違いない。

全信者中に大陸出身者の占める割合が高いのは、彼らが知己に盛んに寺の情報を伝えてきた結果であろう。台湾出身者にはオールドカマーが相当数おり、台湾からのニューカマーはそれを頼りに来日する。したがって在日台湾人ネットワークは既に形成されていると認識できるが、一方、ニューカマーの大陸出身者にはつながり合える人材が相対的に不足しており、拠り所となりうるネットワークの存否は重大な関心事であっただろう。そこに舞い込んできた「交流の場」が門真市に存在するという情報は、彼らには絶好のものであった。かくして中国人ニューカマーの間で口コミは活発化し、寺に大陸出身の信者が増加する。また早急に拠り所を見出そうとする大陸出身者にとり、寺に常駐する僧侶の男性であるか女性であるかは些末な問題であるが、台湾出身女性にとっては大きな問題で、そのために来寺を躊躇することがあったかもしれない。

「ここに来れば中国（台湾）」である寺に彼らは集い、共に時を過ごす。悩みを僧侶に相談することも、当然ある。葬儀を依頼することもあり、前出の信者女性によれば、義父が亡くなり檀那寺（浄土宗）の葬儀を行ったが、その後で当寺に依頼して葬儀もあらためて執行してもらったとのことであった。法要も当寺で執り行われている。

この寺では、男性僧侶を巻き込んでのパーティ然とした交わりは――大阪佛光山寺においてのようには――展開されていないようである。信者のなかには大阪佛光山寺に出入りしているものもいるというから――それを僧侶が咎めることはない――パーティ好きの信者はそちらに出向くのだろう。ともあれ、信者は――そして講座受講者は――寺に関わることによって自らのニーズを満たそうとしている。僧侶（法師）が優しいと感じられるのは、自身の言い分を聞き入れてくれるからだと思われる。

四　寺における非宗教的な魅力

以上からは、台湾仏教寺院を訪れる人々の動機として、宗教以外のものの小さからぬことが理解されよう。彼らの仏教への関心が表面的なものであるとは、もちろんいわない。ただ、社交・学習（中国語や料理）が彼らにとって大きな魅力であることは確かである。寺はもちろん、その動機に目くじらを立てることはすまい。それをきっかけにして訪問者が仏教に親しんでゆくことを、期待しているはずである。

全国各地のニューカマーが集まる宗教施設で、こうした非宗教的な交わりが際立つことはあまりないと考えられる。ペンテコステ系教会に集まる南米出身のクリスチャンは概して篤信である。何よりも祈りを捧げるために、彼らは教会に足を運ぶ。またデカセギであった彼らは——台湾人（それも女性）以上に——多忙なはずで、社交や学習に費やす時間的余裕はもちろん、経済的・精神的余裕においても乏しいかもしれない。気軽に教会に「遊び」には、行かないだろう。また彼らの集会が自前の施設でなく公共施設を借りて催されるケースは少なくなく、そうであれば、そこで信者たちが楽しく交流することは難しい。ムスリムの場合も、同様なことがいえる。聖なる金曜日の集団礼拝に集まったムスリムたちは、祈りが終われば大半がマスジドを後にして職場へ、また家庭へと帰ってゆく。彼らがマスジドに集まって交流することは確かにあり、その最大の機会はイードであるが、イード・アル＝アドハー（犠牲祭）もイード・アル＝フィトル（断食明けの祭）もともに宗教的な行事である。そしてマスジドに集まるのは——台湾寺院とは対照的に——基本的に男性で、女性信者たち（それも日本人ムスリマ）が私的に居宅に集合して歓談することはあったとしても、マスジドに集まること自体、めったにあることではない。

「人間仏教」を標榜する台湾仏教寺院は、人々の生活の充実することを願う。人々の現状を理解し思いを汲むことは、僧侶の心掛けるところである。葬儀を執行し納骨堂を設けるのは、信者たちの思いに応えてのことであろう。以降も台湾仏教寺院は、信者を満足させることに重きを置き、より多くの人々を招き入れるため、非宗教的な交わりの場の側面をより備えるようになってゆく可能性が小さくない。

もっとも、台湾において仏教道場がその歩みを始めた頃には、現在の日本の台湾寺院で見られるものに類した活動が展開されていたようである。五十嵐によれば、共産党政権成立後に活躍の場を台湾に求めた僧侶たちは、台湾における仏教や出家者への関心の――とくに年長者における――乏しさに直面したという。布教意欲盛んな彼らは、そこで布教対象を児童・学生といった若年層に絞り、その年齢層が興味を持ちそうな内容の読書会や料理教室等を開催して、その機会に仏教知識を広めようと努めていった。ここに、「一般の信徒たちにわかりやすく、また興味を引くような方法にこだわっていることが見える」〔五十嵐 二〇〇六：一九〇〕。

いま日本で非宗教的な動機によって集合体が成立していることは、台湾仏教にとって決して、不本意なことではないのだろう。本場においても、かつてはそうであったのだから。その集合体を仏教信仰へとつなげてゆくのは、在日の分院を運営するために来日した僧侶たちが担わねばならない大きな課題である。丁度、彼ら僧侶の先人たちが台湾で苦労を重ねつつ若者層の間に浸透していったことを鑑として。

1――霊鷲山を除いて、四大道場（四大仏教）と称されることもある。

2――第二次世界大戦後、中華民国である台湾は国際的に承認された唯一の「中国」であったが、一九六〇年代末から七〇年代にかけ、多くの国が中華人民共和国と国交を結ぶようになってくる。一九七八年にはアメリカまでが中華人民共和国との間に正式に国交を樹立している。台湾は、自らが国際的な地位を失いつつあることを意識せずにおれなくなったのである。

3――台湾宗教に詳しい五十嵐真子・神戸学院大学教授にお教えいただいた。

4――詳細は東京佛光山寺のホームページ http://www.tokyofgs.com を参照のこと。

5――詳細は大阪佛光山寺のホームページ http://dharma.fgs.org.tw/shrine/osk/activity.htm を参照されたい。

6――中台山のホームページ（日本語版）http://www.ctworld.org.tw/jp/main.htm を参照のこと。

7――本稿執筆時点で、住職は交代している。

［参考文献］

五十嵐真子　二〇〇六『現代台湾宗教の諸相——台湾漢族に関する文化人類学的研究』人文書院
上水流久彦　一九九八「宗教」若林正丈編『もっと知りたい台湾〈第2版〉』弘文堂
文化庁文化部宗務課　二〇一四『在留外国人の宗教事情に関する資料集——東アジア・南アメリカ編』
Jordan, David K., 1994, "Changes in Postwar Taiwan and their Impact on the Popular Practice of Religion", Harrell, Stevan & Huang Chun-chieh eds., *Cultural Changes in Postwar*, Westview.

［ウェブサイト］

中台禅寺：http://www.ctworld.org.tw/jp/main.htm
日本佛光山・東京佛光山寺：http://www.tokyofgs.com
臨済宗・大阪佛光山寺：http://dharma.fgs.org.tw/shrine/osk/activity.htm

第7章

設立される待望の故郷

◉三木　英

在日ベトナム人と仏教寺院

一　ベトナム人の宗教

二〇一五年六月末時点で、日本に暮らすベトナム国籍の人々は一二万四八二〇人を数える。中国、韓国・朝鮮、フィリピン、ブラジルに次いで五番目の多さを誇る。

彼らの日本への移住は、ベトナム戦争終結後の混乱から国を離れた難民が日本上陸を許可されたことに始まる。一九七九年に兵庫県姫路市に、そして翌一九八〇年には神奈川県大和市に彼らを受け入れる「定住促進センター」が設けられており、そこでベトナム人たちは日本語を学習し日本社会への適応指導を受け、そこを出た後は日本国内で就労していった。その難民であった彼らに加え、「合法出国に関する了解覚書（ODP）」[*1]によって来日した者、結婚を目的に来日した者、そしてその子孫たちが、現在の在日ベトナム人の大半である。[*2]

在日ベトナム人の宗教といえば、キリスト教（カトリック）を想起する人が多いのではないか。一九九五年の阪神・淡路大震災の後、神戸市長田区のカトリック教会敷地内に立つイエス・キリスト像が話題になったことがあった。地震後に発生した大火によって焼け野原になった地で、損傷することなく両手を広げたキリスト像は教会近辺に住むベトナム人が寄進したものであった。あたかも炎を食い止めたかのような姿は被災地・神戸の象徴的存在としてメディアに取り上げられたものである。その影響であろう、日本で生活するベトナム人はカトリック信者であるとの認識が広まっていったものと考えられる。[*3]

社会主義体制が続く本国ベトナムでは、国民の八割は特定宗教を信仰していない。もっとも、祖先崇拝やシャーマニズムが生活の一部として広く国民の間に浸透している。つまり――日本と同様――多くは宗教意識を持ち宗教行動に従いながら、特定宗教への帰属意識を有さないということである。そしてその国民の二割の特定宗教信者についてみれば、仏教徒が最も多く、人口中の九・三%を占めており、次いでカトリック信者であって、人口中の六・七%がそれに該当する〔文化庁文化部宗務課 二〇一三：三〇〕。[*4]

実際、神戸市長田区の被災教会近辺を含む日本国内のベトナム人の宗教はカトリック一色ではない。在日の彼らの信仰に関する近年の統計は存在しないため、明確な数値を示すことができないが、彼らのなかでカトリックは多数派とはいえない。非カトリックにして信仰心の篤いベトナム人は何を信仰しているかといえば、それは仏教である。そして、概して、日本に暮らすベトナム人は祖先崇拝を重視している。[*5]

本稿執筆時点で筆者は、日本国内に四つのベトナム仏教寺院の存在することを確認している。埼玉県越谷市の南和寺、神奈川県愛甲郡愛川町のチュア・ベトナム、兵庫県神戸市の和楽寺、兵庫県姫路市の大南寺である。それらが創立されたのは、そう古いことではない。ベトナム人が一九七〇年末から日本に定住を始めたことを考えると、一九八〇年代になればベトナム仏教寺院が国内に続々と現れるのが自然と考えられるところであるが、日本におけるベトナム仏教寺院の歴史はそう遠くまでさかのぼる必要がない。[*6] [*7]

本章はこのベトナム仏教寺院に照準を合わせる。なぜベトナム人の日本定着以来かなりの時間を経てから寺院が創設されることになったのか、そしてその寺院をめぐって彼らはどのような生活を送っているのか、以下に示してゆく。

二　在日ベトナム仏教寺院

在日ベトナム人の研究を行う野上恵美によれば〔野上 二〇一〇a：四七〕、彼らの間では一九八四年頃から仏教系の活動の動きが見られるようになったようである。その現れの最初のものが、一九八六年頃に（ベトナム本土の）ベトナム統一仏教会に所属していたベトナム人僧侶が日本で設立した「在日本ベトナム仏教支部」であった。これとは別に、時を同じくして一九八六年に、難民として日本に在留していたベトナム人仏教徒が「在神奈川ベトナム仏教徒協会」を設立している。前者はほどなく消滅したようで、後者も分裂して「在日ベトナム仏教協会」へと名称変更していった。

「在日ベトナム仏教協会」は一九九六年、全日本仏教青年会の仲介によって横浜市内の真言宗寺院に土地の無償提供を受け、そこにプレハブの寺院を建てている〔野上 二〇一〇a：四八―四九〕。住職となったのはベトナム人僧侶であった。彼自身も難民としてアメリカに向かうところであったが、東京に立ち寄り、同胞の現状を見て日本で仏教活動を行うことを決意したということである。そしてこの人物が「在日ベトナム仏教協会」の組織化に大きく貢献したという。しかし二〇〇〇年代に入り、彼は病気治療のためにアメリカに渡ることになって、寺は休止状態に追い込まれる。

その後、ベトナム仏教寺院をめぐる在日ベトナム人の仏教活動は小休止の状態に入るが、二〇〇五年に至り新たに寺院が設立されることになった。それが、以下に紹介する南和寺である。

1　南和寺（越谷市）

ベトナム（越南）と日本（大和）を結びつける名を持つ南和寺は、埼玉県越谷市の「しらこばと水上公園」に隣接し、周囲に人家の少ない田園地帯にある。敷地にはベトナム風の朱塗りの門があり、門は他にもう一つあった。後者の門を小さな石橋を渡って越えた正面には等身大の白衣観音像が据えられている。本堂は平屋建てで、それに二階建ての建物がつながっており、その二階部分は居住スペースで一階部はパイプ椅子と長机の置かれた集会用のスペースである。

当寺の住職は布教目的で来日したわけではなかった。その姉が日本国籍を有してベトナム・レストランを経営しており、住職の来日は自身の病気治療のためにその姉を頼ってきたものだったという。当時、在日ベトナム人の仏教徒たちは、日本にベトナム仏教の寺がないことを不満に思っていたところであった。そこに彼らは僧侶来日していることを耳にする。そして僧侶に交渉し、僧侶は要請を受諾して、寺院創設へと至ったのである。

この寺の信者と認識できる者は三〇〇～五〇〇人とされる。熱心な信者はそのうちの一割程度で、彼らは法要に参与し、また仏教の勉強に勤しむために土曜日に来寺し、宿泊して日曜を過ごすことが多いようである。寺近辺に住む信者はほとんどおらず、東京・横浜といった遠方を含め、多方面からこの寺に集まってくる。自家用車を用い、また電車・バスを乗り継いでの来寺である。

寺では毎日、午前六時からと午後八時から読経が行われる。おそらく、平日のそれに列席する一般信者はほとんどない。しかし年に何度か営まれる大きな行事――それは寺発行のカレンダーに記載されていた――には、多くの信者で境内は賑わう。正月には一〇〇〇人が訪れたということである。[*8]

2　チュア・ベトナム（神奈川県愛甲郡）

小田急本厚木駅前から北に向かって一時間近くバスに揺られれば、愛川大橋バス停である。眼下を流れる川沿いに個性的な建物が見える。これがチュア・ベトナムである。その近辺には新しい家屋も散見され、郊外住宅地然としているものの、山里のイメージに近い場所である。

図①　チュア・ベトナム

その地に二〇〇八年頃、バラック建ての寺がつくられた。以降、来寺するベトナム人が増え、二〇一二年には二階建ての寺のメインの建物（一階は多目的スペース、二階が本堂である）が完成している。とはいえ（二〇一四年九月時点で）まだこれから整備が進むという様子である。塀はまだめぐらされていない。メインの建物に向かって左手には釈迦在世中の一場面を描いた絵が懸かるが、ビニールシートに覆われたままである。その絵の前には、梱包された状態の観音像と阿弥陀像が横たえられていた。簡易な看板があり、そこにはベトナム語で書かれた寺の名前、また日本語の「在日ベトナム仏教連盟会」という文字も見えた。住職によれば、最終的な完成は二〇一六年になるとのことである。

住職が日本の大学で仏教学を研究するため来日したのは、一九七〇年前後のことであった。その後の経歴は不明であるが、いま彼は寺敷地の隣にある二階建て日本家屋に独りで暮らし、（とくに週末に）訪れてくる信者に対応し、時に信者宅に招かれて法要を営む。大きな行事（正月、花祭り、お盆）ともなれば約五〇〇人が来寺するという。[*9] アクセスの良くないこの寺に遠路やって来るのだから、この五〇〇が当寺の固定信者といえよう。また住職は、頻繁に海外に出、オーストラリアやアメリカ他のベトナム人コミュニティに赴いている。住職によれば、この寺建設のための費用二〇〇万ドルは「一八ヶ国からの国際寄金」で賄ったということで、彼の海外行きはいわば「勧進」を目的としたものであるかもしれない。

この寺は在日ベトナム人のものというより、住職個人の寺というイメージが濃厚である。彼の意向の反映であろう、この寺と日本国内の他の三つの寺との間に交流はないようである。

3　和楽寺（神戸市）

和楽寺は神戸市営地下鉄の苅藻駅から徒歩二分程度の、小さな町工場が点在する昔ながらの町のなかに存在する。寺は、二軒の古い木造家屋をつなげて改装を施され、二〇一二年に創設された。紫檀製と見られる門を潜れば、改装される以前の家屋の玄関になる。そこを上がった一階部は広い板敷で、信者たちが談笑し食事をする場所であろう。もう一室は居住スペースになっている。そして階段を上がった二階が本堂である。釈迦如来や地蔵王菩薩、観世音菩薩をはじめとした仏像や調度品は、ベトナムのフエから運ばれてきたものである。このための費用は在日ベトナム人の寄せたところが大きいが、全世界のベトナム人にも寄金を求めたという。即ちこの寺は住職等の個人的経営になるものではなく、ベトナム人仏教徒たちすべてのものである。

現住職は二〇〇九年に来日して東京で日本語学校に通っていたところ、越谷市の南和寺住職と知り合い、その寺で補助的な活動をしていたという。その後、京都に移って仏教系大学の大学院に学ぶことになった。そうしたなかで在神戸のベトナム人たちと知り合うことになり、彼らがベトナム仏教を欲していることを知る。日本生まれゆえにベトナム語・ベトナム文化を身につけずにいる子どもたちのいること、日本で死んだら霊魂はどこに行くのかと不安がる老人たちのいることも知り、その助けになろうと彼は住職就任を決意したのである。平日は京都で勉学に励み、週末は神戸で（さらには、後述の大南寺の住職も兼ねることになったことから姫路でも）宗教活動に従うという多忙な毎日を、彼は送っている（二〇一三年末現在）。

寺では毎晩（住職不在であっても）、一〇人程度が本堂に集まって読経をする。住職のいる週末には、瞑想指導が行われ、参拝作法や経の詠み方の講習会が催されている。大きな行事はもちろんあり、上元テト、降誕祭の他に、「子どもの日」というべき九月（旧暦八月十五日）の中秋節も盛大に祝われる。その際には二〇〇〜三〇〇人が各地から集まるというから、狭い寺は人で溢れることになる。

寺には宗教施設としてのみならず、学校としての機能を果たすことも期待されている。若い在日ベトナム人を対象としたベトナム語教室や、結婚を機に来日したベトナム人あるいは技能実習生として来日したベトナム人のための日本語教室も開いていきたいとは、信者たちの希望しているところである。

図②　和楽寺

右記ベトナム語教室では、関心を抱く日本人も受け入れたいと考えられている。在日ベトナム人は、彼らの拠点を得て、彼らのプレゼンスを高めようとしているようである。「寺」として地域の清掃活動・消防活動に参加したり、中秋節にはベトナム風獅子舞の実演を公園で行ったりして、彼らへの認知度を日本人間で高めてもらうよう、心がけているという。

4 大南寺（姫路市）

「寺」は建物が完成してはじめて成立するというイメージであるが、そうとばかりいいきれない。日本国内のベトナム仏教寺院を見ていると、人々が協力し合ってつくり始めたその時点で「寺」は誕生していると、強く感じられる。そしていま（二〇一四年一一月時点）、姫路市の大南寺も、ハード面での完成には遠いとはいえ、既に信者の心のよりどころとしての寺である。一〇〇〇万円以上を支払って買い取った姫路市四郷町の広い境内地で、[*10]多くの在日ベトナム人は寺の施設整備のための作業に汗を流す。「完成は一〇年以内に」と彼らはいう。平日には彼らも仕事に追われるであろうから、境内での作業は週末限定である。終点は遠いが、それで問題はないのだろう。寺創設以前では、いかに出身国を同じくしていても比較的希薄な関係であったベトナム人たちが、いまでは助け合うようになったという。寺創設の副産物である。

土地は二〇一三年に取得され、追って平屋建ての本堂が設置された。この年の八月一七日から二五日まで、世界平和を願ってつくられた翡翠製の（像高約一メートルの）釈迦如来坐像を本堂前に安置して参拝者に披露するというイベントが催されている。[*11]全国の――とくに姫路・神戸を含む兵庫県下に居住する――在日ベトナム人に、故郷に存在するものと同じ寺のできたことをアピールする絶好の機会になったことであろう。この期間中には五〇〇名が訪れたということであった。

大南寺で寺づくりに励む人々の団結の中心には、僧侶が位置する。前出の神戸・和楽寺の住職が、この寺の住職を兼務する。住職が寺に不在であっても、信者は寺に集まってくる。毎週土曜日には、午後八時から信者が集まって読経をしているという。寺ができたことへのベトナム人たちの喜びの表れであろう。

三 僧侶の確保と故郷の成立

これまで見てきた事例から、在日ベトナム人が仏教生活を送るにあたり、僧侶の存在の極めて大きいことが読み取れるはずである。端的にいえば、僧侶あっての寺であり、僧侶あっての彼らの生活なのである。

ベトナム人が日本に暮らすようになってから、長く国内に仏教寺院が設立されなかったのは、そこに常駐して儀礼を執行し人々を指導する役割を担う存在が確保できなかったからである。日本に寺院が創設される以前、在日のベトナム人が法要の執行を計画した場合、本国から僧侶を招いてそれを行っていたようで、その僧侶は用件が終了すれば帰国する。そういう状況下で、僧侶確保の見通しがつかない状況下で寺をつくるのは――つくってしまえばメインテナンスも必要であるため――負担が大きい。

ベトナム本国の仏教界が、国外に散在する自国出身の仏教徒の指導に着手するという発想を得るに時間を要したこともありうる。統計上では仏教徒は全国民中の一割程度に過ぎず、国外で旺盛な活動をするほどの力を持たないからであろうか。

しかしいま、越谷においても、愛甲郡にも、神戸や姫路においても在日ベトナム人の寺を統べる僧侶が存在する。それが可能になったのは、僧侶そして寺を支えうるほどの経済的安定を在日ベトナム人が得たからと推測される。彼らが経済的成功を果たしてということではなく、自身の現況・将来を冷静に考えることができる程度の余裕を持ちえた、というほどの意である。そしてそこに至るまで、長い時間を要したのであった。また、事例中にも記したように、ベトナムを知らない日本生まれの若い世代が成長し、彼らのアイデンティティの行方に危機感を抱いた先行世代が拠点を欲したという側面も指摘できる。さらに、その先行世代にあっても、日本での生活を続けるなか、パチンコ等の遊興に奔り「何をしてよいかわからない」という無目的な人生を歩む者も少なくなかったとは、和楽寺で信者から聞かされたことである。寺をつくるという目標は、異国で無為な日々を送っていたベトナム人の生き甲斐となりえたのだろう。

在日ベトナム人の第一世代は老いてきている。彼らが世を去っても、墓を故郷のベトナムに求めることは簡単ではない。よって、この日本で墓を建立し、子孫に供養されるという選択肢が現実的であり、この点においてもベトナム寺は必要であった。その彼らの問題を解決する社会的装置として、仏教寺院が求められたのであった。

和楽寺が創建される以前、神戸市長田のベトナム人たちはカトリック教会で催されていた正月行事等のイベントに参加していた。そこにキリスト教徒ではないベトナム人も数多くおり、その彼らがミサに与るはずはなく、言語を同じくする者たちと触れ合うことを目的に――そこで何らかの有益な情報が得られるかもしれない――顔を出していたと推測される。仏教徒のベトナム人家庭では、法事も行われていたようであるが、その場面にベトナム人僧侶はおらず、自分たちだけで経を詠むなどしていた。その場に日本人僧侶を招くこともなかったようである。ただ葬儀となれば、日本の仏教寺院にそれを依頼し、遺骨も日本寺に預けていたということである。さらに信心深いベトナム人は、日本の寺や中国の寺に足を運んでいたとのことであった。

しかしいま、待望の故郷が日本につくり出された。先祖の祭祀や次世代に施すべき教育等のアイデンティティに関わる問題、地域や職場での生活上の問題等々、これまで在日ベトナム人の肩にのしかかっていた重荷を軽くする道が拓かれてきた。ここで日本人は、彼らに日本社会・文化への同化を求めるばかりであってはなるまい。彼らの思いもまた、深く理解するべきであろう。

四　機能し始めた故郷

以下は二〇一五年一一月二一日の土曜、姫路市の大南寺で開催された「阿弥陀仏の法会――花燈のまつり」の簡単な報告である。夜の七時半からおよそ二時間、阿弥陀如来に世界平和を祈願することを主旨として営まれる法要で、事前に聞き及んだところでは三〇〇名以上が各地から集まってくるという。とはいえ冬が間近の、しかも冷え込んでくる夜である。最寄りのＪＲや私鉄の駅から寺は遠い。そこに三〇〇とは、本当だろうか。

この時点で寺は、第二節に記した当時よりも整備が進んでいる。本堂以外にコンテナハウス然とした小さな建造物が三つあり、それぞれはキッチン、寺務所、そして多目的に使用される――蒲団が何組か重ねられていたことから宿泊者はここで夜を過ごすのだろう――建物である。野外ステージも設けられており、これが当日の行事の主舞台となった。もちろんこれらは、信者たちが自ら汗を流して整えたものである。ステージの前には大きなテントが設営され、その下には二〇〇を超える座布団が敷かれて、それぞれの前にロウソクが置かれている。

行事に備えて準備に勤しむ大勢のベトナム人の姿があった。その多くは若い。しかも女性の姿が目立つ。話しかけると流暢な日本語で応えてくれるのは日本生まれの高校生たちである。覚束ない日本語で語ってくれたのは、留学生や技能実習生であった。五、六〇代の男性たちの姿も見られたが、彼らこそ、若い時分に祖国を離れ日本で苦労を重ねた人たちである。配偶者がベトナム人女性である日本人男性の姿も、何人か見られた。開始までの時間、あちらこちらで話の花が咲いている。提供された故郷の味を楽しみながら。

バスを借りて会場に向かって来ていた人たちの到着を待ち、予定より若干遅れて法会は始まった。民族服であるアオザイを着た三〇名近い女性たちが華やかに舞いながら如来にロウソクの灯を捧げ、[*12]僧侶の持つロウソクから最前列に並ぶ信者たちの手のなかのロウソクに炎が移される。そしてその炎が後列の人々のロウソクを、整然と点してゆく。音楽をバックにした僧侶の声が拡声器から聞こえてくる。それに応じ合掌して祈る人々。ここが日本であることを忘れそうである。[*13]

図③　大南寺での阿弥陀如来法要

晩秋の夜に出現したこの異空間を昔ながらの集落に暮らす日本人住民がどう思っているか、気になるところであるが、実は大南寺近辺に暮らすベトナム人は少なくない。[*14]空家——界隈にそれは少なくない——を借りている者、また家を新築した者たちである。地場産業である皮革業に従事する者もおり、ベトナム人は既に地域の一員である。集落内に所在する浄土真宗寺院の住職からは、彼がベトナム人住民の生活上の相談にのっていると聞き及んだ。地元有力者や地元選出の市会議員も寺の存在に好意的であるという。当日に列席した人々のなかに地元住民の姿は——前出の有力者を除き——ほぼ見えなかったが、寺・法会が迷惑がられていると判断する根拠は、見出せない。

法会が終わる頃には、会場には確かに三〇〇近い人たちがいた。交通の便の良からぬ場所に、加えて夜であるにもかかわらず、である。本章第一節で記したように、ベトナムにおいて仏教徒は総人口の一割程度に過ぎない。そこから推して、この日この時間に集合していたベトナム人たちが皆、敬虔な仏教徒であるとは思えない。であるのに、かくも多くの人の集結したのは、寺が宗教施設を越えて、故郷であったからに他ならない。これからも、大きな行事のある度、境内はベトナムになるのだろう。そして特別な日でなくとも、「帰ってきた」ベトナム人たちで、この寺は賑わってゆくのであろう。

1——ODPとは、Orderly Departure Program の略である。国連難民高等弁務官事務所（United Nations High Commissioner for Refugees＝UNHCR）とベトナム政府との間で交わされたもので、離散した家族との再会をはじめとする人道的理由によってベトナムからの出国を認めたものが、これである。

2——日本におけるベトナム難民の生活については〔川上 二〇〇一〕〔野上 二〇一〇b〕を参照のこと。

3——一九七五年のサイゴン陥落後、カトリック教会は政府の管轄下に置かれ土地を没収されることになった。そのため、政府による弾圧を怖れて国外に脱出したベトナム人カトリックが多いことは確かである。

4——ベトナム仏教には大乗仏教系の北宗仏教、上座仏教系の南宗仏教、南北の融和を目指す托鉢仏教の三つの流れがあるが、そのなかで多数派は北宗仏教である〔文化庁文化部宗務課 二〇一三：三〇〕。

5——日本国際社会事業団によって一九八〇年代半ばに実施された調査によれば、難民として日本に移住したベトナム人のうち、四二％が仏教徒で、三九％がカトリック信者であった〔日本国際社会事業団 一九八五〕。

6――名古屋市天白区の曹洞宗寺院敷地にベトナム仏教の寺が設立されているという情報を得ているが、筆者の調査の及んでいないことから、ここには算入していない。また大阪府の――近辺に約一〇〇〇のベトナム人が暮らす――八尾市に築三五年の民家を改装して寺が創設された（二〇一五年一月）ことを確認したが、これも調査するまでに至っていないため、ここに含めない。さらに姫路市内に、前出曹洞宗寺院に下宿していたベトナム人留学僧が住職を務める――本文中に言及する大南寺ではない――寺の存在することも、ウェブ上で確認した（http://hokyoji.jp/wp-content/themes/hokyoji.../dayori68.pdf）。それについても、存在するということ以上の情報を得ておらず、ここでは取り上げない。ともあれ近年相次ぐ寺の創設は、自分たちの寺（仏教）を求めるベトナム人の思いの強さと、寺を維持できるまでに彼らに「余裕」の生じたことを示唆しているだろう。

7――チュアとは寺院のことで、チュア・ベトナムはベトナム寺の意である。国内の他の三箇所の寺院はみな和名を掲げるが、このチュアについては和名表記が何処にも見当たらず、よって本章では「チュア・ベトナム」とそのまま記すことにする。

8――ベトナムでは、旧暦の一月一五日（旧暦新年の初めての満月の日）にあたる日に行われる上元テト、旧暦四月一五日のブッダ生誕祭である降誕会、旧暦七月一五日の盂蘭盆会が主要行事である。これらはすべて旧暦によるもので、新暦を専らに用いる日本でこれらの行事を本国と同様に催すことは就業・学業の関係上、難しい。多くが集まったと本文中に記した正月は、もちろん新暦によるものである。

9――多くが参集する年に数度の行事の際には寺周辺が不法駐車車両でいっぱいになって難渋するとは、寺近辺に住む日本人の言葉であった。

10――現境内地は皮革工場の跡地である。四郷町は古くから皮革業の盛んな土地であったため、比較的安価で境内地を購入することができたと推測される。

11――二〇〇〇年にカナダで採掘された翡翠が、長い年月をかけてオーストラリア人の手で釈迦像へと姿を変えたものである。二〇〇九年以来、インドやベトナム、ヨーロッパ、アメリカ他を巡歴しており、日本国内では――姫路に先立って――横浜やさいたま市で披露されていた。そして大南寺を出た後は海を渡って韓国に運ばれ、再び世界巡歴の旅に出て行ったようである。

12——住職の他に三名の僧侶がおり、彼らはこの行事のために来日したようである。そのうちの一名はアメリカから来たということであった。また尼僧が一名おられ、彼女は舞台裏で法会執行をサポートしていた。

13——ベトナム人女性と結婚した日本人男性によると、この日の法会は、彼がベトナムを訪問した際に参加した法会と変わらない、ということであった。

14——当日の参会者が法会終了後に、大南寺近辺に暮らすベトナム人宅に宿泊するというケースもあったようである。

〔参考文献〕

川上郁雄　二〇〇一『越境する家族——在日ベトナム系住民の生活世界』明石書店

日本国際社会事業団　一九八五『我が国におけるインドシナ難民の定住実態調査報告』

野上恵美　二〇一〇a「在日ベトナム人宗教施設が持つ社会的意味に関する一考察——カトリック教会と仏教寺院における活動の比較」『鶴山論叢』一〇、神戸大学、四一—五六頁

野上恵美　二〇一〇b「在日ベトナム人に関する研究の課題と展望」『神戸文化人類学研究』三、神戸大学、五五—六五頁

文化庁文化部宗務課　二〇一三『在留外国人の宗教事情に関する資料集——東南アジア・南アジア編』

第8章

修験道寺院におけるスリランカ仏教の祭り

◉岡尾将秀

一　はじめに

この章では、スリランカの仏教で「ウェサック（Vesak）」と呼ばれる祭が、大阪近郊の生駒山麓に在する主に修験道に従事する信貞寺という一寺院において、どのようにおこなわれているかを考察する。ウェサックは、上座仏教に従事するスリランカの寺院において、開祖ブッダ（釈迦牟尼仏陀）として崇敬されるゴータマ・シッダッタの誕生（降誕）と悟り（成道）と死去（涅槃）を同時に記念するために、年に一度盛大に開催される祭儀である。スリランカでは、国民の約七割を占めるシンハラ人のほとんどが上座仏教の仏教徒であるため、ウェサックが開催される五月の満月日（ポーヤ・デイ）は公休日となるほどである。[*1] 上座仏教は「テーラワーダ仏教」とも呼ばれ、[*2]「サンガ（Saṅgha）」と呼ばれる出家した比丘（僧侶）の集団において、「長老」と呼ばれる指導僧の下、厳格に継承されてきた教えであり、ゴータマ・シッダッタの死後、紀元前三世紀頃にインドからスリランカに伝えられたとされる。サンガでは、どのような高僧よりもブッダ（釈迦牟尼仏陀）が崇敬され、ブッダによって説かれたとされる初期の経典が読誦され、ブッダによって実践されたとされる瞑想が実践される。これに対して、上座仏教の在家信徒は、ブッダへの崇敬や経典の読誦、瞑想の実践よりも、僧侶への崇敬や食事をはじめとする布施の実践が求められてきたと考えられる。

主に日本古来の山岳信仰が大乗仏教に習合した修験道に従事する信貞寺においては、釈迦牟尼仏陀の誕生のみを記念する「花祭り」が毎年四月に開催され、毎月の「護摩供・先祖供養」と同様に護摩が焚かれ、滝行も実施されるが、これは通常の一・五倍くらいの信者（約三〇名）が集まる程度である。信貞寺をはじめ、日本の仏教寺院では、大乗仏教の各宗派の開祖が崇拝される分、上座仏教を継承するスリランカの寺院においてほど、仏教の開祖釈迦牟尼仏陀が崇敬されておらず、それゆえ、日本ではウェサックがほとんど開催されることがない。しかしとくに信貞寺の花祭りで護摩が焚かれ、滝行も実施されるのは、ブッダがやめた身体の苦痛を伴う修行を復活させた密教の実践方法こそが、修験道でも重視されるからと考えられる。

このような信貞寺において、一九九八年頃から在日スリランカ人のために、ウェサックが毎年五月から六月にかけて開催されている。本章では、どのような経緯で、他の寺院ではなく信貞寺においてウェサックが開催されるようになり、どのように実施されているのかを明らかにする。

二　ウェサックが信貞寺で開催されるようになった経緯

ウェサックが開催される信貞寺は、大阪近郊の生駒山地にある。生駒山地は大阪府と奈良県の境界にあり、大阪府や奈良県からはもちろん、京都府や兵庫県からでも電車や自動車を使えば、日帰りで往復可能である。信貞寺は生駒山地の大阪側斜面の麓にあり、近鉄大阪奈良線の額田駅から徒歩で約一五分、緩やかな坂道を登ったところにある。頻繁に通うには便利とはいえないが、近くに公園の駐車場もあり、右の都道府県からならたまに通うのに支障はないといえる。

ウェサックが信貞寺で開催される最も重要な理由として、信貞寺の住職である徳永瑞幸氏がウェサック開催以前からスリランカに強い関心をもち、スリランカ人と積極的に交際していることを指摘できる。徳永住職は、「サーマランカ協会」というスリランカ人と日本人の交流促進をはかる団体の会合で司会をしていた在日スリランカ人のA氏と出会い、A氏から信貞寺でのウェサック開催を依頼され、承諾したという。徳永住職はサーマランカ協会の会合には、A氏が司会を務める以前の設立当初から参加し、スリランカ人と積極的に交際することによって、スリランカの仏教や文化を受け入れ始めていたといえる。一九九五年六月には、スリランカのテーラワーダ仏教で最大宗派のシャム派に所属する管長から、本物とされる仏舎利を授与された。徳永住職は当時テーラワーダ仏教にとくに強い関心をもっていたわけではないが、僧侶としてスリランカ人との交流に積極的に関わっていたことが評価されての仏舎利授与であったという。また当時すでに懇意にしていたあるスリランカ人僧侶から、スリランカで盛んなインドの伝統医療アーユルヴェーダについて、一九九八年頃から本格的に学ぶようになった。アーユルヴェーダについても、スリランカを訪問し始めた当初はよく分からなかったが、次第に自身が従事している修験道との共通点を発見していったという。[*3] したがって徳永住職が、サーマランカ協会で交際するA氏から信貞寺でのウェサック開催を依頼されて、承諾するのも当然であったといえる。

もちろん信貞寺でのウェサック開催は、異国の日本でもスリランカの仏教の祭りを開催しようとする在日スリランカ人の強い要求に根ざしている。そもそも徳永住職が信貞寺でのウェサック開催を承諾したのも、在日スリランカ人のA氏が徳永住職に依頼したからであった。A氏は以後毎年信貞寺で一五回以上開催されてきたウェサックで、毎回世話人の役割を担っている。また信貞寺のウェサックで主導僧を務めるスーリヤゴダ・ダンミカ長老も、初回から主導僧を務めているという。恐らくA氏は、徳永住職にウェサック開催のための信貞寺の開放を依頼する前に、ダンミカ長老にウェサックの主導を依頼し、承諾されていたと考えられる。ダンミカ長老は、当初は京都の大学で社会福祉を学ぶために、卒業後は日本とスリランカにまたがる社会福祉の活動に従事するために、関西に滞在するときはA氏の自宅で宿泊している。ウェサックに出席する他の在日スリランカ人のなかにも、毎年出席し、準備や後片づけを手伝っている者は少なくない。

しかし在日スリランカ人が日本でのウェサック開催をどんなに強く要求しても、場所が確保できなければ開催できないことはいうまでもない。したがって世話人のA氏や主導僧のダンミカ長老は、ウェサックでは折りに触れ徳永住職に感謝の言葉を述べることを怠らない。また二〇一〇年には、他の在日スリランカ人の有志が、信貞寺の雨漏りしていた庫裏の屋根を率先して修理を始めるということがあった。その場合でも、最終的な仕上げは、信貞寺の日本人からも布施を集めて、専門業者に依頼した。

図① ウェサックの受付（以降の写真はすべて2012年のウェサックのもの）

信貞寺でのウェサックが、誰よりも在日スリランカ人自身の強い要求にもとづいて開催されながらも、徳永住職による支援があってこそ遂行されるという側面は、開催の準備の段階でも垣間見られる。たとえば二〇一三年のウェサックでは、徳永住職は信貞寺の関係者と開始二時間前くらいに到着したが、すでに在日スリランカ人だけで仏旗や垂れ幕を境内に取りつけ終わり、長老自身も境内を箒で掃いていた。それでも徳永住職は、信貞寺の関係者に滝行場などを清掃させたり、自ら滝に導水したり、受付の机や筆記用具を準備させたりした。徳永住職によると、スリランカ人は現金で布施をする習慣がなく、ダンミカ長老の飛行機代も出せないので、日本人から少しずつ現金で布施を集めたほうがよいという。つまりスリランカの仏教の祭りも、日本の寺院で実施されるときは、日本の仏教の習慣に従ったほうがよいところもあるという考えである。

三　信貞寺でのウェサック

以下では、信貞寺におけるウェサックが実際にどのように実施されているか、二〇一二年から二〇一五年にかけて筆者が参加し、観察し、記録した事実に即して記述する。

1　ブッダへのプージャ

ブッダ像へ献灯、献花、水や食物などを捧げる「プージャ」と呼ばれる「信仰行為」（青木 一九八五：五五―五七）がひとたび始められると、ウェサックで正装とされる白い衣装を着た在日スリランカ人によって先導される。日本人にも参列するように呼びかけられ、境内にいる出席者全員が本堂の前に通り道を空けるように二列に並び、線香やろうそく、花や水や食物が入った器を別棟の調理場から順に回して運んでいく。恐らく信貞寺の本尊である大日如来像の前に据えられた小さなブッダ像の前に並べられていたと考えられる。

プージャは、日本の大乗仏教の寺院でおこなわれる仏前へのお供えに似ているが、その様式や意味は大きく異なる。そのため初めて参加する日本人は、どのように振る舞ったらよいか分からず、在日スリランカ人のまねをするしかない。参加を繰り返すうちに、これが仏教の開祖ブッダに供え物を捧げる儀式であり、出席者全員に供え物を入れた器を回した上で捧げるべきと考えられていることが、自ずと分かってくる。ゆえにテーラワーダ仏教への関心から繰り返し参加する一部の日本人は、プージャにも率先して取り組み、他の日本人に無言で模範を示すことになる。ただしそのような日本人は、現時点では毎年一人か二人にとどまる。

捧げ物を運び終わると、ダンミカ長老だけでなく徳永住職による挨拶もおこなわれ、世話人のA氏によって日本語とシンハラ語の双方に訳される。ダンミカ長老はシンハラ語で、信貞寺で一五年以上開催されているウェサックに協力してくれている徳永住職への感謝の気持ちを毎回丁寧に述べる。また、母国の所属寺院に貧しい子どもだけが入れる「桜幼稚園」を建てたことや、日本の病院で不要になったベッドを母国の病院に寄贈したことなどにも言及する。これは徳永住職以外にも出席している日本人に対して、日本人による支援全般への感謝の気持ちを表すためと考えられる。それに対して、徳永住職は日本語で、スリランカのテーラワーダ仏教やダンミカ長老への敬意を表す。二〇一二年の挨拶では、スリランカのテーラワーダ仏教では日本の修験道で実践される厳しい修行はおこなわれないが、全仏教徒が釈迦の教えそのものを子どものときから日曜学校などで学んでいることを賞賛していた。二〇一四年には、ダンミカ長老の誠実な態度にはいつも頭が下がると感嘆し、スリランカ人の仏教に対する思いを日本人も学ぶ必要があると説いていた。これらの挨拶には、スリランカのテーラワーダ仏教と日本の修験道との違いを踏まえた上で、理解していこうとする態度も表現されている。釈迦の生誕、成道、入滅を同時に記

図②　プージャで線香をブッダに捧げる

念するために毎年五月におこなわれるウェサックが、釈迦の生誕だけを記念するために四月におこなわれる日本の花祭に近いことは毎年説明される。

テーラワーダ仏教の経典は、漢字で表記された大乗仏教の経典と異なり、ブッダ在世期にインドで話されていたとされるパーリ語で読誦される。プージャで読誦される経典をダンミカ長老自身がアルファベットとカタカナで印字したもののコピーが毎年配布されるが、日本人が経典の意味を読みとることはできない。それでも「敬礼文」「三帰依文」「五戒」といった経典のタイトルから何となくの意味は感じとれるであろうし、「敬礼文」と「三帰依文」については経文も日本語に訳されている。またダンミカ長老は、それらの経典を読誦する前に、日本語でも口頭で簡単に説明する。長老は、毎年このウェサックが開催される前に、日本テーラワーダ仏教協会[*4]でパーリ語を勉強している会員の自宅を訪問して、日本語の仏教用語を教えてもらうという。したがって初めて参加する日本人でも、テーラワーダ仏教ではブッダ（釈迦）とその教え、その教えに従う僧侶たちが誰よりも尊敬されていることは分かる。

またパーリ語の経典すなわちパーリ経典は、テーラワーダ仏教の僧侶によって読誦されるとき、詩歌が詠まれるときのような自然な抑揚がつけられる。在日スリランカ人は幼少期から日曜学校で経典を読誦しているために、在家仏教徒として同様の節回しで大きな声で読誦できる。しかし日本人の参加者は片仮名を小さな声で棒読みするだけになる。この点については、日本人でも、二度三度と繰り返しウェサックに参加して、大きな声を出して読誦すれば、それなりに自然な節回しで読誦できるようになるだろう。しかし現時点では、毎年出席する一人か二人の日本テーラワーダ仏教協会の会員だけが声を出しているようにみえる。

2　僧侶へのダーナ

プージャがパーリ経典の読誦で終了すると、パーリ語で「ダーナ」と呼ばれる信仰行為が、在家の出席者が僧侶に食事を施し、実際に食べてもらうという様式でおこなわれる〔青木　一九八五：六一―六四〕。ダーナは、日本の大乗仏教では寺院の檀家による住職への布施に当たると考えられるが、テーラワーダ仏教のダーナのように、とくに食事を実際に食べてもらうことが重視されてはいない。信貞寺のウェサックでは、ダンミカ長老や知り合いの僧侶だけでなく、徳永住職にも食卓の前に座ってもらい、彼らの前に置かれた皿に在家の出席者が事前に用意した料理を盛りつけていき、食べてもらう。

ところがダーナに大勢の日本人が一斉に参加すると、進行が滞りやすい。沈黙のなか、僧侶たちに気を遣い、どの料理をどの程度盛りつければよいか判断しにくいからであろう。日本人の参加が一〇名以上にのぼった二〇一二年のウェサックでは、日本人がなかなか参加しようとしない上、参加しても盛りつける動作が遅くなり列が長くなっていた。ダーナを仕切っている在日スリランカ人の婦人から、僧侶がいらないときは手で合図すると事前に教えられるが、実際には各僧侶の食の進み具合や好みも見なければと思ってしまう。にもかかわらず、珍しい光景でもあることから、写真を撮影する日本人もいた。ダーナも、余計なことに気をとられず、適切に盛りつけることに専念していれば、回数を重ねるほど慣れてくるようである。ウェサックに繰り返し参加している日本人ほど、ダーナにも積極的に参加している。

3　在家出席者の食事と交流

ダーナの後、残された大量の料理を在家の出席者が食べる時間は、テーラワーダ仏教の儀礼から解放された自由な時間となるため、在日スリランカ人も日本人もリラックスできる。日本人は、香辛料の効いたスリランカ料理を十分に味わうことができるし、口に合わない料理は食べなければよい。母国語も食習慣も異なる在日スリランカ人と食事をともにするストレスを感じたくないからか、既知の日本人同士で二、三人のグループを作って食べているようにみえる。

図③　ダーナ後の食事の配膳

二〇一二年のウェサックで、一〇人ほど出席していた日本人にどこから誰に誘われて来たか尋ねると、大阪府の東北部にある交野《かたの》市から来た夫婦は、子どもが通っていた英語教室の先生をしているスリランカ人女性から誘われたという。また同市から三、四年通っているという女性二人と男性一人は、パン屋をしているスリランカ人婦人から誘われたという。このように地域でサービス業に従事している在日スリランカ人に誘われて信貞寺に来る日本人は、実際の社会生活で接しているスリランカ人との個別的な関係から、ウェサックには受動的に参加しているといえる。ゆえに彼らの全員が毎年信貞寺でのウェサックに出席するとは限らず、彼らの人数は年によってかなり上下する。

それに対して、スリランカの文化全般に強い関心をもち、自発的にかつ比較的コンスタントにウェサックに出席している日本人もいる。彼らはたいていスリランカを訪れたことがあり、スリランカの料理やスリランカ人の習慣や考え方に詳しい。スリランカ料理を独学で習得し、神戸でスリランカ料理の店を出しているという三〇代くらいの男性は、少なくとも筆者が参加し始めてから毎年出席していると見受けられる。二〇一五年のウェサックには、店で一緒に働いている夫人と幼い子どもを連れて、さらには彼らと同世代の夫婦と幼い子どもとともに出席していた。

またスリランカの文化に関心をもつ日本人のなかには、徳永住職が設立時から参加していたサーマランカ協会や後身の「スリランカ友の会」（横浜市に事務局）といった交流団体に参加している者もいる。スリランカ友の会の関西支部（大阪府箕面市に事務局）に参加している五〇代に見える男性は、貿易の仕事で知り合ったスリランカ人に紹介されて、二〇一三年まで四年ほど通っていると述べていた。彼は二〇一二年には日本人の同世代に見える女性を、二〇一三年には男性を同伴していたが、二〇一四年以降は来なくなった。その代わり、二〇一五年にはサーマランカ協会に参加していた年輩の女性が出席していた。彼女によると、サーマランカ協会の中心人物であった在日スリランカ人が沖縄大学の教員になってから、同会の本格的な文化活動が下火になり、彼女もあまり参加しなくなったという。信貞寺のウェサックにもかつてはよく出席していたという。彼女は、右記のスリランカ料理店を出している日本人男性などのスリランカ旅行経験者と、スリランカ人の習慣や考え方について、体験にもとづいてかなり具体的な話をしていた。

スリランカの文化よりもテーラワーダ仏教に強い関心をもっている日本人として、日本テーラワーダ仏教協会の会員が毎年一人か二人出席している。一人は京都在住の会員で、二〇一二年と二〇一五年に出席していた。協会の活動に熱心で、日本語で書かれた協会の会報を日本人だけでなく在日スリランカ人にも個人的に配布したり、協会の活動に誘ったりしている。筆者は二〇一二年に初めて参加したときに会報を渡された。二〇一五年には、協会が毎年七月に開催する実践瞑想会に在日スリランカ人を誘っていた。もう一人は岡山在住で、協会の主に広島での会合に参加している会員で、二〇一二年から二〇一四年のウェサックに出席していた。彼は協会というよりもテーラワーダ仏教の活動自体に熱心で、昼食後のダンミカ長老の法話を最前列で聴講し、長老による聴衆一般への質問に、他の日本人が答えようとしないなか一人で答えようとしていた。彼らの信貞寺でのウェサックへの出席は、協会によって公式に奨励されているわけではなく、開催日がインフォーマルに知らされる程度の個人的なものと推察される。

スリランカの文化や仏教にとくに関心があるからではなく、徳永住職の指示に従って出席している日本人もいる。信貞寺の信者や徳永住職によって開設されたアーユルヴェーダのサロンのスタッフである。徳永住職の夫人と古参の女性信者は筆者が出席する以前からほぼ毎年出席している。アーユルヴェーダのサロンのスタッフは、二〇一四年から出席し始めた。一人しかいない男性スタッフは、二〇一四年には徳永住職の指示に従って、スリランカの仏教を紹介するためのビデオを一人で撮影していた。二〇一五年には、二、三人の女性スタッフも出席し、ウェサックの受付を担当していた。ところがこれまでのところ、修験道に従事する信貞寺のその他の一般信者がウェサックに出席しているのを、少なくとも筆者は見たことがない。徳永住職は普段の日本人向けの講話の最後に、大乗仏教の経典には見られず、テーラワーダ仏教の経典にみられる「慈経」の日本語訳を読み、ウェサックについては事前に案内し、出席を呼びかけている。にもかかわらず比較的熱心な信者であっても、ウェサックには自分から参加しようとはしない。いまだテーラワーダ仏教は、ほとんどの日本人にとっては、自らには関わりのうすい南伝仏教にとどまっているからと考えられる。

在日スリランカ人も、自分たちだけで四、五人集まって食べ、思う存分しゃべって、ストレスを発散しているようにみえる。在日スリランカ人は在日外国人のなかでも少数派で[*5]、とくに信貞寺のウェサックで最も多く見られる成人男性は、普段在日スリランカ人と食事をともにし、シンハラ語で話す機会が少ないと考えられる。毎年出席している信貞寺古参の女性信者によれば、テーラワーダ仏教では五戒の一つとして飲酒が禁じられているにもかかわらず、在日スリランカ人男性のグループが寺の空き部屋にお酒を持ち込んでいたという噂もあるという。在日スリランカ人の多くは、信貞寺におけるウェサックに、在家仏教徒として以上にスリランカ人として仲間と楽しい時間を過ごすために出席しているように見える。二〇一二年から二〇一四年までのウェサックには、毎年二〇人前後の在日スリランカ人が出席していたが、二〇一五年には、筆者が見るかぎり、一〇〇名ほどの在日スリランカ人が出席し、建物に全員入ることができないほどであった。この急増は、世話人のA氏が、それまでより多くの在日スリランカ人に声をかけたことによると考えられる。二〇一五年のウェサックでは、A氏が開催前から日本語と英語で書かれたカラーのチラシを

図④　昼食時の在日スリランカ人の団欒

配布していた。さらにA氏は、ウェサックの法要の合間にも在日スリランカ人を集めて、在日スリランカ人としての自覚と協力を呼びかけたと言っていた。

以上のように食事の前半は日本人と在日スリランカ人が分かれて食べる傾向が強いが、食事の後半、恐らくデザートを食べる頃になると、交流を始める者たちが出てくる。とくに毎年ウェサックの開催をよく手伝っている在日スリランカ人が、スリランカに関心のある日本人や在日スリランカ人に誘われて来た日本人と日本語で話す姿も見られるようになる。

筆者も、初めて出席した二〇一二年のウェサックでの食事の後半に、徳永住職の紹介でダンミカ長老から信貞寺でウェサックを主導するようになった経緯について教えてもらった。また二〇一四年のウェサックでは、住職室で徳永住職や信貞寺の古参の女性信者とともに、ダンミカ長老の日本とスリランカでの、社会的な活動について教えてもらった。日本では、身延山《みのぶさん》に所属する静岡の寺院の住職にも世話になっていることや、名古屋にも在日スリランカ人の在家信徒がいて、ウェサックを主導したり、その他の法要を依頼されたりすることが分かった。またスリランカでは、僧侶が病院で患者の回復を願って経文を読誦することが許されていること、日本のような先祖を供養するための葬儀には従事しないことが分かった。

筆者のほうは、在家の在日スリランカ人に、どこに住んでいて、どんな仕事をしているかを尋ねることが多い。すでに言及した大阪府交野市や奈良県奈良市など生駒山地に近接する郊外から来ている在日スリランカ人が顕著である。しかし大阪市や兵庫県神戸市といった人口の多い大都市や京都府綾部市といったかなり遠方の小都市から来ている在日スリランカ人もいる。仕事については、すでに言及した英語の先生やパン屋、世話人のA氏も関わる自動車や食品の輸出入と販売など、各地域のサービス業に従事している在日スリランカ人にしか尋ねることができなかった。それでも二〇一五年のウェサックでは、A氏の自宅に滞在しつつ真面目に働いている青年から、仏教徒として毎日朝一〇分、夜三〇分のお勤めは欠かさないと教えてもらうことができた。

4　長老による法話

食後の法話は、テーラワーダ仏教のパーリ経典を、ダンミカ長老自身が節をつけずに読んでから、日本語で解説するというものである。長老がその時々の自分の考えよりも、経典の内容をなるべく忠実に伝えようとしていることが分かる。二〇一二年の法話は、すべての人間が老い、病にかかり、死ぬことを避けられないので、法を理解して幸福になる必要があるというブッダの説法を解説するものであった。日本語としては若干早口の上、大乗仏教ではあまり使われない仏教用語も使われるため、ところどころ話が分からなかった。終了後、長老から司会役の在日スリランカ人女性を通じて聴衆に質問が求められたことに応じて、徳永住職は長老が法話で頻繁に使用した「法施」という言葉の漢字表記を尋ねることがあった。表記については住職自身がすぐに推測し、長老によって確認されたが、法を施すという意味をどのように理解すればよいかまでは説かれなかった。

このように聞き手の素質や能力（＝機根）に応じて法を説く対機説法を重視するテーラワーダ仏教の習慣に従って、長老からは日本語で質問が募られたり、質問が出されたりするが、それに応じて質問したり、質問に答えたりする日本人はほとんどいない。二〇一三年の法話で、ダンミカ長老は、私たちはなぜ生まれたかと日本語で尋ねたが、日本人の誰も答えられないので、すぐに欲望によって生まれてきたというブッダの答えを明らかにし、たんたんと説教を続けた。すなわち生きたいと思うにもかかわらず、誰でも年をとり、腰が曲がり、最期は立てなくなる。その時になって後悔しないよう、若く動けるうちに功徳を積んでおく必要がある。功徳を積むとは、自分のためではなく他人のために善いことをすることである。私たちは前世で積んだ功徳によって現世で生かされている。在日スリランカ人が日本という豊かな国に来れたのも、前世で功徳を積んだからという。

この説法のうち、前世から現世、来世へと魂が生まれ変わっていくという考え方は大乗仏教の輪廻転生の思想にも見られ、信貞寺の月行事の後の徳永住職による講話でも説かれている。また来世でよく生まれ変わるために善行を行うという考え方も、大乗仏教の功徳の思想にもあると思われ、同じく講話でも説かれている〔岡尾 二〇一五：六〇〕。しかし生まれ変わること自体が生きたいという欲望の結果であるという考え方は、万人の仏性を強調する大乗仏教では強調されないと思われ、講話でも説かれていない。ゆえにこの点についての長老による質問に、日本人の出席者が誰も答えられなかったのは当然といえる。

以上のようにダンミカ長老によるパーリ経典についての法話は、スリランカ人による日本語に加え、日本の仏教寺院では説かれていないテーラワーダ仏教の教えも説かれるため、日本人が完全に理解することは難しい。しかし、こなれた日本語でかみ砕いて説かれれば、興味をもって聴けるとも思われる。徳永住職は、スリランカの仏教では日本の仏教と異なり、僧侶による在家仏教徒への説法がしっかりとおこなわれていること自体を評価していた。そしてとくに信貞寺の信徒には、長老による法話を聴くためにも、ウェサックに来るよう勧めている。

5　ピリット儀礼

法話後、最後におこなわれる法要は、パーリ語で「パリッタ」、シンハラ語で「ピリット」と呼ばれる経文〔青木 一九八五：六八〕を詠唱する仏教儀礼である。ピリットも、テーラワーダ仏教の他の経文と同様、パーリ語で詠唱される説法である。二〇一二年の信貞寺でのウェサックでも、ダンミカ長老は詠唱する前に、「パリッタ」

がブッダによる弟子への説法であると説明していた。その説法の内容は、「とくに災いや悪霊から人間を守り、病を治し、幸せや安全を確かなものにする」〔青木 一九八五：六八〕というものである。この内容は、修験道にかぎらず大抵の民俗宗教でみられる「呪術的効果」〔青木 一九八五：六八〕としての現世利益の要求に応えているといえる。

またピリットを詠唱するときは、ブッダを象徴する聖遺物に結びつけた「ピリット・ヌル」と呼ばれる一本の呪護糸を僧侶だけでなく全出席者が手にもつ。このような様式は、全出席者の様々な現世利益の要求をまとめてブッダへの帰依へと導くことによって、出席者に「仏教徒としてのアイデンティティ確認」を促すと考えられる。

さらにスリランカでは、ピリット儀礼は「できるだけ広く人を呼び、社会的に開かれたもの」として「社会関係の確認」のために「日常生活のなかで頻繁に行われる」〔青木 一九八五：六八〕。すなわちピリット儀礼は、当事者の家族が、僧侶だけでなく、親族や友人、客人も自宅に招いて、ブッダへの帰依や呪術的効果のためだけでなく、社交のためにもおこなわれる。

正式なピリット儀礼では、ピリットの詠唱前にはお堂のような儀礼場を室内に設置したり、詠唱後には僧侶への食事のダーナなどをおこなうため、短いもので「夜八時半ごろから翌朝六時すぎまで」、長いものなら一週間かかるという〔青木 一九八五：六九—七二〕。しかし儀礼の形式は「徐徐に簡略化の方向にむかっており」、ピリットの詠唱だけにとどめる「セット・ピリット」もよくおこなわれ、「長くても二時間ほどで終わる」〔青木 一九八五：七〇〕。

信貞寺のウェサックにおけるピリット儀礼もセット・ピリットに相当するものか、あるいはさらに簡略化されたものと推察され、一時間ほどしかかからない。にもかかわらずウェサックの締めくくりの法要として最も盛大

図⑤　ピリット儀礼後のピリット・ヌルを右手首に巻き付ける儀式

におこなわれ、ウェサックに来ている在日スリランカ人は子どもも含めてほぼ全員出席する。そして日本人にも強く出席が呼びかけられ、ピリット・ヌルは日本人の全出席者にも回される。たしかにピリットの経文は、長老が配布したコピーには記載されていない。そのため経文を暗唱している在日スリランカ人たちが長老の詠唱に合わせて唱和している三〇分近くの間、ほとんどの日本人は合掌した手にピリット・ヌルを通したまま黙っている。にもかかわらずピリットの詠唱が終了すると、日本人も含めた出席者は全員、長老や同席する僧侶の前に並んで、ピリット・ヌルを切ってより合わせたと想定される呪護糸を右手首に一人ずつくくりつけてもらえる。

　長老たちがピリット・ヌルを出席者の手首にくくりつける際、二〇一二年のウェサックではA氏が、この糸には何千回と唱えられるピリットの力が入っていて、それをつけると必ず幸せで元気になれると信じていると、シンハラ語だけでなく日本語でも説明した。また二〇一五年のウェサックの宣伝に配られたチラシには、「みなさんの幸せと亡くなられた方々に功徳を回向します」と記載されていた。したがってピリット儀礼が、日本の仏教儀礼と同様、私たちに幸福をもたらし、死者を供養するためにおこなわれることが分かる。またそれは、僧侶や私たちの功徳が、私たちや先祖に回向されるからと考えられていることも分かる。しかしピリット儀礼がブッダに帰依するためにおこなわれるという自明の事実は、実施直前に長老の流暢ではない日本語で簡単に触れられるにとどまる。ゆえにテーラワーダ仏教に精通していないほとんどの日本人出席者にとって、ピリット儀礼の様式は大乗仏教の儀礼の様式とまったく異なるものの、その目的は大乗仏教の儀礼とほとんど異ならないように見える。

四 おわりに

以上のように信貞寺におけるウェサックは、ダンミカ長老による主導の下、A氏をはじめとする在日スリランカの有志によって、徳永住職による支援を得て、他の日本人の出席をともないながら、毎年開催されている。信貞寺におけるウェサックが、ダンミカ長老によって主導されるのは、ウェサックが元来テーラワーダ仏教の祭儀であるからである。また信貞寺におけるウェサックが、A氏ら在家在日スリランカ人の有志によって積極的に開催され続けるのは、スリランカにおけるウェサックが、国民の約七割を占める在家シンハラ人のほとんどが参加する民族的な祭りだからである。そして信貞寺のウェサックで、在日スリランカ人がブッダや僧侶への帰依や布施をおこなうことによって、功徳や現世利益を得られると信じていることは、スリランカにおけるテーラワーダ仏教の儀礼についての文化人類学者の報告に一致する。

しかし信貞寺におけるウェサックが、修験道に従事する住職による寺院の開放によって開催され、日本人の出席を伴うがゆえの困難とそれを解消するための対応については、いまだ報告されていない。困難のうち、文化の違いに由来するものは、在日スリランカ人がシンハラ語を日本語に訳し、スリランカの習慣を日本語で説明することによって、ほぼ解消されているといえる。スリランカの言語や習慣がそれらに相当する日本の言語や習慣と異なっていても、日本語に訳され、説明さえされれば、理解でき、ウェサックの遂行を妨げないからである。

ところが帰依や布施の実践、功徳や加護への信仰など仏教の違いに由来する困難は、十分に解消されているとは言い難い。すなわちダンミカ長老が、テーラワーダ仏教の経典を日本語に訳したり、法話を日本語でおこなっているにもかかわらず、それらの内容を日本人の出席者が十分に理解しているとは言い難い。スリランカのテーラワーダ仏教と日本の大乗仏教やその影響を受けてきた修験道では、同じ仏教で共通点もあるにもかかわらず、強調される実践と信仰が大きく異なるからである。スリランカのテーラワーダ仏教では、ブッダや僧侶への帰依や瞑想、布施の実践による悟りや功徳、加護への信仰が強調される。それに対して日本の大乗仏教では、各宗派の開祖への帰依や多様な易行、先祖供養の実践による成仏や加護への信仰が強調される。さらに修験道では、烈火による護摩供や冷水による滝行、山中での回峰行といった苦行が重視される。

したがって日本人がウェサックに出席する場合は、スリランカのテーラワーダ仏教と日本の大乗仏教の違いについて、あらかじめ把握しておいたほうが誤解しにくいだろう。実際、信貞寺でのウェサックでは、徳永住職が初めの挨拶でスリランカのテーラワーダ仏教について日本の大乗仏教や修験道と対比しながら簡単に説明している。その説明は日本人によって日本語でなされるため、初めて出席する日本人でも容易に理解できる。しかしウェサックで実施されるそれぞれの儀礼についての説明やその際読誦される経典の翻訳は、在日スリランカ人の世話人や長老によって日本語でおこなわれるため、日本人にとっては理解しにくいものとなっている。

このような困難は、とくに在家のスリランカ人が共有しているテーラワーダ仏教の基本的な考え方や習慣について説明されないまま、それぞれの経典や儀礼のみが日本人に教えられようとするために生じると考えられる。信貞寺におけるウェサックが、在日スリランカ人によって先導される結果、当然直面する困難ともいえる。しかしこの困難も、スリランカの文化に関心のある日本人が、スリランカの仏教にも関心をもち始め、在家の在日スリランカ人に仏教への関わりを直接尋ね、答えてもらうならば、それぞれに解消しうるだろう。

1――ウェサック祭の公休日化は、神智協会会長で弁護士のアメリカ人ヘンリー・オルコットが、カトリック教徒と対立していた仏教徒の要求に応えて、一八八五年にイギリス総督に認めさせたという〔澁谷・高桑編著 二〇〇三：二七―二八〕。

2――「上座」は長老が座る席を意味し、「テーラワーダ（Theravāda）」はブッダ在世期のインドで話されていた「パーリ語」で「長老派」の意味とされる〔佐藤 一九八九：二六〕。

3――病気治しや災厄払いをおこなう修験道は、「自然に宿る力を借りて心身を浄化し、人間が本来持つ生命力を引き出そうとするアーユルヴェーダの実践」〔宗教社会学の会編 二〇一二：一四三〕に通じるという。

4――日本テーラワーダ仏教協会は、第九章で考察するように、実質的に在日スリランカ人ではなく日本人がスリランカやミャンマーの長老から上座仏教について学習する団体となっている。

5――法務省が「在留外国人」として把握している在日スリランカ人は、二〇一四年六月末時点で全国で九九二〇人であり、全在留外国人の〇・五％にも及ばない。

【参考文献】
青木保編著 一九八五『聖地スリランカ――生きた仏教の儀礼と実践』日本放送出版協会
岡尾将秀 二〇一五「都市周辺山地における民俗宗教の変容と継続――生駒山麓信貞寺における修験道の復興」『大阪産業大学論集 人文・社会科学編』二三号
佐藤健 一九八九『南伝仏教の旅――近代化する東南アジアの中の宗教』中央公論社
澁谷利雄・高桑史子編著 二〇〇三『スリランカ――人びとの暮らしを訪ねて』段々社
宗教社会学の会編 二〇一二『聖地再訪 生駒の神々――変わりゆく大都市近郊の民俗宗教』創元社

第9章

テーラワーダ仏教の日本人による受容

◉岡尾将秀

一　はじめに

この章では、テーラワーダ仏教が日本テーラワーダ仏教協会という団体において、日本人によってどのように受容されているかを明らかにする。テーラワーダ仏教は「上座（部）仏教」とも呼ばれ、出家した比丘（僧侶）の集まりである「サンガ」において、長老による指導の下、厳密に継承されてきた。またテーラワーダ仏教は「南伝仏教」とも呼ばれ、スリランカやタイ、カンボジアといった南アジアや東南アジアの一部の国々でのみ、在家の仏教徒からも受容されるようになった。一方日本では、これまで主に中国を経由して伝播してきた「北伝仏教」が受容されてきた。北伝仏教は「大乗仏教」とも呼ばれ、すべての人々の成仏を長期的に目指す立場から、元来、出家した比丘からのみ成るサンガを作らない。テーラワーダ仏教は、明治時代に初めてスリランカで比丘となった日本人僧侶によって日本の寺院で実践され、二人の日本人比丘に継承され、檀家にも受容されたが、サンガが作られるには至らなかった。[*1]

本章でとりあげる「日本テーラワーダ仏教協会」（以下「協会」と省略）では、文字通りテーラワーダ仏教が多数の在家日本人によって受容されている。たしかに協会の規模は、日本の既成仏教の大教団とは比べものにならないほど小さい。一九九四年に設立されたが、現在の会員数は約二〇〇〇名にとどまっている。[*2] しかし協会では、「スリランカやミャンマーから派遣された「長老」（高僧）による指導の下、「日本各地で冥想会・法話会・僧侶の育成などの活動」が活発におこなわれ、[*3] 重要な儀式がおこなわれる際には、少数の日本人比丘と海外の比丘から成るサンガも作られる。さらに協会は、スリランカ出身の長老アルボムッレ・スマナサーラ氏（Alubomulle

Sumanasara、一九四五〜）の法話を次々と編集して、出版社を通して出版している。*4 本章では、テーラワーダ仏教が、なぜ協会において日本人によって受容され、活発な活動がおこなわれているのかを問い、現時点で可能なかぎりで答える。

二　仮説の設定

このような問いに社会学の観点から答えるために、アメリカ、ヒューストンに移民が持ち込んだ宗教の変化についての説明が参考になる。その説明は、移民が持ち込んだ宗教の組織形態はホスト国で一般的なものになる一方で、その教義内容は「神学的な基盤（theological foundation）」〔Yang and Ebaugh 2001: 271-281〕へと回帰することによって、ホスト国の住民や他の移民にも受容されるようになるというものである。組織形態がホスト国で一般的な宗教組織の形態に変化することは、ホスト国の宗教環境への適応といえ、必然の変化のように思われる。アメリカに移民が持ち込んだ諸宗教の組織形態は、キリスト教プロテスタントの「会衆派の形態（congregational form）」をとることが多いという。これは、メンバーの自発的な参加や平信徒による指導を促す会衆派の思想や習慣がアメリカの宗教においては最も一般的だからである。

一方で、教義内容の神学的な基盤への回帰は、「原初化（pristinization）」〔Ebaugh and Chafetz 2002: ix-x〕とも呼ばれ、ややもすれば環境の変化を無視した退行とも解され、すぐには理解しにくい。しかし原初化は、各宗教の創始者の教えへの回帰であり、それを受容してきた各移民の故国の文化の影響を受けて形成された「下位伝統（subtradition）」からの超越を伴うことが指摘されている〔Yang and Ebaugh 2001: 279-280〕。それゆえ原初化は、ある移民が故国から持ち込んだ宗教が、ホスト国の住民や他国からの移民にも受容されるための積極的な変化といえる。さらにその際、とくにホスト国の住民に受容されるために、ホスト国の文化の影響を受けた下位伝統の形成を伴うことも予想される。

このような社会学の観点からのやや意外な説明に従うと、テーラワーダ仏教は、日本で一般的な協会という組織形態をとるようになる一方で、仏教の創始者であるブッダの教えに回帰したから、大乗仏教の伝統になじんだ日本人にも受容されるようになったという仮説を設定できる。この仮説のうち、日本テーラワーダ仏教協会が協会という組織形態をとっているという部分は、その名称からいうまでもない。しかし協会という組織形態は、日本の宗教団体に一般的なものとはいえない。日本の宗教団体は、仏教やキリスト教など公認された伝統宗教の「寺院」や「教会」といった既成の制度に従った組織形態をとることが多い。それに対し協会は、コミュニティと区別されるアソシエーションであり、特定の目的を達成するための活動に従事する有志によって自発的に結成、運営される団体である。ゆえにコミュニティ以外に新たに結成された団体は、実際には協会と呼ばれなくても、その組織形態は協会のそれと異ならないことが多い。宗教団体についても、かつて「講」と呼ばれたような地域の信者集団や近年の新宗教の支部組織[*5]のなかには、協会に近い形態をとるものもあると思われる。

仮説のうち、テーラワーダ仏教が、日本の協会においてブッダの教えに回帰しているという部分は、協会の機関誌『パティパダー（Patipadā）』で、「初期仏教」とも表記されていることから読みとれる。たしかに『パティパダー』では、初期仏教は「二六〇〇年の間、比丘サンガ（出家僧団）と在家信者たちによって受け継がれてきた」とされ、スリランカやミャンマーの言語や生活習慣に影響されながら作られてきた下位伝統についてはとくに考慮されていない。しかし第八章の事例を見れば、スリランカ人在家信者によって実践されているテーラワーダ仏教は、スリランカの主要言語（シンハラ語）や衣食住の習慣に影響された下位伝統を含んでいるようにも思われる。

仮説のうち、移民の宗教がホスト国の住民にも受容されるようになる部分は、テーラワーダ仏教が、協会においては日本人によって受容されている事実の通りである。しかし協会の活動が、ミャンマーやスリランカの長老によって指導されながらも、在家の在日スリランカ人がほとんど参加していないことは、ヒューストンに流入した移民の宗教の事例と異なっている。ヒューストンに流入した移民の宗教では、移民に受容されることは自明とみなされ、その上でホスト国の住民によっても受容されることが右記の理由から説明されようとしている。それに対して、スリランカ人が日本に持ち込んだテーラワーダ仏教については、日本の協会において在家の日本人によって受容されるようになった結果、在家の在日スリランカ人には受容されにくくなっていると思われる。テーラワーダ仏教が、スリランカの文化の影響を受けて形成された下位伝統を超えるブッダの教えに回帰するにとどまらず、すでに日本の文化の影響を受けた下位文化が形成されつつあるからと考えられる。

三　考察の方法

次節からは、このような仮説が、日本テーラワーダ仏教協会の活動に、具体的にどのように当てはまるのかいなかを考察する。ただし考察の順序は、仮説のように、協会の組織形態から始めて、テーラワーダ仏教の教義内容に踏み込み、日本人による受容にまで及ぶというものではない。筆者が参加した活動やそれに関わる長老の著作が、これらのいずれの側面にも関わり、現時点では明確に区分けできていないからである。したがって本章では、筆者が参加した活動とそれに関わる長老の著作を挙げながら、右記の仮説がどのように当てはまるのかいなかを考察していく。その際、基本的には、参加しながら見聞したこと、感じたこと、考えたことを、他の参加者のプライバシーに抵触しないように記述し、特殊な立場にある会員におこなったインタビューや長老の著作、協会の出版物には必要なかぎりで言及する。

四　慈悲の冥想

日本テーラワーダ仏教協会の活動のうち、筆者が初めて参加したものは「関西月例冥想会」であった。関西月例冥想会は、兵庫県三田市にある「マーヤーデーヴィー精舎」でほぼ毎月開催され、毎回一〇〇人前後の参加者がみられる。筆者は日本テーラワーダ仏教協会については、第八章でとりあげた在日スリランカ人主導のウェサックに出席していた日本人会員から無料で頒布された会報を見て、テーラワーダ仏教の団体であることは知っていた。しかしその活動の内容やテーラワーダ仏教の教えについてはよく分からないまま、本書の編者である三木英氏に調査候補の一つとして薦められ、その結果、予備知識が少ないにもかかわらず、テーラワーダ仏教の活動のなかでも、協会で特に重視されている活動に、最初から直接参加することができた。

「慈悲の冥想」[*6]は協会で最も実践される機会が多い修行方法である。それは、月例冥想会においては、テーラワーダ仏教に共通の主要な「礼拝」と「日常経典」がパーリ語で読誦された後、次のような日本語で読誦される（配布された冊子『礼拝と日常経典』六頁に掲載）。

私は幸せでありますように
私の悩み苦しみがなくなりますように
私の願い事が叶えられますように
私に悟りの光が現れますように
私は幸せでありますように（三回繰り返し）

私の親しい人々が幸せでありますように
私の親しい人々の悩み苦しみがなくなりますように
私の親しい人々の願い事が叶えられますように
私の親しい人々にも悟りの光が現れますように
私の親しい人々が幸せでありますように（三回繰り返し）

生きとし生けるものが幸せでありますように
生きとし生けるものの悩み苦しみがなくなりますように
生きとし生けるものの願い事がかなえられますように
生きとし生けるものにも悟りの光が現れますように
生きとし生けるものが幸せでありますように（三回繰り返し）

図①　マーヤーデーヴィー精舎

私の嫌いな人々も幸せでありますように
私の嫌いな人々の悩み苦しみがなくなりますように
私の嫌いな人々の願いごとが叶えられますように
私の嫌いな人々にも悟りの光が現れますように

私を嫌っている人々も幸せでありますように
私を嫌っている人々の悩み苦しみがなくなりますように
私を嫌っている人々の願い事が叶えられますように
私を嫌っている人々にも悟りの光が現れますように

生きとし生けるものが幸せでありますように（三回繰り返し）

これら一連の定型の言葉を読誦する慈悲の冥想は、長老の著作によると、「慈悲喜捨の心を育てるための実践法の一つ」と説明されている〔スマナサーラ 二〇〇三：一三五〕。「慈悲喜捨の心」とは、「自他の幸せを願い、すべての生命を尊ぶ心」とされる。「幸せでありますように」という部分で、「すべての人の幸せを純粋に願う「慈」の心」を、「悩み苦しみがなくなりますように」という部分で、「自己中心から離れ、相手を心底思いやる「悲」の心」を、「願い事が叶えられますように」という部分で、「相手の成功、幸せを素直に喜べる「喜」の心」を表現しているとされる。そして「悟りの光があらわれますように」という部分で、「偉いとかお金持ちだとか、個の区別から離れ、いっさいの生命を尊ぶ「捨」の心」を表しているとされる。

慈悲喜捨の心は、ブッダ自身によって説かれたテーラワーダ仏教に特有の思想と考えられる。にもかかわらずその心を表した右記の日本語にそのまま対応するパーリ語の経典は残されていない。[*7] 右記の日本語は、スマナサーラ長老が、ブッダの言葉を、日本人の情緒や日本語のニュアンスにも配慮して、最小限の長さにまとめたものという（二〇一三年五月四日の法話を参照）。[*8] というのも慈悲の冥想がブッダ自身によって教えられたのは、（経典編纂以前の）古い時代なので、弟子や長老たちによる実践によってのみ伝承されてきたからという。実際同じ協会に所属するミャンマー出身のウィセッタ長老によって日本語でまとめられた慈悲の冥想の言葉でさえ、右記の言葉と異なっている。[*9]

慈悲の冥想が「実践法」とみなされていることは、「心をこめて念じること、そして継続すること」（スマナサーラ 二〇〇二：一三六）が重視されていることに明らかである。二〇一三年五月四日の慈悲の冥想後におこなわれた法話では、慈悲の冥想の言葉は暗唱して、一行一行真剣に唱えるよう奨励された。なぜならそのことによって、私に最も価値があると思い、世界を見下している世界観が、すべての生命が平等であるという世界観に変化するからという。したがって慈悲の冥想は、その形式を遵守すること以上に、いつでもどこでも状況に合わせておこなうことが奨励されている。協会発行のパンフレットには、「冥想のための特別な決まりはありません。電車の中、夜眠る前などの短い時間にも、ぜひ念じてください。声に出しても出さなくても、どちらでも構いません」と記載されている。また声に出すときは、自由に節をつけて唱えても構わないとされる。

慈悲の冥想は、簡単な実践法といえる。このことは、慈悲の冥想が仏教の知識がなくても分かる平易な日本語で唱えられることに明らかである。したがって慈悲の冥想は、テーラワーダ仏教の初心者でも難なく実践できる。

関西月例冥想会では、初めて出席した参加者は、講堂の下座から見て右手に集められ、ベテランの会員によるガイドを受けることになっているが、慈悲の冥想を唱えない人は見受けられなかった。これに対して、パーリ語で読まれる他の経典については、日本語訳とともに記載された冊子を配布されながらも、唱えなかったり、礼拝を実施しなかったりする参加者が見受けられた。これらの経典は、日本人が使用しないパーリ語で読まれる上、ブッダ、次にダンマ（法）、さらにサンガ（僧伽）、つまり三宝への「帰依」を説くものとなっている。ゆえにとくに大乗仏教にも触れたことのない若者にとっては、分かりにくいだけでなく、抵抗を覚えるかもしれない。とくに「善きかな」を意味する決まり文句「サードゥ（Sādhu!）」を唱えない人や同時におこなわれる礼拝の所作を模倣しない人は珍しくなかった。

以上のように慈悲の冥想は、ブッダによって教えられた実践法とされながらも、それによって培われる慈悲喜捨の思想が各長老によって平易な日本語で表現されているために、初めての参加者でも容易に実践できる。ゆえに慈悲の冥想は、日本テーラワーダ仏教協会において、最も広く共有され、最も頻繁に実施される実践法といえる。実際、慈悲の冥想は、協会の精舎で開催されるような主要な行事の前には必ず実施される。また協会のメーリングリストへ投稿されたメールの末尾には、たいてい「生きとし生けるものが幸せでありますように」の一節が記載されている。

五　対機説法としての法話

関西月例冥想会では、礼拝と慈悲の冥想を含む日常経典の読誦に続いて、スマナサーラ長老による法話が、出席者による質問に長老が回答するという方式でおこなわれる。このような質疑応答方式でおこなわれるのは、テーラワーダ仏教で重視される「対機説法」を実現するためと考えられる。対機説法とは、文字通り、相手の素質や能力（＝機根）に応じて法（真理）を説くことである。その方法として、説法される者からの問いに説法する者が答える問答は、最もふさわしいと考えられる。事実、テーラワーダ仏教の古い経典には、ブッダが弟子のみならず様々な在家の人びとや神霊と交わしたとされる問答が多数採録されている。[*10]

もちろん関西月例冥想会における対機説法は、経典に採録されているものほど簡潔にまた流暢にブッダの教えが説かれるわけではない。どんな古い経典でも、当初の対機説法そのままの記録ではなく、後で韻文の形式で編纂されたものである。それに対して関西月例冥想会での対機説法は、スリランカ出身のスマナサーラ長老にとっては外国語の日本語でおこなわれる。さらに関西月例冥想会には一〇〇人前後の不特定多数の参加者が出席し、初めての参加者による質問も少なくない。質問の意味が明確でなかったり、発声がはっきりとせず、一度では長老に伝わらないこともある。

しかし修行や経典など仏教そのものに関する質問は、冥想の具体的な方法や特定の仏教用語についての明確な質問となるため、長老による回答も比較的簡潔になる。たとえば、初めて参加したと見受けられる中年男性が「不放逸」という仏教用語は日本語の（一生懸命という）意味と同じかと尋ねると、長老は、仏教用語（の不放逸）は日本語ともシンハラ語とも異なり、今この瞬間を生きていることに気づいていることをいうと簡単に答えた。その上で、現代のスリランカで使われるシンハラ語では、「遅れないようにしろ」という意味に派生し、日本語では「一生懸命にしろ」という意味に派生しているとつけ加えた。仏教そのものに関する質問でも、僧侶たちの間でもしばしば議論されるような問題に触れると、説法は若干長くなる。たとえば「五戒文」の一番目の「不殺生」を守るためには、細菌など目に見えない生物も殺してはいけないのかという質問に対しては、殺意があるかが問題と短く回答された上で、戒律は行為より心を問題としていることが説かれた。すなわち殺すこと自体をなくそうとしているのではなく、殺意をなくそうとしている、つまり「世なおし」ではなく「自己なおし」を目的としていると説かれた。この場合でも、長老による回答が、質問者が理解できる範囲を超えて展開されることは少ない。

一方で、仕事や家庭での人間関係や心の問題についての質問は、質問者の性格や置かれた立場によって千差万別となり、長老による回答も関連する問題にも言及されて長びくことがしばしばである。たとえば、初めての出席者と見受けられる若い女性が、衝動で自殺したくなったときどうすればよいかという質問をした際の長老による回答は、他宗教の信仰による解決の方法も批判しながら、五〇分近くに及んだ。この場合でも、長老が質問者の性格や立場をさらに具体的に尋ねながら、質問者の性格や境遇に合わせて回答することはなかった。もっぱら仏教の観点から、質問で提示された問題自体を解決するための方法が説かれた。質問に対しては、自殺したくなったときだけの衝動の問題ではなく、「世界観」や「人生論」自体の問題ではないかと回答された。そしてそれらの世界観や人生論をブッダが教える通りに変える必要があることが説かれた。すなわち自分が何もしないで、世界がしてくれないことに不満をもつ生き方を、世界がしてくれることに感謝し、してくれないことは自分でするという生き方に変えるしかないという。その際、完全な世界を信じるのではなく、不完全な世界の事実を理性で冷静に見ることが重要であるともいう。

六　食事の布施

関西月例冥想会では、法話の終了後、食事の布施がおこなわれる。食事の布施は、ブッダと彼に従って出家した比丘（僧侶）に対して、在家の信徒たちによっておこなわれる。この点で、食事の布施は、花や水、金銭の布施と異ならない。しかしテーラワーダ仏教においては、食事の布施がとくに重視されているように思われる。ブッダと彼に従って出家した比丘は、在家の人々に法を説く一方、食事を自分で調達するのではなく、托鉢をして在家の人々から施されるようになったからである。したがって関西月例冥想会に限らず協会の主要な行事でも、食事の布施は最も労力をかけておこなわれていると思われる。

関西月例冥想会で布施される食事は、参加者が事前に調理したものを持ち寄り、当日に必要な調理を午前中、講堂一階にある厨房でおこなうという方法で準備される。事前に準備する食事については、なるべく重複しないよう前日までに精舎の事務局に連絡するよう促されている。また事前に準備した食事をもっていった場合は、必ず当日リストに氏名を記入し（記入し忘れたら、後日の申告も可能）、仏前へ供える分を各自で盛りつけることもできる。当日の厨房での調理は、外からみるかぎり、五、六人の女性に、二、三人の若い男性も混ざって、アットホームにおこなわれているようである。

調理された食事は、読経や法話がおこなわれる二階講堂の正面にある金色のブッダ像前に、供えられる。食事が盛られた金属の食器をスタッフが持ち回り、参加者全員が座ったまま食器に手を触れ、最後に長老によって仏前に置かれる。その後、「朝昼お供え法要式文」のコピーが配布され、長老の先導で全員が式文をパーリ語で読誦する。式文には「神々への回向」や「先祖供養の偈」も含まれる。このような一連の決められた行為は、第八章で言及したウェサックにおけるプージャと呼ばれる儀式に相当すると考えられる。この儀式が終了すると、別室に移動した僧侶に食事が運ばれる。この行為は、第八章で言及したウェサックにおけるダーナに相当すると考えられる。

以上のように食事の布施は、協会内においては、ブッダによって始められた托鉢の行為に対する在家仏教徒による食事の提供を理想として、おこなわれている。ゆえに協会内での食事の布施の実践も、ブッダを支援した在家仏教徒による実践への回帰の一例とみなすことはできる。しかし食事の布施については、スマナサーラ長老の著作など協会外の人々にも読まれる出版物で、説明されることはあまりない。またスマナサーラ長老をはじめとする協会の長老や僧侶たちが、屋外で托鉢をするとは聞かれない。とくに日常的な食事の布施は、協会の施設や会員の寺院のなかで、スタッフや一部の会員によって実践されるにとどまっていると思われる。

七　在家者の食事と昼休み

在家者による食事は厨房のある一階でとられる。しかし参加者の人数が恐らく一〇〇名を超えると、全員が一斉に座って食べることが難しくなる。そのような時はアナウンスがあり、駅前の飲食店で食べたり、近くのスーパーで買って来て、すいた頃に食堂で食べる人が出てくる。しかしとくに初めての参加者や、ある程度通っていても協会にはそれほど深くは関わろうとしない参加者は、アナウンスがなくても外食しているようである。比較的人数が少ない月例会の食事で隣に座った五〇代くらいの男性は、一年前から通っているが、いつもは人数が多そうなので外で食べ、今日初めて食堂に来たと述べていた。

配膳はバイキング形式で、各自並んで皿にとった料理を、低い長机に置いて座布団に座って食べるのが普通であるが、人数が増えると、階段や木製の床に座って食べる参加者が出てくる。黙って一人で食べることも、隣の人と会話をすることもできる。食前にしばらく黙って目を閉じている参加者の姿を見ることがあるが、会員に配布される『日常読誦経典』に掲載されている「食事の観察」という文章[*11]を心の中で唱えているからと推察される。また食事が終わると、各自自分でコーヒーやお茶を紙コップに入れて、飲みながら話しをすることもできる。筆者は、月例冥想会に参加し始めたばかりの頃、主にこれらの食事と食後のお茶の時間を利用して、自然に接した参加者四~五人に、筆者自身の参加の経緯や動機を話した上で、各参加者の参加の経緯や動機を尋ねたことがある。

経緯については、ほとんどの参加者が、スマナサーラ長老の著作を読んで参加し始めたというものであった。また長老の著作をどこで知ったかを尋ねると、本屋やインターネットの他、NHK教育テレビの『こころの時代』で初めて見たという参加者もいた。近くに住んでいて、マーヤーデーヴィー精舎で別の日曜日に開催される視聴会（第九節で考察）に飛び込みで参加して、月例冥想会にも来てみたという男性もいた。

動機については、はっきりとは話してくれないことが多かったが、会話のなかで、仕事や人間関係の問題や生き方への関心が明らかになることが多かった。薬関係の仕事で多忙な中年の男性は、「毎日生きることが苦」の状態で、長老の著作に出会ったという。他の宗教ではなくここに来た理由については、動機に比べるとはっきりと話してくれることが多かった。テーラワーダ仏教は仏教が広がる以前の釈迦自身の教えであるという一般的な主張や、釈迦自身の教えは宗教ではなく「心を育てる科学」であるという長老と同様の現代的な主張が聞かれた。

食後の休憩の後半には、講堂の二階で、次の大きな行事の準備や活動全般の問題について、スタッフと有志によって話し合われることが多い。有志といっても、明確な意志表明を求められるわけではなく、頻繁に参加している会員を中心に、一階でも聞こえるようにマイクを使って、出入り自由でおこなわれる。非会員でも、出席して傍聴でき、発言もできる。筆者が出席して傍聴した話し合いは、複数のメーリングリストの重複の問題や僧侶に衣を布施するカティナ法要時の出し物の募集についてのものであった。

以上のように、在家の食事と食後の休憩は、とくにブッダの教えに従った実践とはいえない。参加者たちが長老による指導から解放されて、最もリラックスして楽しむことのできる時間である。にもかかわらず出席者同士のおしゃべりや話し合いは、大抵はテーラワーダ仏教の修行や行事に関することになる。したがって在家の食事と休憩は、ブッダによって教えられたものではないが、出席者たちがテーラワーダ仏教について自由に積極的に話し合える協会らしい活動の一つといえる。

八　ヴィパッサナー冥想

月例冥想会の午後は、長老による「初心者冥想指導」と各経験者自身による「冥想実践」が別室で並行しておこなわれる。ここで指導され、実践される冥想は「ヴィパッサナー冥想（vipassanā bhāvanā）」と呼ばれる。ヴィパッサナー冥想も、既述の「慈悲の冥想」と同様、テーラワーダ仏教に特有の冥想といえる。慈悲の冥想は、スマナサーラ長老の著作によると、一般に「瞑想」と呼ばれる「サマタ瞑想」に分類される〔スマナサーラ 二〇〇四：一八〕。「サマタ」とはパーリ語で「落ち着く」という意味で、「サマタ瞑想」は「落ち着いた静かなこころをつくる瞑想法」〔スマナサーラ 二〇〇四：一八〕とされる。それに対して「ヴィパッサナー」はパーリ語で「明確に観察する」という意味で、「ヴィパッサナー瞑想」で観察するのは、「物」ではなく「こころ」とされる〔スマナサーラ 二〇〇四：八六―八七〕。

ヴィパッサナー冥想の長老による初心者への指導

図② 戒壇正面

図③ 戒壇内部

は、隔離された空間でおこなわれる。普段は講堂から数メートル離れた別棟の戒壇が使用されるが、初心者の人数が多くて入りきれないときは、講堂の一階をセパレートで閉鎖しておこなわれる。戒壇は、平屋の小さな建物で、出家式をはじめサンガの戒律に関わる重要な儀式を実施するために使用されるという。二〇人座れるかどうかという広さの部屋一室があり、正面には木製の菩提樹のモチーフで飾られた金色のブッダ（釈迦牟尼仏陀）像が置かれている。講堂の一階は、月例冥想会では在家の食堂として使用されるが、食後の休憩時間に座布団以外は片づけられる。筆者が二〇一三年三月三一日（日）の関西月例冥想会で初心者冥想指導を受けたときは、約二五名と多かったので、講堂一階で実施された。撮影や録音は禁止され、途中退席もトイレ休憩以外原則としては禁止で、どうしても必要な場合は事前に申し出るようにスタッフから指示された。

指導は、ヴィパッサナー冥想の目的を、近年の脳科学についての長老の知見にもとづいて、一般的に説明することから始められた。人間の発達した大脳は、動物にもある「原始脳」を支配しているのではなく、実際には原始脳によって支配されている。大脳の高度な働きである理性は、原始脳の自然な働きである生存欲の充足に利用されるからである。それをやめ、大脳の理性の働きで原始脳の生存欲をコントロールするためには、心の「精密科学」であるヴィパッサナー冥想を実践する必要があると説かれた。

ヴィパッサナー冥想の方法は、長老自身が説明しながらやって見せ、それから皆にやってもらい、間違っていたら注意するという手順で指導された。基本的な方法は、長老が「実況中継」と呼んでいるものである。それは、自分の体を「スローモーション」で動かしながら、今この瞬間の動きを心のなかで、主語なしの動詞で表現していくものである。例として、座ったままゆっくりと手を上げながら「上げます」と繰り返し言い、上で止めるときは「止めます」と言い、ゆっくりと降ろしながら「下げます」と繰り返し言うことが何度かおこなわれた。

ヴィパッサナー冥想のなかで、大乗仏教の坐禅に近いものは、「座る冥想」である。しかし坐禅では初めは型が重視されるが、座る冥想では初めから実況中継が重視される。たしかに座る冥想でも、初めに背筋を伸ばすことが求められ、従わない人は出ていってくださいとまで言われた。しかしその場合でも、背筋を伸ばした型を模倣させるというよりは、背骨を伸ばすための具体的な動作の詳細な手順を、長老自身が実践しながら、言葉で説明していった。[*12] また座って全身を固定させてからも、呼吸の動きとともに「縮み」、「膨らみ」と実況中継し続けることが指導された。

ヴィパッサナー冥想には、「座る冥想」の他、「立つ冥想」や「歩く冥想」、さらには「食事の冥想」をはじめとする「日常の冥想」もある。立つ冥想は、立ち上がるために必要な手足の動作を、立ってからは足を肩幅に開き、手を組む動作を、一つ一つ実況中継しながらスローモーションで行い、立っている間は「立っています、感じています」と実況中継し続けるものである。歩く冥想は、それぞれの足を上げて、運び、下ろす動作を一つ一つ実況中継し続けるものである。いずれも長老が実演しつつ説明し、初心者全員に実践させた。日常の冥想については、長老が一例として、包丁で野菜を切る動作をまねながら、「切る」という実況中継を続けることを示すにとどまった。最後に、ヴィパッサナー冥想は、毎日一定の時間実践すれば、一定の期間で悟り（気づき）が得られるので、必ず実践するよう指示された。

一方、初心者冥想指導を受けたことのある経験者は、初心者冥想指導の間、講堂の二階を中心に、初心者冥想指導に使用されていないスペースを利用して、各自でヴィパッサナー冥想を実践する。歩く冥想、座る冥想、立つ冥想のいずれかを、順序も時間配分も自由に、原則として沈黙のまま、長老による初心者冥想指導が終わるまでやり続ける。各自でトイレに行ったり、お茶を入れて飲んだり、途中退出することも許されているが、私語や写真撮影など冥想を妨害する行為は禁じられている。初めての参加者にとっては異様な光景かもしれないが、各経験者にとっては、まとまった時間、各様に冥想に専念できる貴重な機会といえる。長老による初心者冥想指導がだいたい午後六時過ぎに終了すると、スタッフによって鐘が鳴らされ、講堂の二階で長老の主導の下、全員で経典を読誦して、解散後、帰宅あるいは後片付けとなった。

以上のように、ヴィパッサナー冥想は、関西月例冥想会の午後いっぱいを使って、出席者全員でじっくりおこなわれることから、長老によってはもちろん、協会においても、極めて重視されていることは明らかである。ヴィパッサナー冥想が協会においてこれほど重視されるのは、ブッダ自身によって実践された有効な救済方法とみなされているからである。スマナサーラ長老の著作によると、ヴィパッサナー冥想は「ブッダがこころの汚れを完全に落として、実際に悟りを開いた瞑想法」〔スマナサーラ 二〇〇四：八六〕とされる。

もちろん長老による初心者冥想指導の方法は、現代の日本人にとって分かりやすいものとなっている。たとえば初心者指導で使用された「実況中継」といった日本語自体、中継放送が当たり前になった現代の日本においてこそ分かりやすい。したがって長老による初心者への指導は、ブッダ自身による弟子への指導とその形式まで同じとはいえない。しかし実況中継の方法は、スマナサーラ長老が「本物の仏弟子」〔マハーシ長老 二〇一二：五〕の一人と尊敬する、ミャンマーの長老マハーシ・セヤドー（Mahāsi Sayādo、一九〇四～一九八二）によって実践、指導された方法の影響を受けているといわれている。[*13] したがってヴィパッサナー冥想は、その形式ではなく原理が、各時代、各地域の長老によって厳密に継承されてきたがゆえに、協会においてブッダ自身によって実践された冥想とみなされていると考えられる。

また長老の著書によると、「今の瞬間」に「自分が何をやっているかということ」を実況中継することによって、過去と未来について「思考、妄想」することができなくなり、「こころのくもりが晴れ、「知恵」があらわれ」るという〔スマナサーラ 二〇〇四：九二―九三〕。たしかに、この知恵について、筆者が受けた初心者冥想指導では、具体的には説かれず、「気づき」があると述べられたことだけ記憶している。しかし長老の著書において、自身の五感と頭のなかで感じる「感覚」を「観察」すれば、「「私」というものは瞬間瞬間に変化しているものだということがよくわかる」と述べられている〔スマナサーラ 二〇〇四：一〇二〕。このような気づきは、テーラワーダ仏教で「法」すなわち「真理」として説かれる「無常」や「苦」、「無我」の「発見」〔スマナサーラ 二〇一二：二三―二四〕に通じるものと予想される。

九　協会の自主活動

協会の活動のなかには、スマナサーラ長老によって直接指導されないものの、有志の会員が結ぶサークルによって開催される「自主活動」として、勉強会や自主冥想会、視聴会などがある。これらのサークル活動は、各精舎の他、大乗仏教の寺院や公共施設で開催され、長老によって直接指導される冥想会や法話と同様、会員でなくても参加できる。筆者は主に「関西ダンマサークル」がマーヤーデーヴィー精舎とアラナ精舎や各公共施設で開催しているものに時々参加した。その他、京都府丹後郡にある宝泉寺で「丹後ダンマサークル」が開催する自主冥想会と金沢市内の公共施設で開催される「北陸ダンマサークル勉強会」にはそれぞれ一度だけ参加した。

勉強会と呼ばれる活動では、テーラワーダ仏教について書かれたテキストの講読がなされる。テキストは、テーラワーダ仏教で正当とされているパーリ経典の翻訳やスマナサーラ長老の著作はもちろん、協会会員が執筆した書籍や講義テキスト、さらにはその他のテーラワーダ仏教と関係のあるテキストも講読される。関西ダンマサークルが開催する複数の勉強会では、ガイド役のS氏が翻訳したパーリ経典のコピーか、S氏が執筆した「初期仏教」についての講義テキスト、あるいは神智協会と関わりのあったクリシュナムリティの著作のコピーが講読されていた。*14

勉強会に出席する参加者のほとんどは、すでにスマナサーラ長老の著作を読んだことがあると思われる。長老の著作の内容は、テキスト講読後のディスカッションでしばしば話題になる。とくに初めての参加者は、長老の著作を読んで協会のことを知り、協会のホームページの「近日中の予定」に掲載されている勉強会の開催日程を見て、出席したと考えられる。

一方で、長老による初心者冥想指導はまだ受けたことがないという参加者も少なくない。これは、長老による初心者冥想指導が一部の施設でしかおこなわれないので、当然ともいえる。しかし関西月例冥想会が開催されるマーヤーデーヴィー精舎から日帰りで往復可能な摂津や京都、大阪で開催される勉強会でも、初心者冥想指導は受けたことがないという参加者は珍しくなかった。このことは、すでに長老の著者を読んでいても、長老による初心者冥想指導をすぐには受けようとはしない参加者がいることを示唆している。

勉強会に出席する参加者の人数は、関西月例冥想会に比べるとかなり少ない。関西月例冥想会に一〇〇名前後の参加者が集まるのに比べ、どの勉強会も少なければ五、六名、多くても一五、六名にとどまっている。この事実は、勉強会が有志の会員による自主活動にとどまり、スマナサーラ長老による指導がおこなわれないことから当然ともいえる。協会においては、前者が中心的な活動で、後者は周辺的な活動とみなされているのだろう。勉強会のみに出席する参加者は、あくまでも個人的な意向や事情から、いまだ協会の周辺的な活動に参加するにとどまっていると推察される。

勉強会でのテキストの講読は、原則としてテキストに忠実におこなわれている。関西ダンマサークルの勉強会においては、S氏のガイドに従って、音読され、特に経典の翻訳の場合は、難解な言葉の意味や文意が確認され、背景も説明される。このように一語一句、一文の意味を丁寧に把握しつつ、文章全体の意味を解読していく講読方法は、ブッダ自身の教えに従おうとする初期仏教の志向にかなっていると思われる。

しかしそのような逐語的な講読の後、参加者たち自身による分かりやすい説明が模索される。テキストを音読して、逐語訳を確認しても、それが各参加者にとってどのような意義をもつか分からないからであろう。とくにパーリ経典の内容は出家者の立場からの説法で、初期仏教の観点からは正しいかもしれないが、在家者の人生や生活とは関係ない事柄に聞こえる。そこでガイド役のS氏が理解のポイントとなる一節について参加者に説明を求め、どのような説明がなされてもなされなくても、S氏自身も分かりやすい説明をするということがおこなわれる。[*15] 一方、S氏の執筆した講義テキストは、『ブッダの教え』『はじめのブッダ』といったタイトルで、初期仏教についてのS氏自身による分かりやすい説明をまとめたものとなっている。それゆえS氏の講義テキストを講読するときは、S氏自身があえて分かりやすい説明を求めるポイントは少なくなり、自ずと進行が速くなる。

テキストについての分かりやすい説明がなされると、各参加者の日常生活でのテーラワーダ仏教の実践や理解についてまで話し合われるようになる。各自の五戒や冥想への取り組みについてはもとより、仕事の仕方や生き方についてまで参加者から疑問が出され、他の参加者が見解を述べるといった「意見交換」が繰り返される。といっても全参加者が自身の実践や理解についての疑問を積極的に提示し、また見解を述べるわけでもない。というのも自身の率直な疑問を他の参加者の前で提示することは、自身の実践や理解が不十分なことを他の参加者にさらすことにもなるからである。またその疑問に他の参加者が見解を述べることは、疑問を提示した参加者に実践や理解が不十分なことを気づかせることにもなるからである。とくに参加し始めて間もない参加者は、自身の仏教実践や理解が不十分なことを皆に明らかにする覚悟をもっていないと、他の参加者からの見解を聞いたときに、恥ずかしく感じたり、腹立たしく思ったりすることがあると思う。[*16] またこのような疑問に対して見解を述べる参加者も、自身の仏教理解や実践が不十分なことに改めて気づき、そのことを吐露したりすることもある。したがってこのような意見交換で、比較的、感情的に動揺せず、率直な疑問を出したり、適切な見解を述べ合うことができる参加者は、勉強会自体に比較的コンスタントに出席していると思われる。

テキストを講読する代わりに、スマナサーラ長老の講演会や冥想会での法話を録画したDVDを視聴して、意見交換をおこなうのが視聴会である。視聴会は勉強会に比べて、参加者が意見を出しやすいと思われる。長老の法話自体、パーリ経典や初期仏教に関するテキストに比べて、現代の日本で話題となりやすい世俗的なテーマについてのことが多いからである。たとえばマーヤーデーヴィー精舎で二〇一四年一二月二八日に開催され、筆者が参加した視聴会でも、「結果を出すチーム力」というスポーツやビジネスで話題となりそうなタイトルの法話が視聴された。たしかにその内容はブッダの組織論といえるもので、自我を前提とする現代の常識からはやや理解しにくいところもあった。ブッダ在世期のある共和国をモデルに、サンガにおける和合が、決めたルールにもとづいて、どのように保たれているかを明らかにするものであった。しかし視聴後の話し合いでは、各参加者の職場や町内会での経験にもとづいた意見が活発に交わされた。司会者の指示に従って、約一五名の参加者全員の感想や疑問が順に述べられていったからでもある。最終的には、同じ組織のメンバーの自我をいかに抑制していくかという仏教らしい問いに対する答えが探求されていたと思う。

一方、自主冥想会では、冥想が各自のペースで沈黙をともなっておこなわれるため、勉強会や視聴会にみられるような参加者同士の意見交換はおこなわれない。しかし長年冥想実践している会員が、長老による冥想指導を受ける機会がほとんどない非会員を先導することはある。「宝泉寺・丹後ダンマサークル」は、京都府丹後郡にある曹洞宗の寺院で、上弦・下弦の月の日に視聴会と自主冥想会を開催する他、「満月坐禅会」を開催している。筆者が二〇一三年八月二一日に参加した満月坐禅会では、宝泉寺の本堂で、笛岡住職による先導の下、協会発行の『日常読誦経典』が読誦され、長老が教える実況中継を基本とするヴィパッサナー冥想がおこなわれた。もっとも檀家二一〇名のうち、坐禅会に参加するのは極めて少数で、かつては五、六人だったが、現在は二、三人となり、一人のときもあるという。それでも坐禅会が終了すると、別室で茶話会が開かれ、悩みのある檀家が来たときなどは話がつきないという。

宝泉寺・丹後ダンマサークルによる満月坐禅会への参加者が少ないのは当然といえる。協会の精舎から遠方にあり、大乗仏教の宗派に所属する宝泉寺の檀家のほとんどが、葬儀や先祖供養にしか関心がなく、長老の法話や冥想指導に触れる機会もほとんどないからである。笛岡住職も檀家の要求に応えて、葬儀や先祖供養に従事することを宝泉寺の第一の役割とみなしている。[*17]

しかし笛岡住職は、仏教の創始者であるブッダ自身の教えを学び、行い、伝えていくことによって、人々に幸せになってもらうことも寺の不可欠な役割と考えている。[*18] ゆえに少しでも檀家や近隣住民に初期仏教について知ってもらうために、「門前掲示板」や『宝泉寺報』で、協会の機関誌『パティパダー』の「巻頭法話」に従って、スマナサーラ長老の法話で説明されたパーリ経典の日本語訳と法話のポイントを紹介している。[*19] またお寺参りに来た檀家に、大乗仏教にはないパーリ経典の「慈悲経」（協会では「慈経」）と日本語の「慈悲の実践」（協会では

「慈悲の冥想」のコピーを配布し、少し説明してから、唱えてもらっている。さらに春秋にスマナサーラ長老を招き、四泊五日くらいの冥想会をこれまでに一〇回以上開催している。

協会の精舎から遠方の地方にある公共施設での自主活動も、大乗仏教の寺院での活動と同様、周囲の人々に理解されにくく、参加者は少ない。ゆえに少しでもテーラワーダ仏教の専門家である長老による法話を聴いてもらう機会をもうけようとする傾向が強い。石川県金沢市の公共施設で開催される「北陸ダンマサークル勉強会」では通常、スマナサーラ長老によるDVD法話が視聴されるが、年に一度スマナサーラ長老による講演会も開催されている。さらに北陸ダンマサークル勉強会では、より短いスパンで他の長老による法話や冥想指導もおこなわれている。筆者が見学した二〇一四年一一月一六日（日）の勉強会では、スダンマ長老による法話と質疑応答、冥想指導がおこなわれた。スダンマ長老は、協会には所属しない富士スガタ精舎という富士宮市のスリランカ寺院にいるため、法話から冥想指導まで、ノートパソコンのスカイプ機能を使っておこなわれた。スダンマ長老による法話も分かりやすく、質疑応答でも参加者の質問に正確に即答していた。また協会で標準的に実施される慈悲の冥想とは語句や文が若干異なる「慈悲の瞑想」[*20]と「六処瞑想実践方法」[*21]の一部が椅子に座ったまま唱えられた。

以上のような自主活動は、長老主導ではなく会員主導でおこなわれるため、それらがもたらす結果は、参加者のテーラワーダ仏教への関心の程度と方向によって様々であろう。しかし実際には以上のように、勉強会は、長年テーラワーダ仏教を学習している会員によってガイドされているため、テキストはできるかぎり正確に読まれ、その後の意見交換も初期仏教についての質疑応答となっている。また視聴会は、大抵はスマナサーラ長老の法話DVDの視聴であるため、視聴後参加者全員で自由にかつ平等にディスカッションしても、協力して初期仏教の教えに沿った結論に向かうと考えられる。自主冥想会は、協会の精舎では長老による初心者冥想指導を受けた経験者による参加にかぎられ、地方の寺院や公共施設では、長年冥想実践を積んでいる経験者によって先導されている。さらに精舎から遠方で結成されたサークルは、なるべく定期的に長老を招いて法話会や冥想会を開催しようとする。したがっていずれの自主活動も、テーラワーダ仏教を学び、行い、伝えるための協会の「各地の活動」としておこなわれ、テーラワーダ仏教に関心をもてない参加者は離れていくと考えられる。

一〇　編集と出版

協会の活動のうち、テーラワーダ仏教の学習や実践だけでなく、それについての情報を伝達する活動も重要といえる。テーラワーダ仏教の学習や実践についての正確な情報が、内外へ十分にかつ広く伝達されるほど、協会の活動は活発かつ円滑におこなわれるからである。この節では、情報伝達の活動のなかでも、協会の外への情報伝達、とくにスマナサーラ長老の著作の編集と出版に関わる活動について述べる。既述のように、精舎での長老主導の月例冥想会にせよ、各地の公共施設や寺院における自主活動にせよ、参加者のほとんどが、人づてではなく、長老の著作を読んで、出席し始めているからである。

もちろん出版は、出版社によってなされるので、協会の活動そのものとは言えない部分が大きい。協会は一九九四年に設立されているが、長老の著作が既存の出版社によって出版され始めたのは一九九六年からである。この事実は、協会の活動が成立したから出版がおこなわれるようになったのであり、出版がおこなわれるようになったから協会の活動が成立したわけではないことを示している。[*22] しかし長老の法話の録音を文字に起こして編集し、協会の機関誌『パティパダー』に掲載したり、協会の施本[*23]として冊子に製本したり、それらの一部の原稿の出版を出版社に依頼するのは協会のスタッフや会員の有志である。さらに現在、長老の著作の多くを出版している株式会社サンガの社長島影透氏は協会の会員として、協会の活動に参加している。ここでは、島影氏へのインタビューにもとづいて、長老の二つのヒット作がどのような経緯で出版されたか、またそれらの記述の特徴を考察する。

島影氏は、知人に紹介されて、東京の公共施設で開催されていた長老による冥想会に参加して、当時熱海で毎月開催されていた冥想会にも通うようになった。しかし島影氏がサンガという出版社を自身の出身地である宮城県仙台市に設立したのは、とくにスマナサーラ長老の著作を出版するためではなかった。氏の父が執筆した『癒しの仏陀』という著書を出版するためで、協会の活動に参加する以前のことであった。島影氏は、父親譲りの坐禅への強い関心から、協会でも、出版よりも修行を優先し、出家も希望していたという。

ところが島影氏は、スマナサーラ長老から出家よりも出版を勧められ、現在、前節で言及した勉強会のガイド役を務めているS氏の著作や経典のCDから出版を始めた。スマナサーラ長老の著作も、刊行当初は、現在ほど一般読者に読まれたわけではないという。他の出版社ですでに長老の本を出していた編集者も移ってきて、東京板橋にも事務所を設立したが、とくにヒット作もなく、板橋の事務所の撤退も考えていた。そのような節、同じ修行に取り組んでいる人が編集に参加して、「アビダンマ講義」[*24]を本にしたらいいのではないかと提案した。当時島影氏もその講義は是非残したいと考えていたが、出版業界の関係者に相談すると、この手の本は年間一〇〇冊売れればいい方だということだった。そこで撤退の準備をしつつ二〇〇五年に「ブッダの実践心理学」というシリーズ名で刊行を開始した。ところが結果は予想に反して、その第一巻「物質の分析」だけでも三ヶ月で一五〇〇から一六〇〇冊売れ、二〇一三年までに販売部数は八〇〇〇冊〔シリーズ第七巻までの累計は三万七〇〇〇部〕に及んだという。

「アビダンマ講義」は、長老が『アビダンマッタサンガハ（Abhidhammattha-saṅgaha）』を使って『アビダンマ（abhidamma）』について説法したものである〔スマナサーラ・藤本 二〇〇五：五〕。『アビダンマ』はブッダの教えをブッダの弟子たちがまとめたものであるが、分かりにくく読みにくい〔スマナサーラ・藤本 二〇〇五：四〕。このような難解な『アビダンマ』を学ぶための基本的な知識を一一世紀頃にスリランカの僧侶がまとめたものが『アビダンマッタサンガハ』で、スリランカやミャンマーでは『アビダンマ』を学ぼうとする生徒によって暗唱され、先生によって説明される伝統があるという〔スマナサーラ・藤本 二〇〇五：五〕。長老もこの伝統にならって、「『アビダンマッタサンガハ』を手元にして、生徒たちに理解できるまで納得がいくまで、きめ細かく、あれやこれやと工夫しながら説明」したという〔スマナサーラ・藤本 二〇〇五：五〕。ただし現代の日本人はパーリ語の『アビダンマッタサンガハ』を暗唱していないため、長老は漢語訳についても説明するなど、テーラワーダ仏教の伝統以上の工夫をしたといえる。島影氏も「ブッダの実践心理学」は「あまりにも画期的で分かりやすい」が、『アビダンマッタサンガハ』自体はいくら読んでも分からないという。

したがって「ブッダの実践心理学」シリーズが予想外に多数購入されたのは、ブッダの弟子によってまとめられたブッダの難解な教えを、長老がテーラワーダ仏教の伝統にはなじんでいない現代の日本人にも分かりやすく説いたからと考えられる。このような側面は「ブッダの実践心理学」というタイトルにも表現されているといえる。まず「ブッダの」と表記されているため、テーラワーダ仏教になじんでいなくても、大乗仏教の宗派が出来る以前のブッダ自身の教えに関心があれば、興味をもてるだろう。続いて「実践心理学」と表記されているため、ブッダの教えを教養としてではなく、現代の日本人も直面しやすい心理的な問題を解決する方法ととらえた本だと認識されるだろう。しかし「ブッダの実践心理学」は、「対人関係をうまくするか」などの「俗世間の問題に対しては答えも指針も出」さず、仏教の最終目標である「解脱に必要な心理学」とされる〔スマナサーラ・藤本 二〇〇五：三二〕。すなわちそれは、西洋で発達した実験心理学でも臨床心理学でもなく、仏教の「修行者のために必要な論理・心理学」〔スマナサーラ・藤本 二〇〇五：三三〕といえる。だからこそ「ブッダの実践心理学」シリーズは日本人一般ではなく、「仏教好きのやっぱり男性」〔島影氏〕にコンスタントに購入され続けたと考えられる。

島影氏は「ブッダの実践心理学」シリーズの予想外の売れ行きから、仏教書については、マーケットの動向だけでは読めない需要があることを知り、東京でも出版活動を続けることにした。その頃立ち上げたサンガ新書は、仏教関連の書籍ばかり出版する初めての新書となり、インターネット上でも評判になったという。三冊目のサンガ新書として二〇〇六年に出版され、後に公称二七万部のベストセラーとなる『怒らないこと』の素材となる施本も、同じ頃、手伝いに来ていた協会の会員が、もって来てくれたという。

『怒らないこと』も、「ブッダの実践心理学」シリーズと同様、仏教の真髄にあるブッダ自身の教えを分かりやすく説いているため、テーラワーダ仏教にはなじんでいなくても仏教に関心のある日本人に、よく読まれたと考えられる。この側面は、その副題に「役に立つ初期仏教法話1」というシリーズ名が添えられていることに明示されている。しかし新書として出版された『怒らないこと』は、当初は単行本で出版された「ブッダの実践心理学」シリーズと異なり、とくに仏教好きでない日本人でも興味深く読めるものになっている。というのも、『怒らないこと』の大部分が、初期仏教の経典やその解説書には直接言及せずに、長老が見聞、創作したと推察される様々なエピソード[*25]を挙げながら、現代のストレス社会でも問題となる怒りを無理なく否定しているからである。

『怒らないこと』における怒りの否定は、テーラワーダ仏教の経典に忠実におこなわれている。このことは、ところどころで初期仏教の経典のなかから怒りに関する偈（文）がパーリ語のまま引用され、[*26]日本語に訳され、説明されていることに最も明らかである。またパーリ経典が直接引用されなくとも、決して怒らなかった「お釈迦さま」のエピソードに言及され、[*27]説明されていることにも明らかである。さらに仏教の他宗派、他宗教のエピソードに触れる場合でも、どのような悪人に対しても怒らないという立場から説明され直されている。[*28]

したがってそれまでテーラワーダ仏教はもとより大乗仏教にも接したことのない日本人でも、『怒らないこと』の論理的で具体的な説明に納得できるなら、テーラワーダ仏教自体に関心をもつことが十分に考えられる。そもそもサンガの新書は、すでに協会の活動に参加している読者はもとより、いまだ参加していない読者にも、テーラワーダ仏教を学び、実践してもらうために、刊行されたと推察される。というのもサンガ新書ではスマナサーラ長老の著書が最も多く出版され、長老の経歴紹介の末尾には協会のホームページのＵＲＬが掲載されているからである。実際、『怒らないこと』を読んで、初めてテーラワーダ仏教に関心をもち、勉強会に出席し始めたという参加者と同席したことがある。

このようにスマナサーラ長老の法話は、協会会員の有志やスタッフによって文字に起こされ、編集され、協会の会員が社長を務める出版社から出版されることによって、協会の活動を活発にしているといえる。たしかに株式会社としてのサンガの出版活動は、宗教法人としての日本テーラワーダ仏教協会の活動からは独立している。サンガの出版物は協会編集のものに限られず、現在のサンガの社員は島影氏以外、協会の会員ではなく、他の出版社から移って来た人も多い。しかし島影氏自身、現在でもテーラワーダ仏教の修行に取り組んでいるし、仙台本社のフロアの一部を利用して、「サラナヴィハーラ」という名称のサークルを結び、初期仏教勉強会と自主冥想会を開催している。[29] このような島影氏のテーラワーダ仏教への真剣な姿勢ゆえに、協会会員の有志やスタッフも、サンガに長老の法話の録音や施本を持ち込み、出版を提案できたと考えられる。つまり協会の活動は、長老の法話の編集にとどまらず、出版にまで拡大されることによって、より多数の非会員が参加するようになったといえる。

一一　おわりに

これまで日本テーラワーダ仏教協会におけるいくつかの主要な活動について、第二節で示した仮説の観点から考察してきた。仮説の通り、これらの活動が日本人に受容されているのは、協会という宗教法人に限られない一般的な組織においてでありながらも、ブッダの教えに忠実におこなわれようとしているからといえる。慈悲の冥想、対機説法、ヴィパッサナー冥想の指導・実践、スマナサーラ長老の著作の編集・出版、いずれもブッダの教えを学習、実践、伝道するためにおこなわれている。もちろんいずれも日本語でおこなわれ、それらの表層的な部分は現代の日本人の思想や習慣に合わせて変えられているが、中核的な部分は、パーリ経典の読誦のように、できるかぎり当初の様式と意味に従っておこなわれようとしている。

日本テーラワーダ仏教協会が、スリランカやミャンマーの長老による指導の下、ブッダの教えに従った活動に従事してきた結果、日本人の会員からも出家して、比丘（僧侶）となる者が現れている。二〇〇四年には四名の日本人の「比丘出家式」がおこなわれ、そのうち二人が現在は長老として、勉強会や冥想会で在家の指導にあたっている。また比丘が儀式をおこなうための「戒壇」や比丘が生活するための「僧坊」も建設されている。二〇〇六年には、兵庫県にあるマーヤーデーヴィー精舎に建設された戒壇が、スリランカのテーラワーダ仏教の「シャム派法王猊下」によって認定された。二〇一四年には、東京渋谷区とマーヤーデーヴィー精舎の講堂の隣に、それぞれ僧坊が建設された。つまり協会には、ブッダの教えを厳密に継承する比丘の集まりとしてのサンガが作られつつある。

しかし今後もサンガは協会の一部にとどまり、協会全体がサンガとなることはありえない。ブッダの教えを厳密に継承するサンガの活動は、世俗の仕事をしながらブッダの教えを学習、実践する在家仏教徒による奉仕や布施に支えられてこそ継続しうるからである。実際、協会の活動も、各精舎に一人か二人ずつしかいないスタッフによる仕事だけでなく、有志の会員や参加者による「ボランティア」や「喜捨（布施）」に支えられている部分が大きい。[*30] これらの仕事やボランティア、喜捨が、どのような行為で、どのような立場の参加者によって、どのようにおこなわれ、どのように意味づけられているかは、改めて考察する必要があるだろう。

1――一八九〇年にスリランカで初めて比丘となった日本人は、釋興然《しやくこうぜん》（一八四九～一九二四）という真言宗の僧侶で、帰国して三会寺の住職となった〔藤本 二〇一五：六〕。比丘が五名以上集まれば、サンガとなり、在家信徒を出家させることができるという〔藤本 二〇一五：八〕。

2――協会の事務局によると、二〇一二年度の会員登録数が二〇六五名であるが、それ以降とくに急激に増加したとは聞いていない。会員になると、年会費（二〇一五年二月現在で五〇〇〇円、初年度会費は七〇〇〇円）を支払い、協会の機関誌『パティパダー』が毎月届けられる。

3――東京と大阪と兵庫と佐賀に開設された「精舎（Vihāra）」はもとより、全国約一五に及ぶ地域のサークルが借りる公共施設で、あるいは会員が所属する寺院で、長老によって指導される冥想会、法話会をはじめ、在家会員が先導する自主冥想会や勉強会が定期的に開催されている。

4――国際宗教研究所（公益財団法人）の宗教情報リサーチセンターが公表している教団データベースにおける日本テーラワーダ仏教協会の「当該宗教（団体・施設など）の概要に関する刊行物」の欄に、一九九六年から二〇〇八年までの一二年間に刊行されたスマナサーラ長老の著作のタイトルが掲載されているが、その数は七七冊に及ぶ。

5――森岡清美〔森岡 一九八〇：七―八〕が「なかま―企業連結モデル」と呼んだタイプの教団の構造が日本テーラワーダ仏教協会の構造と比較的似ていると思われる。「なかま―企業連結モデル」は、「独り立ちした信者の間の、あるいは独り立ちを志向した信者の間の、横の関係」としての「なかま関係」と「教団事務局の世話活動」としての「企業モデル」が連結されたものである。

6――「冥想」は、一般には「瞑想」と表記され、協会の一般向けの出版物でも「瞑想」と表記されるが、協会内向けの出版物では、「冥想」と表記される。私見では、これは近年の日本で流行しているヨガなどの一般的な瞑想と区別するためと考えられる。協会の機関誌『パティパダー』巻末のインフォメーション欄では、「冥想」はパーリ語で「バーワナー（bhāvanā）」と発音され、「成長法・進歩の方法」という意味であるとされる。

7――もっとも「生きとし生けるものが幸せになりますように」の部分だけは、パーリ語で残された「慈経（Metta Suttaṃ）」の第三偈と第五偈の末尾に見られる。

8――その後、『パティパダー』の創刊二五年となる二〇一五年一二月号（四八―五七頁）で、八五フレーズから成る「慈悲の実践のフルバージョン」がスマナサーラ長老によって「紹介」された（本章では掲載しない）。その紹介文で、これまでの「慈悲の冥想」（反復を除くと二〇フレーズから成る）は「慈悲喜捨の気持ちを凝縮した省略バージョン」とみなされた。

9――たとえばミャンマーから来日して協会に所属しているウィセッタ長老が東京のゴータミ精舎で開催する瞑想会で使用されるテキストには次のような「慈悲の瞑想」が掲載されている〔ウィセッタサァラ 二〇一一：四四―四六〕。

あなたが真に自分を愛するならば、他の生命を決して害さないでしょう。
あなたが真に自分を愛するならば、他の生命をたやすく愛するでしょう。
私が／生きとし生けるものが、内外の危険から守られますように。

私が／生きとし生けるものが、幸福で安らかでありますように。
私が／生きとし生けるものが、健康でありますように。
私が／生きとし生けるものが、自らに注意深く、喜びに満ち溢れますように。

その際、「具体的な慈悲」は「まず最初に自分自身に向け」、「それから尊敬する人々、（恋人ではない）親しい友人、特別な感情を抱かない人々、嫌いな人々、そして生きとし生けるものへと順に向けていく」と説かれている。一方、「一般的な慈悲」は「同心円状に放ちます」という。まず「私」から「この部屋にいるすべての生命」、そして「この建物にいるすべての生命」、「この近隣の」「この市の」「この州の」「この大陸の」「この国の」「大陸の」「世界の」「宇宙の」そして「生きとし生けるもの」へと向けていくとされる。

10――たとえば学術的には最も古い経典とされる『スッタニパータ（Suttanipāta）』（中村訳 一九八四）に収められている説法のなかには、在家信徒にもよく知られた「慈経」（第一章所収）や「宝経」（第二章所収）のように、ブッダの言葉のみで終始しているものも少なくない。しかしそれらに匹敵するくらいの説法が、それぞれ固有名詞をもった牛飼いや農夫、鍛冶屋の子ども、神々、夜叉（神霊）、バラモン（既成宗教の司祭）、弟子や学生などからの質問に対するブッダの回答として採録されている。

11――「食事の観察」は以下のような文章である。

食事の観察

正覚者の説かれた真理を遵守し、正しく観察してこの食事をいただきます。
食事により心が汚れることを戒め、身体を痛めることにも注意し、壊れてゆくこの肉体の修復のために、量を計って、この食事をいただきます。
一切の生命に対して慈しみの念を抱き、釈尊の説かれた仏道を歩む目的を念頭において、一切の現象は無常であることを随念しつつ、この食事をいただきます。

（『日常読誦経典』一〇六頁）

12――「伸ばします」と実況中継しながら、背骨を一つ一つ意識しつつ、下から順に積み上げていき、「抜けます」と実況中継しながら、上から余分な力を抜いていくように指示された。

13――マハーシ冥想センターで修行したことのあるヤサ長老が、二〇一五年三月二一日にアラナ精舎で開催された冥想実践会で言及した。スマナサーラ長老は、マハーシ長老が、釈尊の三番目の弟子マハー・カッサパ尊者のように、当時の仏教界で釈尊の教えと修行方法を正確に継承する役割を果たしたとみなしている〔マハーシ長老 二〇一二：四―五〕。マハーシ長老の著作では一貫して、現在の動作や認識を「念じる」という実践方法が指導されている〔マハーシ長老 二〇一二〕。

14――クリシュナムルティの著作は、とくにテーラワーダ仏教の立場から執筆されていないと思われるが、勉強会ではテーラワーダ仏教と同等の思想として解説される。クリシュナムルティが関係した神智協会とテーラワーダ仏教は歴史的にも密接な関係がある。神智協会の会長オルコットは、スリランカの僧侶グナーナンダと連絡をとり、一八八〇年にスリランカを訪問し、コロンボ仏教神智協会の設立を提案したという〔澁谷・高桑 二〇〇三：二七―二八〕。

15――たとえば「ヘーマヴァタの経」の二一七の偈にある「不正と正義の両者をあるがままに考察している」という逐語訳の一節が、「悪と善との双方を事実の通りに見る」と分かりやすく説明（意訳）されたことがある。

16――筆者自身、初めて参加した勉強会で、欲や怒りが気づきによって解消すると説いているテキストへの疑問を述べることによって、自身の社会的な境遇についての不満や不安が明らかにされ、動揺した経験がある。

17――『宝山寺報』（二〇一三年八月一日号）では、「お寺の役わり」として、第一に「このお寺を守る家々（檀家）の大事な人が亡くなった時にお葬式をしたり、法事や供養の行事」をすることを挙げている。

18――注17で挙げた「お寺の役わり」の続きとして、第二に「お釈迦様の教えを自分で守って行う、修行をする」こと、第三に「お釈迦様の教えを説明し伝えて勉強していただき、幸せに生きる方法を自分で行うようになってもらうこと」、第四に「地元や世の中の人々が幸せに静かに暮らせるようにと願って祈ること」を挙げている。

19――例えば、『宝泉寺報』（二〇一三年八月一日号）では、次のように紹介された。

◎檀家向け決算表の代わりに門前掲示板をご紹介します。スマナサーラ長老の法話から、ダンマパダ（発句経）とポイントを寺の掲示版に毎月紹介させて戴いているものです。

二〇〇九年二月掲示版

欲に等しき炎無く　怒りと同じ負けもなし
（五）蘊に等しき苦は在らず　平安こそは無二の幸。
〈ダンマパダ　二〇二番〉

•欲は炎のごとく、燃え続けるのです。
•怒るのは愚か者です。
•怒りは、損と失望の道です。
•最高な幸福は、心の平安です。
（仏陀の教えから　スマナサーラ長老）

二〇〇九年三月掲示版
（後略）

20——「慈悲の瞑想」（スダンマ　二〇一三）は、

私の怨みがなくなりますように
私の怒りがなくなりますように
私の妬みがなくなりますように
私の悩み苦しみがなくなりますように
私に覚りの光が現れますように
私は幸せでありますように

に続き「ここにいる全ての生命……」、次は「この町にいるすべての生命……」、「この都市にいる……」、「この国……」、「この世界……」、「生きとし生けるもの……」というように唱えていくものである。

21——「六処冥想実践方法」（北陸ダンマサークル配布のコピー参照）は、

1．この目（cakkhu）は私の思い通りにならないので　無常です。無常です。無常です。この目は私ではない。私のものではない。我ではない。

2．目に見えるもの（rūpa）は無常です。無常です。無常です。目に見えたものは私ではない。私のものではない。我ではない。

3．目と目に見えたものから生まれた眼識（cakkhu viññāna）は無常です。無常です。無常です。その眼識は私ではない。私のものではない。我ではない。

というように、以降四番目に「触（phass）」、五番目に「感覚（vedanā）」、六番目に「想起（saññā）」、七番目に「意思（cetanā）」、八番目に「尋伺（vitakkāvicāra）」、九番目に「渇愛（tanhā）」について、ほぼ同様の文句が唱えられていく。

22――第九節で言及した宝泉寺の笛岡住職の話によると、協会設立以前から長老の冥想会などを自身が関係する寺院や公共施設で開催する世話をしていたT氏が中心となって、東京のマンションに協会の事務局を開設したという。

23――法話の録音の文字への書き起こしから、製本に必要な経費の出費、行事などでの無料配布まで、有志の会員による布施によって、無償でおこなわれる。

24――カセット一〇七巻に及ぶものであったが、現在はパソコン等で聴くためのデータ形式（MP3）のCD－R一四枚で販売されている（『パティパダー』二四九、二〇一五年、六九頁）。

25――エピソードが事実かフィクションか、どのような領域（ジャンル）かは、まったく限定されていないと思われる。筆者がとくに関心をもつのは、長老自身が日本で見聞したり、経験した事実を素材とするエピソードである。たとえば「アフリカの山の中で暮らしている家族を日本に呼んで、生活体験をしてもらう」〔スマナサーラ 二〇〇六：三〇〕というテレビ番組の内容や、長老のきつい日本語を忘れられず、侮辱されたような気分になってしまう人がいるという「個人的な経験」〔スマナサーラ 二〇〇六：五一―五二〕もとり上げられる。

26――『怒らないこと』〔スマナサーラ 二〇〇六〕において、パーリ語の偈がそのまま引用されているのは、四三頁の「発句経（Dhammapada）」三番の偈、八五頁の発句経六番の偈、一一八―一一九頁の「スッタニパータ（Suttanipāta）」一番の偈、一二一―一二二頁の「発句経」二二二番の偈、一二六―一二七頁の「ある偈」の五ヶ所である。

27―たとえば、「お釈迦さま」が先方の要求に応えて「三つか四つの言葉で自分の教えを説明し」たところ、先方が理解できず「ベロを出して」帰っても、怒らなかったというエピソードが挙げられている〔スマナサーラ 二〇〇六：三七―三八〕。

28―長老が大乗仏教の「発心《ほっしん》、菩薩の心」について「独断で考えたエピソード」〔スマナサーラ 二〇〇六：七〇〕では、世の中のすべての悪人を殺すよりも、悪人を殺したいという自分の心を直したほうがよいことが説かれている。イエス・キリストの「赦し」についての「有名なエピソード」〔スマナサーラ 二〇〇六：七二〕では、神でなくても「不倫をした女」を「赦す」という行為が大切であることが説かれている。

29―二〇一三年九月の時点で、多い時で四、五人、普段は二、三人が集まる程度の小規模なサークルであった。勉強会では本文で言及した「ブッダの実践心理学」シリーズを輪読していた。冥想会では経典朗誦の後、慈悲の冥想とヴィパッサナー冥想を実践していると聞いた。

30―機関誌『パティパダー』の案内のページには、「協会の運営は、主として会員のボランティアによって担われており、運営経費も喜捨（お布施）・会員からの年会費・書籍の売上げなどによって支えられてい」ると明記されている。

【参考文献】

ウィセッタサァラ、アシン・ウ　二〇一一『ダマディパ礼拝式文と瞑想実践法　法の宝』日本・ミャンマー仏教交流センター

澁谷利雄・高桑史子　二〇〇三『スリランカ――人びとの暮らしを訪ねて』段々社

スダンマ、フルルニカウェウェ　二〇一三『安心《あんじん》〜幸せになるためにすべきこと〜』富士スガタ精舎

スマナサーラ、アルボムッレ　二〇〇三『慈経 Metta Sutta』日本テーラワーダ仏教協会

スマナサーラ、アルボムッレ　二〇〇四『自分を変える気づきの瞑想法』サンガ

スマナサーラ、アルボムッレ　二〇〇六『怒らないこと――役立つ初期仏教法話1』サンガ新書〇〇三

スマナサーラ、アルボムッレ　二〇一二「冥想による悟りへの道――お釈迦様のお見舞い」『サンガジャパン vol.11　なぜいま冥想なのか』サンガ

スマナサーラ、アルボムッレ・藤本晃　二〇〇五『ブッダの実践心理学　アビダンマ講義シリーズ　第一巻　物質の分析』サンガ

中村元訳　一九八四『ブッダのことば』岩波書店
日本テーラワーダ仏教協会『パティパダー』
藤本慈照　二〇一五「明治日本、テーラワーダに出会う」『誓教寺報　つきなみ』第一九三号、常栄山誓教寺、二〇一五年一二月一日号
マハーシ長老（星飛雄馬訳）二〇一二『気づきと智慧のヴィパッサナー瞑想——入門者のための理論と実践』サンガ
森岡清美　一九八〇「宗教運動の展開過程」『宗務時報』五〇
Ebaugh, Helen Rose and Chafetz, Janet Saltzman ed., 2002, *Religion across Borders: Transnational Immigrant Networks*, AltaMira Press.
Yang, Fenggang and Ebaugh, Helen Rose, 2001, "Transformations in New Immigrant Religions and Their Global Implications", *American Sociological Review*, vol.66, 269-288.

III 韓国・ラテン・フィリピン・旧ソ連発のキリスト教

第10章

韓国人宣教師にとっての日本宣教

「汝の敵」「隣り人」としての日本

◉中西尋子

一　はじめに

韓国キリスト教は海外宣教に熱心であり、韓国はアメリカに次ぐ世界第二位の宣教師派遣国になっている。派遣先の上位三ヶ国は中国、アメリカ、日本である。[*1] 日本はキリスト教が根付きにくい国とされ、宣教が難しいことから「宣教師の墓場」と言われる〔河 二〇一二：一九、崔世雄 二〇一三：四〕。それにもかかわらず韓国から多くの宣教師が派遣され、実際に日本各地に韓国系キリスト教会が設立されている。[*2] なぜ韓国キリスト教は日本宣教を活発に行うのだろうか。

韓国キリスト教が海外宣教に熱心な理由として次のような点が指摘される。一つは聖書に基づく教義的な理由である。「地の果てにまで、わたしの証人となります」〔使徒の働き 一：八〕、「あらゆる国の人々を弟子としなさい」〔マタイの福音書 二八：一九〕、「全世界に出て行き、すべての造られた者に、福音を宣べ伝えなさい」〔マルコの福音書 一六：一五〕。これらの箇所が、韓国キリスト教が海外宣教に積極的に取り組む理由とされる。もう一つ指摘されるのは韓国における牧師の供給過剰である。韓国はキリスト教が非常に盛んであり、人口のおよそ二五％が信者である。それだけに神学校、大学の神学部や神学大学院も多く〔書 二〇一二〕、牧師を志すものが多数輩出される。ところが韓国国内ではもはやキリスト教会は飽和状態、信者の増加も頭打ちであり、教会の担任牧師の職を得ることができず、宣教師として海外に出て行くという[*3]〔秀村 一九九九：一〇二〕。

教義的な理由はさておき、この指摘に従えば活発な日本宣教がなされるのも牧師の供給過剰ゆえということになる。韓国内で安定した任地が得られないために、仕方なく消極的意志から日本宣教がなされると解釈される。

ただ牧師の供給過剰は韓国国内における事情であり、宣教師を送り出すというプッシュ要因にはなるが、これだけでは「なぜ日本なのか」を説明したことにはならない。また筆者がこれまで韓国系キリスト教会を調査してきた経験からいえば、日本宣教は教義的意味づけや消極的意志からできるような生易しいものではない。最初に述べたように日本は「宣教師の墓場」といわれるような国である。積極的な意志がなければ日本宣教の宣教師は務まらない。

日本における韓国系キリスト教会についての研究でも「牧師供給過剰」説に言及するにとどまり〔白波瀬 二〇〇七、李 二〇〇八・二〇〇九〕、それ以上の検討はなされていないように思われる。

そこで本章では韓国キリスト教が日本宣教を活発に行う要因について「牧師供給過剰」説以外の理由を探りたい。とくに日韓関係のあり方や宣教師個人の日本宣教に対する意味づけに焦点をあてる。その際、小倉紀藏『韓国は一個の哲学である――〈理〉と〈気〉の社会システム』による韓国理解に当てはめて考えてみたい。小倉の専門は韓国哲学である。「理」と「気」によって韓国社会のあり方や国民性を分析し、日韓関係についても言及している。ここで小倉の韓国理解を用いる理由は、小倉が明らかにしている点が儒教倫理からくる韓国人のエートスではないかと思われるからである。

はじめに韓国キリスト教の日本宣教の活発化をおさえ、次に小倉による韓国理解を取り上げ、日本宣教のために来日した牧師三名を事例に彼らの日本宣教に対する意味づけを探る。

二　韓国キリスト教の日本宣教

1　日本宣教の活発化

一九八九年に韓国では海外渡航が完全自由化された。これ以降、観光をはじめ仕事や留学で来日する人々が急増し、それとともに韓国キリスト教の日本宣教も活発化し、日本各地に韓国系キリスト教会が設立されるようになった。宣教師の増加は『在留外国人統計』の「韓国・朝鮮籍」のうちで在留資格が「4―1―10」（宗教）の人数からおよそ確認できる。比較としてアメリカ国籍の人数も入れて表にしたものが表①である。「宗教」の在留資格には仏教や新宗教のような他宗教の宗教者も含まれるが、キリスト教と比べると日本宣教は限定的であるため〔林・李 二〇一一、梁 二〇一二〕、この在留資格で滞在する韓国人の多くはキリスト教の宣教師とみて差し支えない。また『在留外国人統計』では「韓国・朝鮮籍」となっているが、自由な宗教活動が厳しく制限される北朝鮮から宣教師が来日するとは考えにくいので表では「韓国」とした。[*4]

日本において「宗教」の在留資格で活動する外国籍の人々はアメリカ人がもっとも多く、韓国人はそれに次ぐ。二〇〇八年まで韓国人は増加の一途をたどる。観光ビザなど短期のビザで韓国と日本を行き来しながら宣教活動をする宣教師もいるため、実際にはこの統計の数字より多いと思われる。二〇一〇年に減少に転じたのはリーマン・ショックの影響と考えられる。

設立年からみた韓国系キリスト教会の増加の様子は表②の通りである。『クリスチャン情報ブック』（二〇一〇年版）に掲載されている教会情報に設立年が記載されている教会だけをデータとして用いており、およその傾向しか把握できないが、一九九〇年に入ってから増加したことがわかる。

一九九〇年代は韓国のプロテスタント教会では信者の増加が止まった時期でもあった。一人あたりの国民総生産が一万ドルに達した頃であり、人々が「豊かさ」を感じられるようになったとされ、教会を開拓しても信者が集まらないという状況において海外宣教が活発化した〔秀村 二〇一二：一一〕。

調査年	韓国	アメリカ	調査年	韓国	アメリカ
1963	12	2,334	2001	772	2,223
1968	16	2,389	2002	804	2,119
1973	40	2,820	2003	821	2,018
1984	108	2,916	2004	904	1,957
1986	128	3,167	2005	968	1,798
1988	172	3,073	2006	1,032	1,757
1990	229	3,201	2007	1,047	1,775
1992	375	3,067	2008	1,049	1,674
1994	516	2,984	2009	1,049	1,552
1995	551	2,633	2010	1,011	1,410
1996	606	2,372	2011	977	1,365
1997	642	2,421	2012	945	1,514
1998	666	2,344	2013	896	2,018
1999	703	2,351	2014	866	2,008
2000	724	2,356	2015	866	1,704

表①　在留資格「宗教」の韓国・朝鮮籍および米国籍の人数（『在留外国人統計』〔昭和39年版～平成28年版〕より作成）

年　代	実数	%
1920年代	1	0.5
1960年代	1	0.5
1970年代	3	1.6
1980～1984年	5	2.7
1985～1989年	20	10.7
1990～1994年	41	21.9
1995～1999年	39	20.9
2000～2004年	52	27.8
2005～2008年	25	13.4
計	187	100.0

表②　韓国系キリスト教会の設立数の推移
〔申・中西 2011: 244-280〕

三　韓国人のエートス

1　韓国人の道徳志向性

韓国のキリスト者を日本宣教に駆り立てるものは何かを考えるとき、韓国を「道徳志向性国家」ととらえる小倉の考え方が参考になる。カルヴィニストが日常労働に励むことに駆り立てられたように、韓国人キリスト者を日本宣教へと駆り立てるものが「道徳志向性」ではないかと考えられるからである。

道徳志向性とは「人びとのすべての言動を道徳に還元して評価」する態度である〔小倉　一九九八：一〇〕。現在の韓国人の道徳志向性は「理」志向性の延長にある。「理」とは「普遍的原理」であり、「天すなわち自然の法則と、人間社会の道徳とが一ミリの誤差もなく一致した、いや一致すべきであるとした、絶対的規範」だという〔小倉　一九九八：一七〕。もう少し簡単にいえば、「普遍的な規範、道徳性」である〔小倉　一九九八：二八〕。

しかし「道徳志向的」と「道徳的」は異なり、韓国人がいつも道徳的に生きているということではない〔小倉　一九九八：一〇〕。日本でも大きく報道される韓国で起こった大事故などを見てもそれは明らかである。

2　韓国社会における人間関係

道徳志向性＝〈理〉志向性は日常の人間関係にもあてはまる。小倉は韓国社会における日常空間の人間関係構造を図①のように表す。自分である「나（ナ）」（我）が中心であり、「너（ノ）」（汝）は目下や対等な関係にある

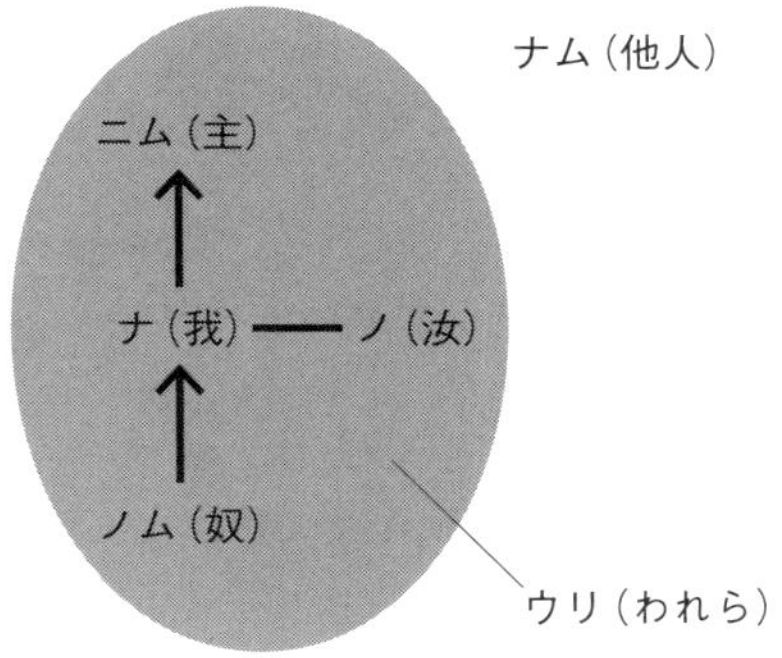

図①　韓国社会における日常空間の人間関係構造〔小倉 1998: 33〕

人間である。親しい間柄に対する二人称である。「님（ニム）」（主）は年齢、地位、身分などが自分より上位にある人間であり、自分よりも「理」をより多く体現する相手である。「ニム」は日本語では「様」にあたる。「ニム」をつけて呼ぶ相手には尊敬語を使わなくてはならない。韓国では先生や社長を呼ぶときは「先生ニム」、「社長ニム」である。牧師は「牧師ニム」（モクサニム）である。「ノム」（奴）は自分より道徳的に劣った人間であり、「理＝道徳性」が曇って少ししか現れていない人間をいう〔小倉 一九九八：三三―三六〕。「ウリ」（われら）は「われわれ」である。楕円の外に「ナム（他人）」があるが、ここでは省略する。

3　国際関係

道徳志向性＝〈理〉志向性に基づく人間関係構造は国と国の関係にもあてはまる。朝鮮王朝の時代は朝鮮が「ナ」であり、「ニム」は宗主国中国、「ノム」は女真や倭（日本）だった。解放後の関係は図②のようになる。米韓日の三ヶ国にあてはめると「ニム」は米国だが、韓日の二ヶ国にあてはめると長幼の序や同姓同本不婚などの儒教倫理が規範として生活に根付く韓国は「ニム」であり、儒教文化からはずれた日本は道徳的に劣った「ノム」となる〔小倉 一九九八：二〇四―二〇九〕。またさまざまな文化が朝鮮半島から日本にもたらされたにもかかわらず、その恩を忘れ、侵略して植民地支配をしたという意味においても日本は「ノム」である。歴史教科書や従軍慰安婦問題など日韓の歴史問題で韓国が日本に反省を求め、しばしば日本叩きが起こるのは「ニム」である韓

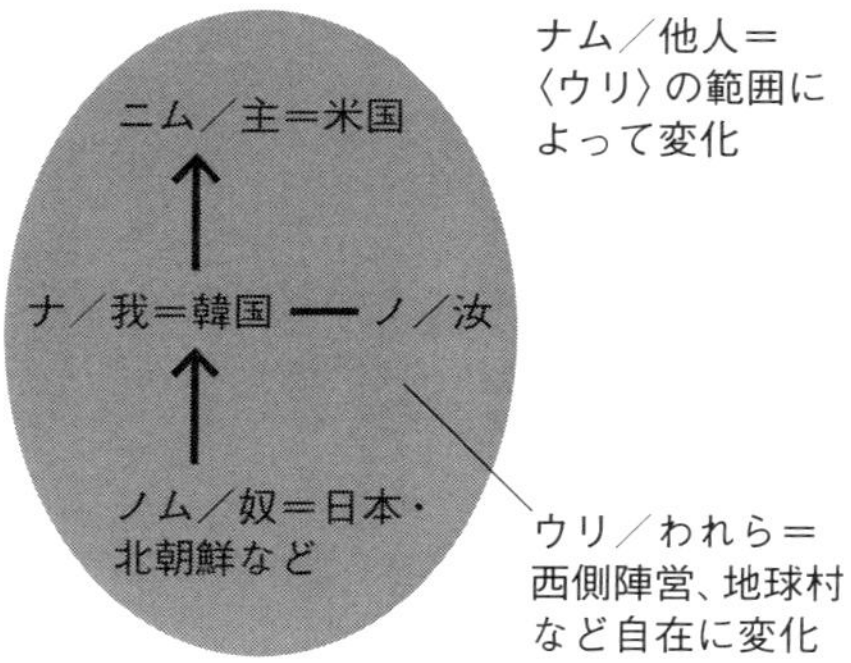

図②　解放後の国際関係構造
〔小倉　1998: 205〕

国が「ノム」の日本を「教育してやらねばならない」ということであり、「韓国の〈理〉的立場からしてみれば当然」の態度なのである〔小倉 一九九八：二〇四―二〇九〕。

韓国のキリスト者にとっても日本は「ノム」である。先にあげたような点からだけでなく、キリスト教的な観点から見ても「ノム」である。植民地時代に日本は皇民化政策のもとで朝鮮半島に朝鮮神宮をはじめ多くの神社・神祠を建立し、神社参拝を強要し、従わないものには激しい弾圧を行った〔柳 一九八七：九三―九六〕。また日本はキリスト教的に見るならば偶像崇拝をする国である。[*5]このような点からいえば、韓国のキリスト者にとって日本はまさしく「ノム」である。そのために「正しい宗教を教えてやらねばならない」となり、韓国キリスト教が日本で活発な宣教活動を行うと考えられる。

4　韓国人の上昇志向

道徳志向性＝〈理〉志向性は一個人のうちにあっては「ニム」にならんとする上昇志向として表れる。韓国社会において生活規範として根づく儒教が「道徳的に完成された人間となることをめざして自分自身で自分の人格を陶冶してゆくことを説く教え」だからである〔對馬 一九九四：一六〕。

「ニム」は自分よりも「理＝道徳性」をより多く体現するものだから、一個人は努力次第で「ニム」（主）に上昇することができる。他者と比べて「ノム」（奴）であってもそれは可能である。したがって「韓国社会における人の一生とは、〈ニム〉になろうとする絶え間ない努力と克己の継続である。これが、儒教社会の内在的原動力のひとつ」である（小倉　一九九八：四二）。

「ニム」にならんとする上昇志向は、世俗的な意味においては社会的・経済的地位の獲得に向かう。韓国の大学進学率はその一つの表れととらえられる。韓国の統計庁による『二〇一二　韓国の社会指標』を見ると、韓国の大学進学率は二〇一二年現在七一・三％（男子六八・六％、女子七四・三％）である（社会統計局社会統計企画課　二〇一三）。調査年は異なるが、日本は二〇一四年八月に文部科学省が発表した「平成二六年度学校基本調査（速報値）」によれば、五六・七％（「大学・短大進学率（過年度卒を含む）」）である。韓国の大学進学率は日本をはるかに超える。

「ニム」にならんとする上昇志向は韓国のキリスト者も内面化している。儒教の規範が生活規範として根付く韓国では、クリスチャンであってもその規範を内面化しているためである（秀村　二〇〇二：一〇二）。ではキリスト者において「ニム」にならんとする上昇志向はどのように表れるだろうか。「ニム」は「理＝道徳性」をより多く体現するものである。キリスト者にとって「理＝道徳性」は聖書の言葉（神の言葉）であるから、上昇志向はどこまでも神の言葉に従って生きようとする態度として表れる。

このように考えると韓国のキリスト者が世界宣教への神の命令「全世界に出て行き、すべての造られた者に、福音を宣べ伝えなさい」（マルコの福音書　一六：一五）に従おうとすることはごく自然なことである。また「汝の敵を愛せよ」「隣り人を愛せよ」という命令もある。韓国を植民地支配した日本は「汝の敵」であり、「隣り人」でもある。韓国のキリスト者は神の言葉に忠実であろうとするならば、日本宣教へ駆り立てられることになる。[*6]

道徳志向性＝〈理〉志向性は国と国との関係にあっては、韓国人とりわけキリスト者に日本を「ノム」と認識させて「正しい宗教を教えてやらねばならない」となる。そしてキリスト者一個人にあっては「ニム」にならんとする上昇志向となり、神の言葉に忠実であろうとする態度となって世界宣教へ、その中でも「汝の敵」であり「隣人」である日本へと向かわせることになる。かくして韓国キリスト教は日本で活発な宣教活動を展開すると考えられる。

日本宣教はただ教義的な「全世界に出て行って福音を伝えよ」というようなきれいごとの理由だけでできるものではない。道徳志向性＝〈理〉志向性が韓国人のエートスとしてあるからこそ、キリスト者にあってはその一つの表れが日本宣教なのである。次節からは事例をあげて検討していく。まず日本が「ノム」と認識されることを確認し、次に日本宣教に従事する三名の牧師を事例に、神の言葉にどこまでも忠実であろうとする態度、すなわち「ニム」になろうとする上昇志向によって、彼らが困難さを抱えながらも日本宣教を続けていることを明らかにする。

四　事例

1　「ノム」である日本

韓国のキリスト者は日本を偶像崇拝をする国ととらえ、キリスト教的な視点から見た場合、日本は韓国より劣位にあると見る。韓国系のプロテスタント教会の調査をしていると日本がそのように認識されていることをしばしば経験する。次の①②は筆者の体験、③は聞き知ったことである。

①韓国系キリスト教会にて

筆者は調査の目的で家の近くにある韓国系キリスト教会の礼拝にときどき行く。二〇一三年元旦の新年礼拝に行ったときのことである。出迎えてくれた師母ニム（ここでは牧師の妻のこと）が開口一番に筆者に聞いたことは「初詣に行ったか」だった。「行っていない」と答えると喜んでくれた。この日の説教題は「私の助けはどこから来るのか」だった。内容はおよそ次のようなものだった。「日本ではたくさんの人が初詣に行きます。私を助けてくれるのは偶像ではなく私たちを創られた神様です。ベストドライバーであるイエス様を人生の運転手として今年勝利することができますように。自分に頼るのではなく、人に頼るのではなく、すべて神に頼りましょう」。日本で日本人を対象に宣教活動をする韓国系キリスト教会においても、牧師が日本を偶像崇拝の国だと批判めいた口調でいうことは珍しいことではない。

②東日本大震災日韓合同祈禱会

福音の受容という点において韓国は優れた国であり、日本は見習わなければならないという意識は韓国だけでなく日本のキリスト者にもあるようである。二〇一一年六月一九日、大阪で日韓のキリスト者が集まり「東日本大震災のための日韓合同祈禱会」が開催された。主催は日本宣教協力会、後援は在日大韓基督教会関西地方会・在日韓国基督教会総協議会（西日本地域）であり、場所は在日大韓基督教会大阪教会だった。日韓両国の牧師や長老が集まり「日韓教役者・リーダー研修会」が毎年行われるが、東日本大震災が起こったこの年は一部が変更され、一般信者も参加できる合同祈禱会になった。集会では祈りの時間が持たれ、韓国側、日本側それぞれの牧師による代表祈禱があり、その後参加者全員で「共同祈禱文」を読んだ。日本側の牧師の代表祈禱はおよそ次のようなものだった。

宣教一五〇年を経ても信者は人口の一%に満たない、（中略）自らの怠慢をお許しください、パウロのような伝道ができているのでしょうか。3・11を通してキリスト者一人ひとりの目を開いてくださり、（中略）神様、どうぞ日本を憐れんでください。国民の目が開かれ、ぞくぞくと教会にやってくるように、御国を目指して歩み続ける民としてください。

韓国はキリスト教人口が二五%である。それと比べて日本は一%にも満たない。代表祈禱をした牧師が日本の牧師代表というわけではないが、神に赦しを請う祈りからは日本のキリスト者として卑下する態度が感じられる。「共同祈禱文」は次のようなものだった。少々長いが引用する。

天の父なる神さま、あなたのあわれみは、天よりも高いことを覚えて御名をあがめます。わたしたちは、東日本大震災によって、心を痛めております。天の父なる神さま、わたしたちの願いは、東日本大震災で被災された方々に、あなたからの慰めが、豊かに与えられることであります。また、この大震災を通して、日本国民が一人でも多く、あなたに立ち返ることであります。天の父なる神さま、不信仰と偶像礼拝を続けているこの国の罪をお赦しください。どうぞ、この日本をイエス・キリストの血によって、きよめてください。

どうぞ、この日本をあわれんでくださり、あなたの喜んでくださる国として復興できるように導いてください。イエス・キリストの御名によってお祈りいたします。アーメン。

「共同祈禱文」の作成にあたって日本と韓国どちらのキリスト者が主導的役割を担ったのかは確認できていないが、どちらか一方が主導的だったとしても文面に関しては他方の了承を得ているはずである。日本は偶像崇拝をする国であり、それは好ましくないことだという認識が日韓両国のキリスト者にあることがわかる。

③東日本大震災のときの趙鏞基牧師の発言

東日本大震災が起こった直後の二〇一一年三月一二日、汝矣島純福音教会の趙鏞基牧師が「日本国民を信仰的に見るとき、あまりにも神様を遠ざけ偶像崇拝、無神論、物質主義をするから神様の警告ではないかと考える」という発言をしたとされる。[*7] この発言に対しては韓国内でもかなりの批判があり、インタビューを掲載したインターネット新聞『ニュースミッション』は記事を削除した。韓国のキリスト者がみなこのような考えを持っているわけではないが、日本に対する一つの見方を表しているといえる。

韓国のキリスト者から見ると、福音の受容という点で勝る韓国は「ニム」である。偶像崇拝をする日本は「ノム」であり、日本に正しい宗教を伝えてやらねばならないとなるのは韓国のキリスト者としては自然なことなのである。

2 「ニム」になろうとする上昇志向

ここでは三名の牧師を事例として取り上げ、消極的意志ではなく、どこまでも神の言葉に従って生きようとする態度によって日本宣教にあたっていることを確認したい。来日の経緯、思うように成果の上がらない宣教活動、経済的に楽とはいえない暮らしぶりなどからそれが確認できるだろう。事例にするのは次の三名の牧師である。

A牧師(一九六三年生まれ)在日大韓基督教会　西宮弟子教会牧師[*8]
B牧師(一九五八年生まれ)在日大韓基督教会　大阪西成教会副牧師[*9]
C牧師(一九五七年生まれ)在日大韓基督教会　浪速教会牧師

三名とも現在は在日大韓基督教会の牧師だが、日本で生まれ育った在日韓国人ではなく、日本宣教を目的として韓国から来日した宣教師である。A牧師は韓国系キリスト教会を開拓後に在日大韓基督教会に加入した。B牧師は韓国の宣教団体から派遣されて来日し、神戸の在日大韓基督教会の教会で伝道師をした後、大阪西成教会の副牧師になった。C牧師は在日大韓基督教会に加入すると同時に教会を開拓し、現在はホームレス伝道を行う。この三名を事例にするのは困難な状況に直面しながらも日本に留まり、宣教活動を行っているからである。

①A牧師

［日本宣教を志す］

A牧師は前節①「韓国系キリスト教会にて」で取り上げた教会の牧師である。クリスチャンになり、日本宣教を志した経緯は次の通りである。

母親がクリスチャンでA牧師は子どもの頃から教会に通った。小学校のときに関節の病気になったが、治療しても良くならず、半年くらい学校を休んだ。所属教会の牧師の家に泊まり込んで祈ってもらい、自分でも祈らされ、聖書を読むようになった。家に戻ってしばらくすると痛みがなくなり、いつの間にか治った。中学三年のときから日曜学校の先生をし、高校生のときには教会の学生会の会長になった。

大学は海洋大学に進み、通信科を卒業。通信士として日本の海運会社に勤め、日本とボルネオを往復する船に乗り、青森や横浜など日本各地にも行った。韓国船員宣教会で訓練を受け[*10]、通信士として仕事をしながら信徒宣教師として日曜日には船内での礼拝を担当するようになった。その後、大阪―釜山間を運行するフェリーの会社に移り、韓国と日本を往き来した。A牧師は次第に仕事を通して、神は自分が宣教師になることを願っているのではないかと思うようになった。それについて次のように語っていた。

環境によって神様は使命を与えてくださるから、日本の宣教のために神様がこういう日本と韓国を往き来する船で働くように仕事を与えてくださったと思った。そういうことで日本の宣教をまず考えました。

信徒宣教師ではなく、正式な宣教師になるためには牧師になる必要がある。しかし、A牧師は子どもの頃に生活に苦労する牧師を見てきており、「そういう苦労をしたくない」と思っていた。それでもA牧師に牧師になって宣教師として日本に行くことを決心させたものは何だったのだろうか。

年をとって結局死んで終わりになりますが、私の人生を神様が最後に評価するなら、私がこのまま仕事をしながら毎日飲んで食べて遊んで、こういうことで神様に評価されるなら恥ずかしいと思った。人生最後に神様が私の人生を認めてくださる生き方が一番賢い生き方だと思った。いくらお金を持って楽しく生活しても最後に神様が「お前の人生は不合格だ」と言われたらこれは困る。神様が私の人生を認めてくれる、そういう人生を送ろうとして、そのためには何がいいかと思ったら牧師になることだ、宣教師になることだと思った。

A牧師は神が評価し、認めてくれる生き方をしようとして牧師、そして宣教師になることを決心した。ここにあげた語りは、筆者の聞き取りに対してA牧師が現時点で過去を振り返って語ったものであるから、牧師として模範的な回答したと考えることもできる。それでも筆者は、A牧師の語りはどこまでも神の言葉に従って生きようとする態度、すなわち「ニム」になろうとする上昇志向を表していると考える。なぜかといえば、一つにはリスクを冒してまでも牧師になることを決心し、安定した生活をなげうって来日したこと、二つには経済的に困難な状況になっても日本にとどまり宣教活動を続けるからである。それぞれについてみていく。

［献身と来日後の教会開拓］

牧師になることを決心したA牧師は一九九三年、三〇歳のときに神学大学に入学し、大学院、宣教大学院と進んだ。三〇歳での方向転換が人生の再出発として早いか遅いかは一概にいえないが、リスクはある。A牧師は宣教大学院を出た後、全州にある長老会の教会で伝道師を経て副牧師になった。その間に結婚をし、教会から家や車を与えられ、信者の家を訪問するときの経費などは教会から支給された。リスクはあったもののそれを乗り越えて牧師になり、安定した生活を手に入れたといえる。

日本宣教への思いは消えたわけではなかったが、安定した生活を捨ててまで行きたいとは思わなかった。また妻は独身の頃に五年間日本で暮らしたが、あまりよい思い出がなく、日本に行くことを反対した。来日を決心するまでA牧師はかなり葛藤したようである。

心の中ではずっと負担をもった。日本の宣教に行かざるを得ない負担。だから日本のことを思い出さないようにした。けれども心の中では日本のことが気になって気になって。神様が私に与えてくださった使命が日本の宣教ならば、これを拒むことはできないと思った。拒むと私の人生はもっと苦しくなるんだと。

最終的には、牧師になることを決心したときと同じく、最後に神が自分の人生をどう評価するかを考えた。

また後で神様のみ前で私がどういうふうに評価されるか、こういうことを考えてみたらそれがすごく負担になり、心重たくなった。こういうことで結局神様の道が日本の宣教師なら、その使命に従わざるを得ない。妻も神様のみ心が日本の宣教師なら、これ以上神様に不従順はないと、祈って二人で決心したんです。

担任牧師の話もあったが、それを断り二〇〇四年に来日した。来日後は姫路の韓国系キリスト教会で二年間、

図①　西宮弟子教会

協力宣教師をした。二〇〇六年三月に自宅で家族と信者三人で最初の礼拝をもって開拓伝道を始め、六月に西宮で教会を設立し、二〇一一年四月に在日大韓基督教会に加入した。[*11]

以上が日本宣教を志して来日し、教会を開拓するまでの経緯である。安定した生活を捨て日本宣教に行くことに躊躇《とまど》いを感じ、また担任牧師の話があったにもかかわらず、それをなげうって「神様のみ心」に従い、来日し、教会を開拓した。

［現在の状況］

キリスト教人口が少ない日本で教会を設立してやっていくことは容易なことではない。日本人の牧師がするにしても大変だが、韓国人がするのだからなおさら大変である。教会を設立して九年になる二〇一四年時点で、およそ主日礼拝の出席者は大人一六名ほどである（牧師家族、信者の小学生以下の子どもを除く）。A牧師は教会を紹介するチラシを駅前で配ることはもちろん、教会でバザーをして信者に友人・知人を誘ってもらったり、教会で韓国料理の昼食会を開いたりもして宣教にあたる。

信者からの献金だけで教会と家族（夫婦と当時中高生の子ども三人）の生活を維持することは難しく、教会で韓国語教室を開き、韓国本国の教会からも経済的支援を受ける。一〇ヶ所ほどの教会から支援を受けるが、そのうち一ヶ所が一〇〇万ウォン、他は一〇万ウォンほどずつであり、円高のときは目減りする。支援してくれる教会が減ったときは教会と自宅両方の家賃を払うことが困難になり、教会で暮らした。現在は市営住宅で暮らす。

教会は西宮市の国道沿いのテナントビルにあり、周囲は住宅地である。最寄りの駅からは少し距離がある。大阪市内で開拓するほうがニューカマーの韓国人を信者にすることができて信者は増え、また収入の一〇分の一の献金[*12]が見込めるので教会は経済的に安定するはずである。なぜ大阪ではなく西宮に開拓したのかをA牧師に尋ねると、韓国人ではなく日本人への宣教を第一に考えたとのことだった。また西宮でも現在の場所に決めたのはJR西宮駅近くには在日大韓基督教会の教会があり、阪神西宮方面には韓国人宣教師が開拓した教会があるからだという。他の韓国系の教会に配慮して現在地に決めたわけである。

［日本宣教への意味づけ――よきサマリヤ人］

A牧師は「日本が好きで日本宣教をしているのではなく使命として」と明言する。A牧師から見ると「日本は強盗に襲われている、嘘の神に襲われて死ぬ状態」にあるという。その日本を韓国はよきサマリヤ人として助けるべきだという意識を持つ。日本が韓国の隣国という点にも神の意思を感じている。

なぜ強盗に襲われた国を隣に置いたか。助けるため。韓国のキリスト教が成長できたのは隣国を救うため。韓国教会は隣人を愛するべき。それが神の命令。敵を愛することが神の命令。神の命令だから日本を愛する。

人生半ばで方向転換をして牧師になり、日本で教会を設立し、困難な状況を抱えながらも日本宣教にあたるA

牧師の姿にはどこまでも神の言葉に従順に生きようとする態度がうかがわれる。

②B牧師

［来日の経緯］

B牧師は最初、学生の超教派の宣教団体「UBF」[*13]（University Bible Fellowship）から派遣されて来日し、日本で神学校に通って牧師になった。B牧師の話を聞くと、神の言葉に従順になろうとする態度がなければ到底できない生き方のように思われた。来日の経緯は次の通りである。

B牧師の家は仏教だったが、ほとんど無宗教のようなものだった。国立大学の機械工学部に入学し、一年生のときに伝道されてUBFに入り、聖書勉強をするようになった。UBFには兄が所属していたが、兄から誘われたことはなかった。聖書勉強がおもしろくないのでやめようとしたときに父方の祖母とおじを相次いで亡くし、「死んだら何もないということがはっきりわかって生きる意欲がなくなった」。それをきっかけに死後の世界や永遠の世界について聖書を通して確認したくて信仰するようになり、霊的な体験や異言を語るようにもなった。聖書勉強に一所懸命になるあまり大学の勉強をしなくなり、三年のときに退学した。その後、私立大学の英文科に入り直し、修士課程に進んだ。

修士課程のときUBFで出会った女性と結婚した。当時一九八九年頃は「世界に宣教しに行くという運動が盛ん」で修了後に就職することは考えなかった。「新しい宣教地として日本がいいという雰囲気」があり、二〜三年の間に一〇〇人くらいが日本に派遣され、B牧師もそのうちの一人として一九九一年、三三歳のときに日本に派遣された。

［来日後の歩み］

まずB牧師が行ったところは六甲アイランドにあるリサイクル工場だった。そこで三ヶ月間働いて帰国した。なぜリサイクル工場に行ったのかを尋ねると、教会関係者から「日本で研修生を募集している」という話を聞いたためである。「当時は宣教が最優先でしたからリサイクル工場を通して宣教の道が拓かれるのではないかと」考え、とりあえず三ヶ月間だけ日本に行ってみた。

翌一九九二年にB牧師は就学ビザで再来日した。今度は住み込みで新聞配達をしながら日本語学校に通った。一九九四年四月、神戸にある国立大学の国際協力研究科に入った。B牧師によると留学生は比較的入りやすかったようである。

二〇〇三年まで修士課程に三年、博士課程に六年のあわせて九年間在籍し、日韓の企業文化の比較研究をしながら学内で宣教活動をした。「聖書勉強に誘うことを、それだけです。大学院の知り合いに限らず誰でも」。そして教室や静かな場所で聖書勉強を行った。しかし警戒もされた。「統一教会とか、いろいろな悪い宗教の活動が盛んでしたから」。それでも少しは人が集まり、B牧師は「神戸UBF」を立ち上げて代表をつとめた。九年間、研究と宣教活動とアルバイトの生活をした。

大学院を出た後は宣教師ビザに切り替えて神戸の神学校に通った。この間に明石にある在日大韓基督教会の奉仕神学生として働き、その後、神戸教会の伝道師を経て大阪西成教会の副牧師になった。

B牧師の来日の経緯と副牧師になるまでの歩みは「出たとこ勝負」という感すらある。UBFは大学生を中心とした宣教団体であり、宣教方針は経済的に自立しながら宣教するというものである。そのため派遣された者は留学生として勉強しながら周囲の大学生や大学院生を聖書勉強に誘うという宣教活動をし、生活費も稼ぐということを全部自力で行わねばならない。韓国内では牧師が供給過剰だから日本宣教に行くというような消極的意志でできることではない。

［使命としての日本宣教］

副牧師になっても身分として安定したわけではない。副牧師の任期延長はできるが二年契約である。[*14] そしてB牧師の場合、大阪西成教会に出勤するのは水・土・日曜日だけであり、火・木・金曜日は高齢者介護施設で働く。水・土・日曜日は教会を優先しなければならないために兼職の仕事は選択肢が限られる。B牧師には子どもが三人いる。妻も日本に来てから「アルバイトばかり」、「貯金もできないし、家も買えない」とB牧師は語っており、生活は楽ではなさそうである。UBFからの経済的支援はまったくない。家は神戸の震災復興住宅である。一九九五年の阪神大震災のとき当時住んでいた大学近くの文化住宅が全壊し、入居することができた。

B牧師が来日した当時、UBFから一〇〇人くらいが日本に派遣されたが、そのうち残っているのはB牧師によれば「二〇人以下でしょう」とのことである。経済的に大変な生活になることは来日前にある程度覚悟できたとしても、介護の仕事を兼職せざるを得ない状況はB牧師が思い描いていたものとは異なるはずである。そこまでしてなぜ日本にとどまるのかをB牧師に尋ねると「世界宣教のため」だという。

神が私の人生を導いておられるから、また神が日本の宣教を、使命を果たしなさいと言われますから。それに従ってやるんです。人間を見てやるんじゃないですね。神を見て、天国を見てやっているんですね。人間を見たらやる気がないですね。

とはいえ、もともと在日韓国人の教会として設立された大阪西成教会は日本人一般に向けての宣教はほとんどしてこなかった。数年前からは地域社会への布教を行うようになり、月に一度は最寄りの駅前でトラクト（伝道のちらしやパンフレット）を配り、月末の主日礼拝は伝道礼拝として新来者を意識した礼拝を行うようになった。それでも日本宣教を志して来日したB牧師にしたらもどかしいのではないかと思い、尋ねてみた。

図②　大阪西成教会

> 活発に伝道することは無理ですよ。自分の生活も、お金も稼がないといけないし。だから活発に積極的に（宣教する）というよりは長い目でちょっとずつちょっとずつ続けてやっていく、それしかないと思います。

B牧師は何か特別なことをするだけが宣教とは考えていない。「生活の中で接する人に神の愛をもって接するということで少しでも伝道できるように」と、介護施設で親しくなった同僚や高齢者には自身が牧師であることを明かして聖書の話をする。

Ｂ牧師の親の世代は日本の植民地時代を経験しているが、Ｂ牧師はとくに反日感情をもっていない。父親は小学校のときの教師がよく指導しくれたとＢ牧師にいつも言っていたという。また植民地時代に父親は日本人が経営する会社に就職したが、家族のように扱ってくれたとのことでＢ牧師の父は日本に対して「いい感情ばかり持っている」という。父の影響のほかに信仰によるところもある。

キリスト教の影響だと思うんですよ。聖書の教えが、罪人を、憎い人を許してあげるという。だからあまり反感がなかった。反感があったら何で（日本に）来れますか。

日本宣教のために来日したとはいえ、最初から正式な宣教師として来日したわけではなかったＢ牧師の日本宣教の歩みは平坦な道のりではなかった。それでもなお介護の仕事と牧師を兼職してでも日本に留まり日本宣教を続ける。その原動力は人間を見るのではなく「神を見て、天国を見て」である。Ｂ牧師も世俗を超えたより高いところに視点を向け、日本宣教の道を歩んでいるといえる。

③Ｃ牧師

［来日とホームレス伝道を行うようになった経緯］

Ｃ牧師の父は軍隊のチャプレンだった。Ｃ牧師もクリスチャンになり、一九八五年に神学大学大学院を卒業して一九八六年に牧師になった。全羅北道や京畿道の教会で働き、一九九六年に大阪の無牧だった韓国系キリスト教会（単立）に呼ばれて単身で来日した。一九九七年四月には家族も来日したが、牧師の給与や人事を信者が好き勝手に変えるような無秩序な教会で、C牧師はその教会を一年でやめざるを得なくなった。

教会をやめてC牧師自身が「行くあてがなくなったし、食べる物すらなく、もう本当にホームレスに近い状況」になった。断食の祈りをし、その中で「私みたいに人から傷つけられている、見捨てられている、行くあてもない、その人に対する牧会をするのが、神様に喜ばれるというか、私に対する神様の召しではないか」と思うようになった。

一九九七年七月、自宅で教会開拓を始め、釜ヶ崎に入って宣教することに決めた。この頃にB牧師は在日大韓基督教会に加入した。在日大韓基督教会から支援を受け、九月には在日大韓基督教会浪速伝道所として設立礼拝を行った。

C牧師は当時まだ日本語があまりできず、日雇い労働をするオーバーステイの韓国人を対象に伝道を始めた。病気になり、行き場のない韓国人労働者に寝食を提供し、教会で共同生活をするようになった。それと並行して釜ヶ崎の「あいりん労働福祉センター」前で早朝五時から日雇い労働者にコーヒーや高麗人参茶を配る活動も始めた。多くの日本人ホームレスが列をなし、C牧師は韓国人労働者よりも大変な状況にある日本人ホームレスの存在を初めて知った。C牧師は共同生活をする韓国人労働者たちを経済的に支援して自立させるとともに、日本人ホームレスを対象にした炊き出しと伝道に活動の中心を移していった。二〇〇二～二〇〇三年頃からは週に三回（一回は公園、二回は教会）の炊き出しをするようになった。財政的にはそれだけ苦しくなり、支援者を募る活動を始めた。

図③　浪速教会

［悔い改め］

しかし当時C牧師には「貧しい、貧乏くさい仕事をいつまでやるんや」という気持ちもあった。「決まった給料は一度ももらったことがない。それが不満だったんですよ。それでもう、ここにきてやめることばかり考えた」という。それが一人のホームレスとの出会いによって変わる。

西成公園に住んでいた七〇～八〇歳くらいのおじいさんだったんですけど、その人が笑いながら私に「おはようございます」と言うんですよ。それが何度かあったと思うんですけど、そのとき私、胸打たれたんですよ。あの人は七〇過ぎて家族もないし、お金もないのに、こんなに明るく笑いながら生きているのに、私は彼よりも何十倍も満たされているのに、不平不満いうて逃げることばかり考えているのは本当にホームレスと痛みを分かち合っていないんじゃないかと。

これをきっかけにC牧師が「自分の欲望も名誉も、そして物質的な欲望もみな投げ捨てた」ところ、C牧師の言葉でいえば「奇跡がそのとき起こった」。日本キリスト教会の人権委員会の委員長（当時）が教会を訪ねて来

曜日・名称	時　間	場　所	内　容
木曜集会	12:00～13:00	浪速教会	集会後に食事を提供
金曜炊出し会	10:00～12:00 12:30～	浪速教会 西成公園グラウンド	散髪奉仕 炊出し
日曜礼拝	13:30～14:30	浪速教会	礼拝後に食事を提供

表③　ホームレスの人々を対象にした集会

て支援を申し出てくれた。また在日大韓基督教会や在日大韓基督教会と日本基督教団の宣教協力委員会などで、C牧師はホームレス伝道について講演する機会を得た。それによって活動が知られるようになり、支援の輪が広がっていった。二〇〇二年三月にはホームレス伝道へ経済的支援と教会運営を区別するために、浪速教会「愛の家」運営委員会を設立した。

現在、ホームレスの人々を対象にした集会は表③のとおりである。これらは炊き出しによる食事の提供を中心とした支援だが、この他に建て売り物件の住宅を購入してリフォームし、ホームレスの人を住まわせるという支援も行っている。ホームレスの状態を脱してC牧師の活動を手伝う人や洗礼を受ける人も現れ、C牧師は「最初から計画したことでないけども、助けようとして始めた事業がね、あとは私たち（の活動）の助けになっている」と語る。

［C牧師にとってのホームレス伝道］

ホームレス伝道の活動が広く知られ、「愛の家」を支援する輪が広がっても、それにともないホームレス支援の内容をより充実させるので経済的に余裕があるわけではない。C牧師は講演や他教会で説教をしたときの謝礼もホームレス支援につぎ込んでいる。ホームレス伝道をすることが「神様の召し」だとしても、なぜそこまでC牧師はホームレスの人々のために尽くそうとするのだろうか。

私は戦争の経験ない時代に生まれたし、直接私が被害を受けたことはない。ただ私のおじいさんとかは日帝時代にね、殉教されたりしたことはあるんですよ。でも私と関係ないからね、先祖のことやから。だから私は日本人に対する悪い感情はなかったし、そしてここにきて、いろんな祈りの中で神様が、敵を愛することがイエス様の信仰というか精神だということ、罪人こそ愛すべきだということをそのとき悟らされたんですね。

A牧師、B牧師と同様にC牧師も「敵を愛する」という精神によって日本宣教にあたっていることがわかる。またC牧師はホームレス伝道の活動について「いろんなことでね、韓国人より日本人に助けられた」という。「本当に韓国人の中で、それくらい私にね、愛を込めてくれた人はいないですよ、みんな日本人なんですよ」と語るほど、経済的・精神的支援をしてくれる日本人キリスト者への感謝の念をもっている。だからこそC牧師は次のように語るのだろう。

今は逃げられない。逃げたくないんですよ。なぜ（かというと）、お金より大切なものが人生の意味、やり甲斐じゃないですか。それで私はここで、もう生涯を尽くしたいということなんです。

ホームレス伝道を積極的に行う教会は少ない。どれだけ一所懸命にホームレス伝道をしたとしても、ホームレスの人々の多くは教会で提供される食事が目当てであり、信仰をもつようになる人はあまりいない（白波瀬 二〇〇七）。それでもC牧師はホームレス伝道を行う。積極的意志から日本宣教をするのでなければ到底できるものではなく、C牧師にも神の言葉に忠実に従って生きようとする態度がうかがわれる。

五　おわりに

本章の目的は韓国キリスト教による活発な日本宣教について、従来の「牧師供給過剰」説以外の説明を探すことにあった。そこで小倉が指摘する韓国社会における人間関係のありかたから日韓関係や宣教師個人の日本宣教に対する意味づけを探ってみた。

韓国人の意識では韓国が「ニム」であり、日本は「ノム」のために、韓国はしばしば日韓の歴史問題や日本の閣僚による靖国神社参拝などで日本に謝罪を求める。宗教についても同様に唯一の神を信じないで偶像崇拝をする日本に「正しい」宗教を伝えてやらねばとなる。また宣教師は「ニム」にならんとする上昇志向によって、どこまでも神の言葉に忠実であろうとし、「汝の敵」であり「隣人」の日本に福音を伝えようとする。

教義的には「全世界に出て行き、すべての造られた者に、福音を宣べ伝えなさい」や「汝の敵を愛せよ」などのキリスト教の教えに従い日本宣教を行っていると解釈できるが、彼らを突き動かしているものは韓国人のエートスともいえる儒教倫理といえる。だからこそ韓国のキリスト者は困難な日本宣教をあえて行う。少なくとも日本宣教は牧師供給過剰という消極的理由からだけではなく、個々の宣教師の積極的意志によって担われていることは確かである。

1——財団法人韓国世界宣教協議会（http://www.kwma.org/）の「二〇〇六年一〇大派送国家」によれば、韓国から派遣されている宣教師の人数は中国二六四〇人、アメリカ一八五五人、日本一〇九九人である。中国宣教がさかんな理由は、ある韓国系キリスト教会の牧師によれば、中国は人口が多く、西にはイスラーム圏がある。イスラーム圏に宣教するためにまず中国宣教があるという。中国では公に宣教できないため韓国人宣教師は宣教師としてではなく別の仕事で入国し、中国人クリスチャンを訓練し、中国人から中国人へと布教する方法をとっているという。

2――韓国系キリスト教会とは、およそ一九九〇年以降、来日した宣教師によって設立された教会を総称するものであり、韓国系の教団・教派に属する教会もあれば単立の教会もある。日本全国にどれくらいの韓国系キリスト教会があるのかは不明だが、筆者が『クリスチャン情報ブック』（二〇一〇年版）を手がかりに韓国系キリスト教会と推察される教会を数えてみると二八七教会あった〔申・中西 二〇一一：二四四―二八〇〕。この他にもネットで検索すると『クリスチャン情報ブック』に未掲載の韓国系キリスト教会がいくつもあがってくるので、実際はもっと多いと思われる。

3――二〇〇七年にアフガニスタンに入った韓国人牧師、信者二三名がイスラム過激派のタリバンに拉致されて二人が射殺され、韓国政府による交渉の末に解放されたという事件があったが、この事件の背景も同様の要因が指摘されている。韓国国内の布教が行き詰まり、そのために海外に出て行く。宣教師がこぞって海外に出て行くと今度は海外での宣教活動の競争が激化し、新たな宣教地の開拓は教会の宣伝にもなるためにあえて危険な地域で宣教活動を行うという〔佐々 二〇〇八〕。

4――韓国の聯合ニュースが「キリスト教迫害が最も激しい国 北朝鮮が一三年連続」（二〇一五年一月八日）として、アメリカの国営放送ＶＯＡの報道を伝えたところによると、アメリカのキリスト教団体「オープン・ドアーズ」が公表した年次報告書では、一三年連続で北朝鮮がキリスト教への迫害がもっとも激しい国にあげられているという（http://japanese.yonhapnews.co.kr/pgm/9810000000.html?cid=AJP20150108000100882、二〇一五年一〇月九日閲覧）。

5――旧約聖書「出エジプト記」に次のような「モーセの十戒」が記されている。①唯一の神のほかに神々があってはならない、②偶像を造ってはならない、③神の御名をみだりに唱えてはならない、④安息日の遵守、⑤父と母を敬うこと、⑥殺してはならない、⑦姦淫してはならない、⑧盗んではならない、⑨偽証してはならない、⑩隣人のものを欲しがってはならない。②により偶像崇拝は禁じられる。この点から日本の神社仏閣におけるご神体や仏像は偶像崇拝とみなされる。

6――小倉によれば道徳志向性は権力や富を否定するものではなく、韓国においては道徳の最高形態は権力と富も揃った三位一体である。韓国人が理想とする人生もこの三つが揃った状態とされる〔小倉 一九九八：一八〕。韓国のプロテスタント教会の中には教勢の拡大を追求し、担任牧師が絶対的な権力を持つような教会がある〔崔亭黙 二〇一三〕。
7――趙鏞基牧師（一九三六〜）は汝矣島純福音教会を一代で築いたカリスマ的な牧師である。汝矣島純福音教会は信者が七五万人の世界最大の教会とされる。
8――西宮弟子教会は二〇一六年六月に在日大韓基督教会川西教会に吸収合併となり、現在A牧師は川西教会の牧師をつとめる。
9――二〇一五年四月から在日大韓基督教会折尾教会の牧師をつとめる。
10――一九八二年に釜山で設立された宣教会。弟子訓練を受けた船員が信徒宣教師として船内で礼拝を担当したり、船員や寄港先の現地の人々に福音を伝える役割をする。牧師の資格はない。
11――在日大韓基督教会への加入は、A牧師を日本に派遣した大韓イエス教長老会（統合）が「単独プレー」を認めておらず、宣教協約を結ぶ日本基督教団か在日大韓基督教会に加入しなければならないことになっているからである。
12――一〇分の一献金は毎月の収入のうち一〇分の一を献金するというもの。毎月の収入の範囲をどのようにとらえるかは、信者個人の判断による。
13――一九六一年に韓国で設立された超教派の大学生宣教団体。日本では「大学生聖書読み宣教会」(http://www.ubf.or.jp)。韓国語ホームページ（http://ubf.kr/）によると二〇〇九年八月五日現在、九一ヶ国、三一八支部があり、世界各国に一七四〇名（韓国人一七一四名、現地人二六名）の宣教師がいる。日本には一六支部あり、韓国人宣教師五五名がいる。
14――在日大韓基督教会の憲法で「担任牧師を補佐し、任務期間は二年で任務期間の延長は堂会で行う。当該教会の堂会長になることはできない」と定められている。

〔参考文献〕

浅見雅一・安廷苑　二〇一二『韓国とキリスト教――いかにして〝国家的宗教〟になりえたか』中公新書
小倉紀藏　一九九八『韓国は一個の哲学である――〈理〉と〈気〉の社会システム』講談社
崔世雄（尹惠園訳）二〇一三『残りの民――日本の教会に希望はあるか』いのちのことば社
崔亨黙（金忠一訳）二〇一三『権力を志向する韓国のキリスト教――内部からの対案』新教出版社

佐々充昭　二〇〇八「成長率低迷の中で岐路に立つ韓国キリスト教会——アフガニスタン韓国人拉致事件の背景」渡邊直樹編『宗教と現代がわかる本2008』平凡社、八〇—八三頁
社会統計局社会統計企画課　二〇一三『二〇一二韓国の社会指標』
白波瀬達也　二〇〇七「釜ヶ崎におけるホームレス伝道の社会学的考察——もうひとつの野宿者支援」『宗教と社会』一三、二五—四九頁
申光澈・中西尋子　二〇一一「韓国系キリスト教会の日本宣教」李元範・櫻井義秀編『越境する日韓宗教文化——韓国の日系新宗教 日本の韓流キリスト教』北海道大学出版会、二三九—二八〇頁
青紗玉　二〇一一「韓国の大学とキリスト教」『キリスト教文化学会年報』五七、五—二〇頁
對馬路人　一九九四「東アジアの経済発展と儒教」合田濤編『アジア・太平洋の人と暮らし』Ⅳ、南窓社、一〇—二五頁
林泰弘・李賢京　二〇一一「韓国新宗教の日本布教」李元範・櫻井義秀編『越境する日韓宗教文化——韓国の日系新宗教 日本の韓流キリスト教』北海道大学出版会、一四三—一五七頁
河用祚　二〇一二『神が愛される日本を私も愛した』ツラノ書院
秀村研二　一九九九「受容するキリスト教から宣教するキリスト教へ——韓国キリスト教の展開をめぐって」『朝鮮文化研究』六、東京大学文学部朝鮮文化研究室編、九五—一〇七頁
秀村研二　二〇〇二「二〇世紀韓国キリスト教の展開」杉本良男編『宗教と文明化』ドメス出版、九四—一一〇頁
秀村研二　二〇一二「特集＝キリスト教と韓国朝鮮社会〈問題提起〉」韓国・朝鮮文化研究会『韓国朝鮮の文化と社会』一一、風響社、七—一五頁
李賢京　二〇〇八「日本における韓国プロテスタント教会の展開——「純福音教会」を中心として」『現代社会学研究』（北海道社会学会）二一、五九—七七頁
李賢京　二〇〇九「『韓流』と日本における韓国系キリスト教会——日本人メンバーの複層化に着目して」『宗教と社会』一五、四三—六六頁
柳東植　一九八七『韓国のキリスト教』東京大学出版会

梁銀容　二〇一一「韓国円仏教の日本布教の現状と展望」李元範・櫻井義秀編『越境する日韓宗教文化――韓国の日系新宗教　日本の韓流キリスト教』北海道大学出版会、一五九―一七四頁

【付記】

C牧師のデータは、研究代表者・宮本要太郎「無縁社会における宗教の可能性に関する調査研究」基盤研究（C）、二〇一一～二〇一三年科学研究費補助金研究による調査から得られたものである。

第11章

なぜ日本人が韓国系キリスト教会の信者になるのか

教化方法に着目して

◉中西尋子

一　はじめに

一九九〇年代以降、韓国から来日した宣教師によって設立されたプロテスタント教会が日本各地に見られるようになり、それらの教会は韓国系キリスト教会と総称される。これまでに筆者が訪問した教会に限っていえば、全体的に見るとやはり信者には韓国人ニューカマーが多いものの、教会によってはある程度の日本人信者がいるところもある。本章ではなぜ日本人が韓国系キリスト教会の信者になるのかに焦点を合わせたい。

日本人の一般な感覚からすると、キリスト教の「本場」は欧米である。牧師が日本人の教会でも、歴史を遡れば教会を設立したのは欧米の牧師（宣教師）だったという教会は少なくないが、近年になって設立された韓国人牧師（宣教師）の教会に、なぜわざわざ行くのか、という疑問が浮かぶ。さらにいえば、韓国は「近くて遠い国」だった。一九八八年のサッカーワールドカップの日韓共同開催や二〇〇四年頃から始まった韓流ブームによって変化したとはいえ、それまで韓国に偏見を持つ人がいないではなかった。それにもかかわらず、日本人が韓国系キリスト教会の信者になっているのはなぜだろうか。

そこで、本章では大阪オンヌリ教会（以下、オンヌリ教会）を事例として見ていく。オンヌリ教会を事例にするのは、一つには筆者がこれまで調査したり、訪問したりした韓国系キリスト教会のなかでは、最も日本人信者が多いからである。信者は全体でおよそ三〇〇名であり（子どもを除く）、おおまかな内訳はニューカマーの韓国人二〇〇名、在日韓国人五〇名、日本人五〇名である。信者の三分の二はニューカマーの韓国人で占められるが、日本人が全体の六分の一を占めるような韓国系キリスト教会を、筆者はこれまでのところ確認していない。

オンヌリ教会を事例にするもう一つの理由は、オンヌリ教会にはシステム化された新来者受け入れ態勢と教化過程があるからである。そして聴き取り調査において、対象者の何人もがオンヌリ教会の魅力として、学ぶ機会の多さやそれによる霊的成長をあげたからである。学ぶ機会の多さや霊的成長は、オンヌリ教会の教化過程によることはいうまでもない。

この点から、まず、オンヌリ教会の新来者受け入れ態勢と教化過程に焦点をあてたい。次いで聴き取り調査から、彼らが教化過程から何を得たのかを見ていく。

なお、ここでの「新来者」は信仰の有無にかかわらず、オンヌリ教会に通い始めた者を意味する。信仰の有無を区別する場合は、次のように表記する。オンヌリ教会に来る前から、すでにどこかの教会で洗礼を受けてキリスト教信者であったものは「転会者」、どこの教会にも所属したことがなく、洗礼も受けていないものは「未信者」とする。

二　先行研究

韓国系キリスト教会に関する研究には、李賢京、白波瀬達也、吉野航一、植田千晶などによるものがある。白波瀬の研究はいずれも、韓国系キリスト教会による野宿者支援についてである〔白波瀬 二〇〇七a・二〇〇七b・二〇一二〕。李には純福音教会の日本における宣教や韓国人ニューカマーにとっての教会の役割について〔李 二〇〇八・二〇一二〕、および韓国系キリスト教会に集う日本人について論じたものがある〔李 二〇〇九〕。後者は韓国系キリスト教会に通う日本人を対象とする点で本章と共通するが、新来者受け入れ態勢や教化過程については言及していない。韓国系キリスト教会に通う日本人には、救いを求めて信者になるものがいる一方で、教会の韓国語や韓国料理教室に通うだけで信者にはならないものがいるなど、李は日本人と韓国系キリスト教会との関わりに異なる様相があることを指摘している。吉野は本土とは異なる社会・文化的状況にある沖縄における韓国系のキリスト教会という視点から、在日大韓基督教会および純福音教会の沖縄教会の比較を行い〔吉野 二〇一二〕、植田は大阪の純福音教会と、本章で事例とするオンヌリ教会の信者がどのような人々なのかを調査し、まとめている〔植田 二〇一二〕。

韓国系キリスト教会における教化過程については、櫻井義秀や川島堅二によるものがある。櫻井は「韓国系キリスト教会が成長するのは弟子訓練という宣教のメソッドを持っているからであり、ヨハン教会、サラン教会、ヨイド純福音教会、KCCC（Korean Campus Crusade for Christ）等の韓国キリスト教会の強みはそこにある」と指摘する〔櫻井 二〇一一：四〇五〕。この指摘はオンヌリ教会についても当てはまる。しかし、この論文は聖神中央教会の代表だった牧師の性格・行動、宗教的言説、教団構造などから「教会のカルト化」の要因を論じたものであり、[*1] 韓国系キリスト教会の教化過程そのものについては言及していない。川島はサラン教会とヨハン東京キリスト教会の弟子訓練のテキストを比較し、一部の韓国系キリスト教会が「カルト化」する要因について述べる〔川島 二〇一三〕。本章でも弟子訓練に言及するが、弟子訓練そのものではなく、教化過程の一段階として弟子訓練の機能に注目したい。

三　システム化された新来者受け入れ態勢と教化過程

1　オンヌリ教会について

韓国本国のソウルオンヌリ教会は一九八五年、河用祚（ハ・ヨンジョ、一九四六〜二〇一一）によってソウルに設立された。「オンヌリ」（온누리）は「全世界」という意味である。教派は大韓イエス教長老会（統合派）である。日本には二〇〇〇年に、大阪オンヌリ教会が支教会として設立され、現在は大阪の繁華街心斎橋に近いビルにある。大阪に設立されて以降、東京、横浜、千葉県の八千代、名古屋、長野県の上田、京都にも教会が設立された。

図①　大阪オンヌリ教会の礼拝風景

日本宣教に力を入れており、二〇〇七年に沖縄で最初のリバイバル集会「ラブ・ソナタ」を開催し、以後毎年、日本各地で行っている。ラブ・ソナタのホームページによれば、二〇一五年一〇月で二〇回を数える。*2

主日礼拝は次のようになっている。衛星礼拝（ソウルオンヌリ教会の礼拝を衛星中継）、一部（日本語）、二部（日本語）、三部（韓国語）がある。この他に青年部礼拝、英語礼拝がある。子どもの礼拝は、乳児、幼児、小学一〜三年生、小学四〜六年生、中高生がある。出席者数は二〇一六年一〇月二日で、それぞれ次のとおりだった。衛星礼拝五名、一部六八名、二部一六六名、三部一四三名、青年部礼拝七七名、英語礼拝二〇名、乳児礼拝八名、幼児礼拝一六名、小

学一～三年生礼拝一三名、小学四～六年生礼拝一七名、中高生礼拝二九名。

主日礼拝の他には早天祈禱会（日曜日を除く毎日）、水曜女性礼拝、金曜讃美礼拝がある。

大阪オンヌリ教会はもともと日本人への宣教のために設立された。そのためか、教会で優先される言語は日本語であり、主日礼拝の中でもっとも中心となる二部礼拝も、出席者の多くは韓国人だが、日本語で行われる（中西 二〇一二）。

2　オンヌリ教会における学びのプログラム

オンヌリ教会は、表①のような学びの機会を設けている。これらはソウルのオンヌリ教会で行われるものであり、日本のオンヌリ教会でも同じように行われている。オンヌリ教会自身はこれらの学びの機会を「学びのプログラム」という言い方はしていないが、一連の教化過程ととらえられる。

「七週の学び」は教会に通い始めた新来者がみな受けなければならない必修の課程であり、「信仰の基礎的な教理とオンヌリ教会の信徒として知るべき内容」を学ぶ。修了すると主日礼拝のときに修了証が牧師から渡される。

「筍」（순：スン。韓国語で「枝」という意味）は、オンヌリ教会独自の言い方であり、一般的には小グループやセルグループといわれる信者の小グループである。主日の二部

図②　『リビングライフ』表紙

①七週の学び	頻度	新来者必修。1度受けるだけでよい。
	内容	キリスト教の基礎とオンヌリ教会について学ぶ。
②筍（순：スン）	頻度	小グループで集まり、週1回程度。
	内容	礼拝後あるいは適当なときに自分の所属するグループのメンバーと一緒にQTを行い、交わりのときをもつ。
③QT	頻度	各自で毎日自主的に。
	内容	各自が聖書を読み、祈り、神と交わりのときをもつ。
④一対一弟子養育聖書研究	頻度	希望者が随時。
	内容	養育者（信仰の先輩）と一対一で行う聖書の学び。養育者を変えて2度、3度受けてもいい。

表①　オンヌリ教会における学びのプログラム

礼拝後の教会で、あるいは適当な日時と場所に集まってQT（Quiet Time）を行い、先週一週間にあったできごとや「恵み」などを仲間で語り合い、交わりのときをもつ。日本の新宗教に見られる座談会のようなものである。

「QT」は毎日信者が各自で行う。月刊のデボーション誌『リビングライフ』（オンヌリ教会系列の出版社であるツラノ書院が刊行）を用いて聖書の一定箇所を読み、黙想して実生活にあてはめるというものである。

「一対一弟子養育聖書研究」（以下、弟子訓練）は、信仰の先輩にあたる信者と一対一で行う聖書の学びである。これも修了すると礼拝のときに修了証が渡される。弟子訓練を受けたものがさらに養育者コースを受けて修了すると弟子訓練をする側（養育者）になる。

これらの学びのプログラムのうち、毎日各自で行うQTと週一回程度行う筍が習慣的な学びである。

七週の学び、筍、QT、弟子訓練は、オンヌリ教会に通い始めた新来者に対しての信仰強化の教化プログラムとして捉えられる。第一段階が七週の学び、第二段階が筍への参加、第三段階あるいは第二段階と並行してQTの習慣化、第四段階が弟子訓練である。[*3] オンヌリ教会に通い始めた新来者は、キリスト教信仰の有無に関わらず、この過程をたどる。未信者であれば第三段階あたりで洗礼を受け、転会者であれば信仰をより確かなものにしていき、オンヌリ教会の信者として定着していくと考えられる。

日本人信者に話を聞くと、このような学びの機会の多さがしばしば魅力として語られた。以下では、七週の学び、筍、QT、弟子訓練それぞれについて筆者が参与観察して得たデータをまじえながら概要を述べ、機能について考えていく。

四 学びのプログラム

1 七週の学び――新来者受け入れの態勢

［概要］ 筍、QT、弟子訓練はオンヌリ教会独自というものではないが、七週の学びは筆者がこれまで韓国系キリスト教会を調査するなかで初めて見るものだった。筆者が受けたとき（二〇〇九年）は、七週の学びのテキストは手作りの冊子だったが、その後は「五週の学び」になっており、テキストは韓国語・日本語対訳の「5Weeks Bible Study ニューフェイス（New Face Ministry）」という印刷された冊子になっていた。[*4] 七週の学びの手作りテキストのほうが、内容が若干詳細なので、ここでは七週の学びのテキストを参照しながら述べる。
七週の学びは主日の二部礼拝が終わった後、礼拝堂の片隅に数名の新来者が集められ、伝道師から講義を受けた。だいたい二〇～三〇分程度で一週分ずつを学ぶ。内容は表②の通りである。一週目から順番に受ける必要はなく、主日礼拝に出席した日に二週目の内容をしていたらそれを受け、最終的に七週分すべてを受けたらよいことになっている。

1週「教会案内と面談」
大阪オンヌリ教会の歴史　オンヌリ教会の牧会哲学　オンヌリ教会の求めている理想的な教会　新家族との面談（目的、面談過程、面談後の活動）

2週「創造主神様」
1 神様は創造主です　2 神様は人間を創造された方です　3 イエス・キリストは創造主です

3週「救い主イエス様」
1 この世の中の人々はどんな状態ですか？　2 罪とは何でしょうか？　3 罪の結果は何でしょう？　4 救いとは何でしょう？　5 イエス様はどの様にこの世に来られたのでしょうか？　6 行いによって救われることと恵みによって救われることの違いは何でしょうか？　7 イエス様が十字架で行われたことは何でしょうか？　8 イエス様はどの様な方法で救いを与えようとしていますか？　9 救いを受けた信徒への与えられた結果は何でしょうか？　10 迎接祈禱

4週「助け主聖霊様」
1 聖霊の賜物　2 聖霊様は位相や属性を表す名称　3 聖霊様が行われること　4 聖霊の実

5週「ＱＴ」
1 ＱＴとは何ですか　2 ＱＴをこのように行って下さい　3 本文（リビングライフ）を読みます　4 与えられた御言葉を深く黙想します　5 黙想した御言葉を人生の中で適用する

6週「共同体と一対一養育」
Ⅰ　オンヌリ教会の共同体：1 共同体の概念　2 共同体の組織　3 共同体の運営
Ⅱ　一対一弟子養育：1 一対一（One to One）とは何でしょうか？　2 一対一弟子養育はなぜするのか？　3 一対一弟子養育の目的は何ですか？　4 一対一のビジョンは何ですか？　5 一対一弟子養育をどのようにしていくのか？　6 一対一はどんな内容になっていますか？　7 一対一はどんな学びによって進行されますか？　8 どうすれば一対一養育者になれますか？　9 一対一養育はどんな利益がありますか？

7週「オンヌリビジョンとActs29」
1 イエス様の「教会に対する夢」　2「まさにこの教会」に対するビジョン　3 Acts29の意味　4 Acts29のビジョンは？　5 Acts29の核心価値？　6 Acts29ビジョンの4つの軸　7 ビジョン教会とは？　8 教会開拓現況

表②　「七週の学び」の内容

①新家族の教会登録の課程を案内し、教会に定着することを助ける。
②新家族の信仰経験と家族の状況を見て適切な一対一養育者と結び合わせ、また筍(スモールグループ)に編成する。
③新家族の関心分野と賜物を把握して適当な働きを紹介する。
④新家族の生活の必要と霊的な必要を把握して牧会者によって適切なケアーを受けるようにする。

表③ 「新家族との面談」の目的

[機能] 表②からわかるように七週の学びの目的は、新来者にキリスト教の基礎的な知識、およびオンヌリ教会がどのような教会なのかを教えることにある。二週「創造主神様」、三週「救い主イエス様」、四週「助け主聖霊様」などは、キリスト教入門のような内容であり、転会者は、すでに知っている内容だが、省略はできない。七週の学びを修了すると、オンヌリ教会の信者として登録される。

日本人は宗教に対して警戒感をもつ傾向にあるが、キリスト教の基本的な考え方やオンヌリ教会がどのような教会なのか、オンヌリ教会が理想とする教会像も含めて組織の詳細を伝えることは新来者に安心感を与える。後になって新来者が「考えていたような教会とは違った」と失望することを防ぎ、クリスチャンになるかどうか、オンヌリ教会の信者になるかどうかをこの段階である程度決めさせることができる。

一週目にある「新家族との面談」は「新家族部」の奉仕者が担当する。面談の目的は表③の通りである。内容としては新来者に伝えることというより、新来者受け入れ担当者の「手引き」に近いが、教会がいかにして新来者を迎え、教会への定着を促そうとしているかがわかって興味深い。

内容的には新来者のこれまでの信仰生活、家族構成、関心、能力などを把握し、適切な先輩信者を紹介し、適切な小グループに新来者を所属させようとするものである。新来者は教会になじんでおらず、未受洗者であればキリスト教についてもまだよくわからない状態にあるが、新来者に不安や心細さを感じさせないようにするための配慮ととらえられる。

また「面談過程」には「新家族がまだ洗礼を受けていない場合は、伝道部の奉仕者と求道者の学びをするように案内する」、「新家族の中に緊急のケアーを必要とする場合（葬儀、御見舞い、洗礼……）、必要な助けをするように教会に連絡します」とある。最初の段階で洗礼に導く準備や、新来者が何かの問題を抱えている場合は、速やかに対応することによって教会への定着を促す配慮がなされる。「面談後の活動」としては、①「面談が終わると一〜二週間以内に、新家族の奉仕者は教会の事務室からこれから所属してもらう筍を聞いてそれを電話で教えます。その時、筍リーダーの名前と連絡先を教えます」、②「二〜四週間の過程でも電話をして励まします」とある。①は新来者にこれから所属する小グループを伝えることで帰属意識を持たせることができる。②は週一回の礼拝以外にも電話で連絡をとることで新来者への心配りを示し、新来者の教会への帰属意識を高めさせる配慮としてとらえられる。マズローの欲求段階説でいえば「所属と愛情の欲求」を充足させるわけである。

図③　オンヌリ教会「七週の学び」の様子

このように七週の学びに見られる綿密な新来者への対応は、新来者自身が、オンヌリ教会が自分に合う教会なのか否かを判断させるとともに、教会に定着できるように促す働きがあるといえる。

2　筍（小グループ）——キリスト教信仰についての学習と人間関係の形成

［概要］　オンヌリ教会にはキリスト教会によく見られる女性会や婦人会、壮年会といった組織がない[*5]。その代わりに筍があり、信者はみなどこかの筍に所属する。新来者がどの筍に所属するかは性別、年齢、未婚・既婚、日本人・韓国人・在日韓国人などの属性によって決められる。筆者は四〇～六〇代の日本人および在日韓国人女性六～八名くらいで構成される筍に所属した。必ずしも男女別々というわけではなく、夫婦やかつて同じ教会にいた転会者で構成される筍もある。

［機能］　筍では基本的に『リビングライフ』を用いてのQTが行われる。一週間過ごしてきて「神が私にどのように働かれたかを分かち合う」のである〔河　二〇〇七：二六二―二六四〕。新来者は最初は「神の働き」といわれても何のことかよくわからず、QTのやり方もわからない。筍での信者同士の交わりを通して「神の働き」というものを理解し、キリスト教の信仰とはどのようなものなのかを学んでいく。七週の学びのテキストでは、筍について次のように述べる。「筍というのはイエス・キリストを中心に集まる霊的生命力を持った集まり」、「霊的生産、再生産過程により、御言葉と生活が具体的に適用される所であるため、母体の役割をするのです」。筍は信仰を形成していく働きを担う重要な場と捉えられる。

筍のもう一つの働きは、人間関係の形成である。少人数で集まり、QTを通して交わりの時間をもつことによって「人格的交わりや、関係を通して信頼が形成され」、「深い交わりを通して、互いの心の傷が癒され、回復が体験」できるのである（『七週の学び』）。先述のように、筍は日本の新宗教に見られる座談会のようなものである。

礼拝に出席して帰るだけでは信者同士の親しい交わりができない。筍への所属によって新来者はキリスト教信仰について学び、人間関係を築き、教会への帰属意識を高めることができる。

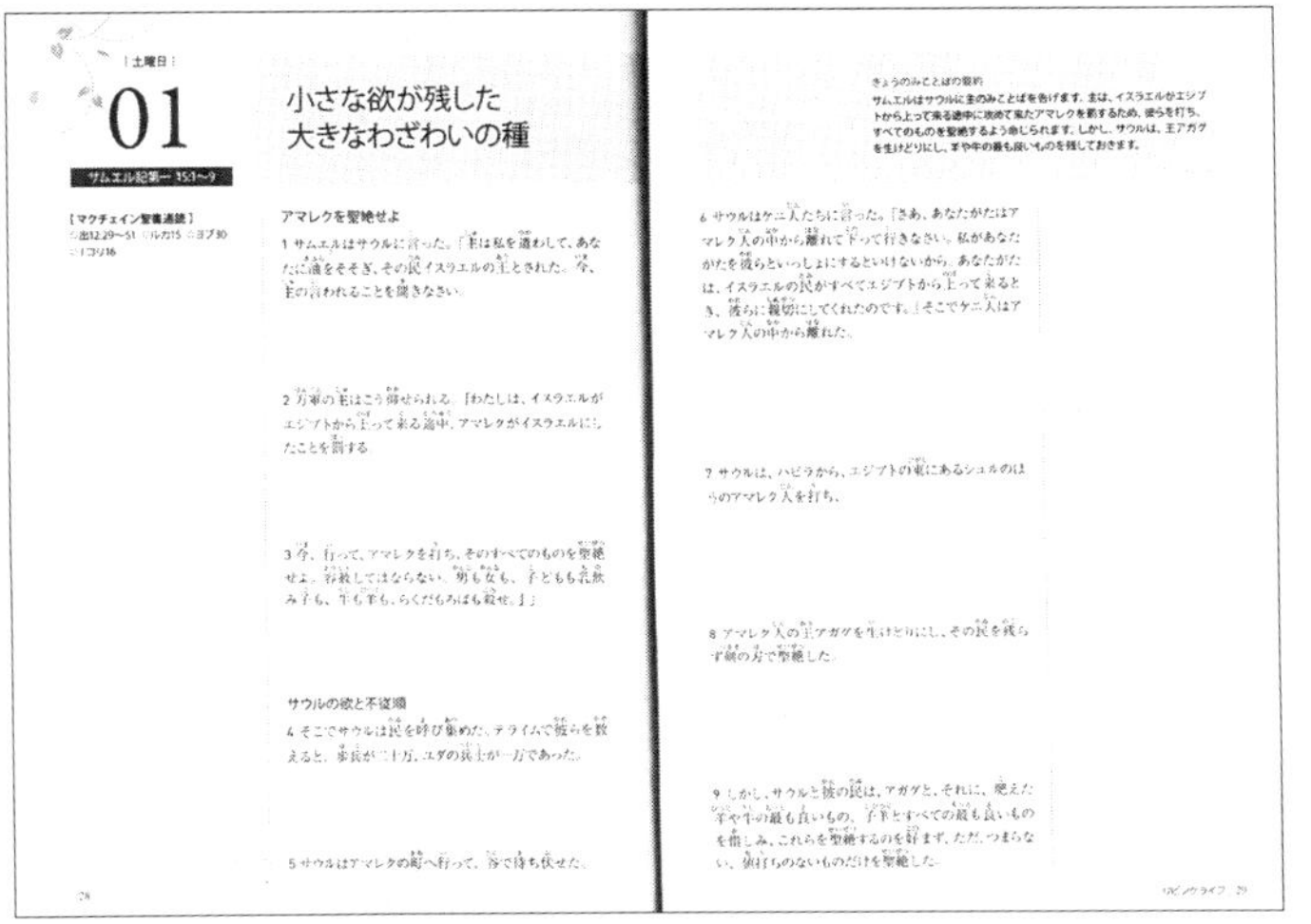
土曜日

01

サムエル記第一 15:1〜9

【マクチェイン聖書通読】
出12:29〜51 ルカ15 ヨブ30 Iコリ16

小さな欲が残した
大きなわざわいの種

アマレクを聖絶せよ

1 サムエルはサウルに言った。「主は私を遣わして、あなたに油をそそぎ、その民イスラエルの王とされた。今、主の言われることを聞きなさい。

2 万軍の主はこう仰せられる。『わたしは、イスラエルがエジプトから上って来る途中、アマレクがイスラエルにしたことを罰する。

3 今、行って、アマレクを打ち、そのすべてのものを聖絶せよ。容赦してはならない。男も女も、子どもも乳飲み子も、牛も羊も、らくだもろばも殺せ。』」

サウルの欲と不従順

4 そこでサウルは民を呼び集めた。テライムで彼らを数えると、歩兵が二十万、ユダの兵士が一万であった。

5 サウルはアマレクの町へ行って、谷で待ち伏せた。

28

きょうのみことばの要約
サムエルはサウルに主のみことばを告げます。主は、イスラエルがエジプトから上って来る途中に攻めて来たアマレクを罰するため、彼らを打ち、すべてのものを聖絶するよう命じられます。しかし、サウルは、王アガグを生けどりにし、羊や牛の最も良いものを残しておきます。

6 サウルはケニ人たちに言った。「さあ、あなたがたはアマレク人の中から離れて下って行きなさい。私があなたがたを彼らといっしょにするといけないから。あなたがたは、イスラエルの民がすべてエジプトから上って来るとき、彼らに親切にしてくれたのです。」そこでケニ人はアマレク人の中から離れた。

7 サウルは、ハビラから、エジプトの東にあるシュルのほうのアマレク人を打ち、

8 アマレク人の王アガグを生けどりにし、その民を残らず剣の刃で聖絶した。

9 しかし、サウルと彼の民は、アガグと、それに、肥えた羊や牛の最も良いもの、子羊とすべての最も良いものを惜しみ、これらを聖絶するのを好まず、ただ、つまらない、値打ちのないものだけを聖絶した。

リビングライフ 29

図④　『リビングライフ』見開き頁

3　QT——学びの習慣化

［概要］QTは「毎日、静かな時間と場所を定めて、神と個人的に出会い、聖書のみことばを通して自分への神の御声を聞き、黙想し、生活に適用することにより、生き方の変化と成熟をなそうとする敬虔訓練」である（『リビングライフ』二〇一四年二月号、一八頁）。手順は次の通りである。①静かな時間と場所を決める、②準備の祈りをする、③リビングライフの本文を読む、④「与えられた御言葉を深く黙想」する、⑤「黙想した御言葉を人生の中で適用」する（『七週の学び』）。オンヌリ教会の信者はQTを月刊のデボーション誌『リビングライフ』を用いて行うが、[*6]『リビングライフ』の「本文」は聖書の内容そのままなので、聖書を用いても構わない。聖書箇所の長短によるが、だいたい九～一五節程度が『リビングライフ』の見開き一頁に載っている。聖書と異なるところは、引用された聖書箇所に小見出しがつき、「今日のみこ

とばの要約」があり、見開き頁の両側に書き込みができる余白が設けられている点である。次頁には、聖書箇所の解説と「黙想エッセイ」がある。翌日の頁には続きの聖書箇所があり、頁の構成は同じである。それが一日から月末分まであるので『リビングライフ』は、形式的にはNHKラジオの語学テキストの形式を聖書に当てはめたようなものといってもいいかもしれない。毎日『リビングライフ』をテキストとして、聖書の内容を自主的に学習するわけである。[*7] QTを三年続けると、およそ聖書を通読したことになる。

［機能］ オンヌリ教会では、信者は「一日一日天の御座におられる主の導きに導かれて生きていかなければならない」（『七週の学び』）とされる。そのために毎日「神と個人的に出会い」、「主の御声」を聞く必要があり、そのためにQTがある。

QTによって毎日聖書を読み、「主の御声」を聞くことが習慣化される。『リビングライフ』は毎日使用する頁が決まっているため、信者としてはサボるわけにはいかないという気になる。忙しい生活の中でQTをすることは難しいが、時間がなければ通勤電車の中でしても構わない。真理を求めて教会に通い始めた未信者であれば、毎日QTを続けようと努力するだろうし、自分にあう教会を求めて通い始めた転会者も、オンヌリ教会のやり方に従い、QTをするのではないだろうか。

「主の御声」が聞こえるのかどうかは部外者には与り知らぬことだが、QTは新来者に少なくとも「主の導き」によって毎日を生きるというクリスチャン的な生活態度を形成させる。そして、新来者を「日曜クリスチャン」（はっきりした定義はないが、「日曜日だけ教会に行って礼拝に出席し、平日はまったくキリスト教と無関係の生活をしているキリスト教信者」とする）ではない信者に育てる働きがあるといえる。

4　弟子訓練――信仰強化の学びと緊密な人間関係の形成

［概要］弟子訓練は信者をキリストの弟子として訓練するというものである。もともとは韓国のサラン教会を開拓した玉漢欽（オク・ハンフム、一九三八―二〇一〇）が、ネヴィアス方式（欧米の宣教師が中国や韓国で採用した宣教方法）[*8]における信者の訓練を現代によみがえらせたものである。一九八〇年代以降、日本で教勢を伸ばしている韓国系キリスト教会はほぼ例外なく、玉漢欽による弟子訓練のテキスト『信徒を目覚めさせよう』を用いているという〔川島 二〇一三：二四〕。

オンヌリ教会の弟子訓練は、『一対一弟子養育聖書研究』（日本語改訂版）を用いて、先輩信者と後輩信者が二人一組になって行う。弟子訓練の目的については、次のように説明する。「単純に聖書勉強ではない」、「二人が一対一で出会い、聖書の御言葉を中心にお互い人生を分かち合い仕えることにより、イエス様の弟子として養育する訓練です」。長所は「団体教育（説教、セミナーなど）や、小グループの集い（筍、区域）では決して満たされない、ターゲット式養育」という点にある（『七週の学び』）。

『一対一弟子養育聖書研究』の目次は、表④の通りである。目次を見てわかるように基本的には神やイエス、聖書、信仰について学ぶ。二人一組で行うが、先輩が後輩を教え導くというより、テキストに沿って二人でキリスト教について基本から学び直すものととらえられる。一対一で行うことから、人格的で緊密な交わりがともなう。弟子訓練は必修ではないが、信者は積極的に受ける。新来者だけでなく、信仰歴のある信者が再度受けても構わない。

内容について少し見てみよう。「I　出会い：イエス・キリスト」には「この課では、イエス・キリストを紹

Ⅰ 出会い：イエス・キリスト

- 第一の出会い　イエス・キリストはどのような人ですか
- 第二の出会い　イエス・キリストは何をしましたか
- 第三の出会い　イエス・キリストは今、何をしていますか
- 第四の出会い　イエス・キリストを信じてください

Ⅱ 交わり：ＱＴ

Ⅲ 成長：一対一弟子養育聖書研究

- 第一の出会い　救いの確信
- 第二の出会い　神様の御性質
- 第三の出会い　神様のみことば—聖書
- 第四の出会い　祈り
- 第五の出会い　交わり
- 第六の出会い　伝道
- 第七の出会い　聖霊に満たされた生活
- 第八の出会い　試みに打ち勝つ生活
- 第九の出会い　主に従う生活
- 第十の出会い　主の働き
- 第十一の出会い　この学びを終えた方に

Ⅳ 付録

プログラムの概観
指導者のための指針書

表④　『一対一弟子養育聖書研究』（日本語改訂版）の目次

1. イエス・キリストの国籍、出生地、また成長した場所はどこですか。（マタイ2:1,23）
2. イエス・キリストは幼い時をどのように過ごしましたか。（ルカ2:52）
3. 次の聖書のことばの中で、イエス・キリストがどのように描かれているかを書いてみてください。

（1）マタイ4:2、（2）ヨハネ4:6、（3）マルコ4:38、（4）ヨハネ11:35
上記のようなイエス・キリストの姿から何を感じますか。

4. ヘブル人への手紙4:15を読んでください。

（1）イエスはどのような面で私たち人間と同じですか。
（2）イエスはどのような面で私たち人間と違いますか。

表⑤　『一対一弟子養育聖書研究』（日本語改訂版）の内容の一部分

今、この方に対してあなたの心を決める時がきました。
あなたは、このイエス・キリストを信じますか。
イエス・キリストを信じ、そのからだである教会に属したいと思いますか。
今ここに新たな決心をして、あなたの思いを神様に告白してください。

表⑥「第四の出会い　イエス・キリストを信じてください」の最後の設問

介します」とあり、イエスがどのような人物だったかを学ぶ。学び方は質問に沿って、指示された聖書箇所を抜き書きするというやり方である。「第一の出会い　イエス・キリストはどのような人ですか」の一部をあげると表⑤のようになっている。

弟子訓練を受ける信者は質問ごとに指示された聖書箇所を読み、「1．イエス・キリストの国籍、出生地、また成長した場所はどこですか」であれば、イエスの国籍はユダヤ、出生地はベツレヘム、成長した場所はナザレということを学ぶ。

［機能］ 以上からわかるように、弟子訓練はキリスト教についての基礎からの学びである。余計な解釈は入れずに聖書に記述された通りにキリスト教とはどのような宗教なのかを確認していく作業といってもいいかもしれない。それによって正確でより深く、キリスト教の知識を得ることができる。

筆者は弟子訓練を「Ⅲ　成長：一対一弟子養育聖書研究」の「第二の出会い　神様の御性質」まで受けたが、時間的に余裕がなくなり挫折してしまった。しかし、それ以上に学ぶことが苦しくなったというのが正直なところである。これより前の「Ⅰ　出会い：イエス・キリスト」の「第四の出会い　イエス・キリストを信じてください」には、表⑥のような設問があった。神や救いを求めているものでなければ答えづらい設問である。筆者は、この部分は何とか答えて弟子訓練を継続したが、最後まで続けることに次第につらさを感じるようになった。筆者にキリスト教信仰はなく、神や救いを求めて弟子訓練を受け始めたわけではないからである。

では、新来者はどうだろうか。「あなたは、このイエス・キリストを信じますか」に「信じます」と答えるのだろうか。転会者はもちろん「信じます」と答えるだろう。未信者はどうだろうか。未信者はそもそも何かの拠り所や救いを求めるか、「真理とは何か」などの思いをもって教会に通い始めたはずである。まだ確信をもって神やイエスを信じていないにしても、信じようとするだろうから「信じます」と答えるのではないだろうか。「今ここに新たな決心をして、あなたの思いを神様に告白してください」についても、一所懸命に考えて答えるだろう。

弟子訓練は養育者と新来者が一対一で行い、「聖書の御言葉を中心にお互い人生を分かち合い仕える」ものである。二人だけだからこそ、話せることや悩みを打ち明けるような場面もあるはずである。それによってより緊密な人間関係が形成される。信仰の先輩である養育者を前に、新来者はイエスを信じること、自分の思いを神に告白する。それによって、転会者であれば、いっそう信仰を強固なものにし、未信者であれば、まだ神の存在を確信したわけでないにしても、もうクリスチャンとして歩むしかない状況になる。

「第六の出会い　伝道」では、他者に福音を伝えることを教える。「それゆえ、あなたがたは行って、あらゆる国の人々を弟子としなさい」（マタイによる福音書　二八：一九―二〇）、「エルサレム、ユダヤとサマリヤの全土、および地の果てにまで、私の証人となります」（使徒行伝　一：八）が引用され、「この使命は、イエス様を信じる人にだけ与えられた特別な使命です。ですから、キリストを主として信じる人はこの命令に従わなければなりません」とある。また「第十一の出会い　この学びを終えた方に」では、「今、あなたは主の弟子として基礎的な学びを終えました。（中略）主はあなたが今学んできたことを他の忠実な人に伝えることを願っておられます」とあり、弟子訓練を終えた者に次は養育者になることを勧める。伝道すること、養育者になることは、神やキリストについて他者に語るということである。人に語り、教えることは自分の知識や理解をいっそう深める。曖昧だった知識や信念はそれによってより強化され、弟子訓練を終えた新来者はより篤信のクリスチャンになっていくと考えられる。

以上、七週の学び、筍、QT、弟子訓練について見てきた。何かをきっかけにオンヌリ教会に通うようになった新来者は、このようなプログラムに沿って教会生活、信仰生活を送り、教会に定着していく。七週の学びにおいて、オンヌリ教会とキリスト教とはどのような宗教なのかを学ぶ。筍では人間関係を形成し、教会への帰属意識を高め、キリスト教信仰とはどのようなものかを理解する。QTではクリスチャン的な生活態度を形成する。弟子訓練でさらに緊密な人間関係を形成するとともに信仰を強化する。このような過程を経ることによって、教会への帰属意識を高めていくと考えられる。

では、次にオンヌリ教会の日本人信者を事例に、なぜ彼らがオンヌリ教会に通い続け、オンヌリ教会の信者になったのかを見ていきたい。事例にする対象者は、一人を除き、みな転会者である。聞き取り調査から、彼らがオンヌリ教会における学びのプログラムの中で何を得たかを中心に取り上げていく。学びのプログラムに沿って一事例ずつを取り上げる方法もあるが、聞き取り調査において、各対象者がプログラムの各段階についての状況を必ずしも明確に語ったわけではないため、その方法はとらない。対象者を限定せずに、オンヌリ教会への帰属意識を強化したと推察される語りを中心にみていくことにする。

五　事例──日本人信者にとってのオンヌリ教会

1　聴き取り調査の対象者

聴き取り調査では、筆者がオンヌリ教会に通ううちに顔見知りになり、挨拶したり、言葉を交わしたりするようになった方々に協力をお願いした。対象者が年齢や性別でなるべく偏りがないように心がけたが、ある程度データを集めてみると若者より年配者が多くなり、男性よりも女性のほうが多くなった。また転会者を選んだわけではないのだが、ほとんどが他の教会からオンヌリ教会に移ってきた人々だった。すでにどこかの教会で洗礼を受け、オンヌリ教会に来る前からキリスト教の信仰は持っていたわけである。彼らがオンヌリ教会に来るようになったきっかけは、配偶者が韓国人だったり、オンヌリ教会が開催したセミナー「父の学校」や「母の学校」に参加したことなどであり、[*9]きっかけとしては特別なものではなかった。

ここで取り上げる対象者は、表⑦の通りである。オンヌリ教会で洗礼を受けた人はCさんだけであり、他はみな転会者である。また、Fさん、Gさん、Hさんは統一教会からの脱会者であり、日本の教会を経てオンヌリ教会に来るようになった。統一教会脱会者という点で特殊な事例と思われるかもしれないが、オンヌリ教会にはこの三人の他にも統一教会からの脱会者が何人かいる。オンヌリ教会の信者になった転会者の事例の一つとしては必要と思われるため、除外せずに加えることにした。

表⑦　聞き取り調査対象者

対象者	性別	仕事	配偶者国籍	生年	受洗年	以前の所属	最初の接触	オンヌリ教会に来るようになった経緯
日本の教会から転会								
Aさん	女	主婦	日本人	一九四五	二〇〇二	日本の教会	二〇〇六	説教に魅力がなくなり、人にもつまずいた。教会の韓国訪問で以前にソウルのオンヌリ教会に行ったことがあったので。
Bさん	女	主婦	日本人	一九五八	一九七七	日本の教会	二〇〇四頃	教会でもめごとがあり、行かなくなる。その教会にいた人に誘われる。
未信者、あるいは韓国本国の教会や韓国系キリスト教会から転会								
Cさん	女	会社員	未婚	一九七四	二〇〇八	なし	二〇〇七	ソウルに旅行に行くとき、関西国際空港で韓国人にカメラのシャッターを押してほしいと頼まれ、それがきっかけでソウルを案内してもらった。韓国人の友人がいないと言うと、オンヌリ教会を教えてくれた。それから通うようになり、洗礼を受けた。
Dさん	女	会社員	未婚	一九八一	二〇〇五–〇六頃	ソウルの汝矣島純福音教会	二〇〇七	韓国に語学留学し、帰国前に大阪ならオンヌリ教会と純福音教会があると教えてもらう。なぜか最初にオンヌリ教会に行った。「神の導き」だと思っている。
Eさん	男	定年退職後はアルバイト	韓国人	一九四二	一九九〇	韓国系キリスト教会や日本の教会	二〇〇四頃	妻が友人のいるオンヌリ教会に通うようになったため。
統一教会を脱会後、日本のキリスト教会を経ての転会								
Fさん	女	会社員	日本人	一九五六	二〇〇四	統一教会を脱会後、いくつかの日本の教会に通う	二〇〇九	教会で「つまずき」があり、そこを離れ、いくつかの日本の教会にしばらく通っては離れることを繰り返した。その後、オンヌリ教会に通うようになった。オンヌリ教会へは「母の学校」をきっかけに、以前からときどき来ていた。
Gさん	女	主婦	日本人	一九三六	二〇〇四	統一教会を脱会後、いくつかの日本の教会に通う	二〇〇九	Fさんとは叔母と姪の関係。Fさんと同様の理由からオンヌリ教会に来るようになった。
Hさん	女	主婦	日本人	一九五〇	二〇〇五	統一教会を脱会後、いくつかの日本の教会に通う	二〇一〇	メッセージに違和感を覚えたり、教会につまずいたりした。統一教会にいたときから、Fさんとは知り合いで、Fさんからオンヌリ教会に誘われた。

2　日本の教会から転会

①Aさん

Aさんが教会に行くようになったきっかけは、「本当のクリスマスはどういうものか」と思い、教会のクリスマス祝賀会に行ったことが最初である。日曜日の礼拝にも行ってみたところ、「ご利益（信仰）なんかじゃなしに、シンプルなんやな」と感じ、以後、礼拝に毎週通うようになり、洗礼を受けた。

しかし、しだいに牧師の説教が「おもしろくなくなってきた」。Aさんは説教を「一所懸命に聞く」のだが、牧師は説教で間があくと、新聞記事、手紙、本などの内容を紹介し、説教の本題から外れるようになったという。Aさんは「何だ、これ」と思うようになった。礼拝中、居眠りする人もいた。そして、人にもつまずき、三年八ヶ月通ったその教会を離れた。

以前に教会の韓国訪問でソウルオンヌリ教会には行ったことがあった。大阪に支教会があることを知って行ってみたところ、「雰囲気よかった」。Aさんによれば、礼拝時間が「日本の教会はだらだらする」が、オンヌリ教会は「ぴたっと終わる」ところもよかったという。

クリスチャンになってしばらくは、Aさんが牧師の説教に不満を感じることはなかったのだろう。しかし、「おもしろくなくなってきた」のは、Aさんが霊的成長を望んだにもかかわらず、教会がそれを満たすものではなかったからである。Aさんは次のように語っている。

日本の教会は、受洗したらぬるま湯。（霊の）成長にならない。オンヌリに来たら勉強ばかり。学びに関しては材料が豊富。システムができている。日本の教会は何もない。

これはAさんの主観的な評価であり、日本の教会全般にあてはまることではないが、オンヌリ教会には、Aさんの霊的渇きを充足（信仰強化）させるものがあったと考えられる。

②Bさん

Bさんは家の近所にいたクリスチャンの女性にしばしば教会に誘われたことをきっかけに、教会に通うようになり、洗礼も受けた。結婚を機に関西に転居してからは、家の近所のルーテル教会に通うが、教会でもめごとがあり、そこを離れた。次に行った教会でも、もめごとがあり、何人もの信者とともにそこを離れた。オンヌリ教会へは一緒に離れた人から誘われ、通うようになった。

筆者がBさんに話をうかがっていて「すごい」と思ったのは、伝道への積極性である。スーパーで買い物をして支払いをするとき、レジの人にみ言葉を書いた小さなカードくらいのトラクト（伝道のちらしやパンフレット）を「これ読んでください」と渡したり、喫茶店でコーヒーを飲んだ後も、小さなトラクトをカップの下に置いてきたりするという。Bさんの伝道への積極性は、次のような思いからである。

日本人は一％しかクリスチャンがいてないというじゃないですか。ということは、私が出会った人に伝道しないと、誰がいてるのかなと。だから伝道できるときには伝道して、少しでもいいから本当の神様を知ってほしい。

Ｂさんが、このような思いを持つようになったのは、日本の教会にいた頃なのか、それともオンヌリ教会に来るようになってからなのかは定かでない。しかし、オンヌリ教会にはＢさんの伝道したいという欲求を充足させるものがあったことが次の語りからうかがえる。

だから、み言葉一つでもこちらが覚えておかないと、伝道できないから、学びが大切なんだなって。だから、学びイコール伝道。「伝道しておいで」「はい」って行くのはたやすいことでも、伝道のやり方がわからなかったら、わからないじゃないですか。……だから、この教会だからこそ、伝道のやり方とか教えてもらったんじゃないかな。

オンヌリ教会におけるみ言葉を中心にした学び、そして他者に福音を伝えることの必要性を含め、キリスト教について基礎から学び直す弟子訓練は、Ｂさんの伝道への思いを満たすものであったことは、たしかだろう。

3　未信者、あるいは韓国本国の教会や韓国系キリスト教会から転会

①Ｃさん

対象者の中で、ただ一人オンヌリ教会で洗礼を受けたＣさんは、三浦綾子の小説は読んだことはあっても、キリスト教には無縁の生活だった。たまたまソウルに旅行に行くとき、関西国際空港で出会った韓国人に、「韓国人の友達がいない」と言うと、オンヌリ教会を教えてくれたので、通うようになった。Ｃさんは救いを求めて通

い始めたわけではなかった。

Cさんは最初、青年部の礼拝に出席しており、そこで七週の学びを受けた。教会に通い始めた最初は、「メッセージを聞いたり、讃美を聞いたりしていてもよくわからなかった」が、七週の学びを受けているときに、「神様の愛、イエス様の十字架というのが、全部入ってきた」という。

七週の学びではキリスト教についての基礎的な知識を学ぶ。転会者はすでにわかっている内容だが、これまでキリスト教のことを何も知らなかったCさんには、基礎を学ぶことを通して気づきが与えられ、信仰に導かれたといえる。Cさんはこれを通して、すべてが神の導きだったと感じた。それについて次のように語っている。

教会を紹介してもらったこととか、これも全部導かれていたのだというふうに、つながったんですね。けして偶然じゃないですよね。私がたまたま、信じていない人はたまたまと思うかもしれないですけど、その人との出会いとか、一人で韓国行ってみようと思ったことも導かれていたんだなと。神様の愛ですね、すべて。今まで何でも自分でできると思っていた、生きてきたと思っていたんですよ。仕事も一所懸命やってたし。けど、それも全部、自分が、自分がと思っていたのが違うな、全部神様が導いて。大学とか、就職、私のときって就職氷河期だし、ベビーブームなんですね。……昔から苦しい思いしたことなかったし、親もよくしてくれて。それが当たり前だと思っていたんですよ。

これまでキリスト教に触れたことはなく、初めて行った教会がオンヌリ教会だった。その点では、Cさんがオンヌリ教会の信者になったことは自然なことかもしれない。しかし、Cさんは救いを求めてキリスト教会に通い始めたわけではないにもかかわらず、洗礼を受けてクリスチャンになった。オンヌリ教会でキリスト教について基礎から学ぶことによって、これまでの人生が神の「導き」だったという気づきが与えられた。Cさんが信仰へと導かれたものは、オンヌリ教会において学びのプログラムがあったからこそといえるのではないだろうか。

②Dさん

Dさんは韓国に語学留学し、ソウルの汝矣島純福音教会で洗礼を受けて帰国した。オンヌリ教会に来るようになった経緯は、表⑦の通りである。大阪には純福音教会の支教会があるにもかかわらず、そちらには一度も行かずにオンヌリ教会に通い続ける。ソウルの純福音教会で洗礼を受けたのだから、日本でも純福音教会に通うのが自然ではないかと思われるが、Dさんによれば「神様の導きと思っている」とのことなので、この点については立ち入らない。

Dさんは韓国で洗礼を受け、そして帰国に際して紹介してもらった教会の一つがオンヌリ教会なのだから、Dさんがオンヌリ教会に通うことは不思議ではない。しかし、それだけの理由ではなさそうである。次のような語りがある。

（ソウルで）純福音に通っていたときは、本当にわけわからず毎週行っていたんですよ。でも、ここ（オンヌリ教会）に来てから、学ぶ機会もすごいたくさんあったし、『リビングライフ』（QT）というのもして、み言葉にふれるようになってから、本当の信仰生活を始めることができて、本当にそういう意味ではすごく満たされています。

クリスチャンでなかったDさんが、ソウルで純福音教会に通うようになったきっかけは、友達になった韓国人女性の篤い信仰を目の当たりにしたからだった。その女性は食事をするとき、「誰がいても、どんな場所でも」食前の祈りを欠かさなかった。また、Dさんがその女性の家に泊まりに行っても、聖書を一所懸命に読んでいたという。その姿にDさんは、「聖書に何が書いてあって、何を一所懸命に信じているのか」と思い、純福音教会に連れて行ってもらった。

しかし、純福音教会ではオンヌリ教会のように、聖書を基礎から学んだり、毎日QTをするようなことはなかったのだろう。「本当の信仰生活を始めることができ」、「すごく満たされています」という言葉からは、オンヌリ教会に通い続ける理由がうかがわれる。

③Eさん

Eさんは結婚した韓国人の妻がクリスチャンだったことから韓国系キリスト教会に通うようになり、洗礼を受けた。オンヌリ教会に転会したのは、妻が友人のいるオンヌリ教会に移り、Eさんも一緒に移ったからである。妻が韓国人という点で、Eさんがオンヌリ教会に通うことは自然なことである。

Eさんがクリスチャンになったのは、妻がクリスチャンだったことがまずある。それでも神の存在を確信したのは、病気がきっかけだった。二〇〇四年、Eさんは胸の痛みや空咳に悩まされるようになった。レントゲンをとると肺に白い影が映ったが、原因がわからなかった。いくつかの病院で検査をしても結果は同じだった。結核専門の病院を紹介してもらい、明日は検査という日にQTをしていると、『リビングライフ』に「使徒の働き」

二章二六―二八節が載っていた。そこに「私の肉体も望みの中に安らう」という箇所があった。Eさんは「この み言葉に確信をもって」、翌日に検査を受けたところ「結果は異常なし。白い影、痛み、咳が完全に消えていた」という。

Eさんがオンヌリ教会に通うようになった経緯は、特別何かがあったわけではない。それでもオンヌリ教会に移って、このような経験を通してEさんの信仰はより確かなものになったといえる。次の語りからわかるだろう。

クリスチャンという自覚はあったが、本当に神様を知ったというのは、この経験から。「あなたの体は安らう」というみ言葉をいただいた時点で、まことに神様は生きておられると。「明日は大丈夫やで」と神様が言ってくださった。

Cさん、Dさん、Eさんは前節の日本の教会からの転会とは異なり、日本の教会に通った経験はなく、初めて通った教会が韓国本国の教会、あるいはオンヌリ教会や別の韓国系キリスト教会だった。この点では日本人でありながら、オンヌリ教会に通って信者になることは不思議ではない。しかし、そうであっても、未信者だったCさんがクリスチャンになり、DさんやEさんは、オンヌリ教会に移ってから行うようになったQTを通して信仰が強化された。得るもの、感じるものがあるからこそ、彼らはオンヌリ教会に通い続けるのだろう。

4 統一教会を脱会後、日本のキリスト教会を経ての転会

①Fさん、Gさん、Hさん

Fさん、Gさん、Hさんは、それぞれ一八年、一七年、一〇年間、統一教会にいた。統一教会への入信は、まずFさんが、娘が幼稚園のとき、娘の友達の母親から誘われて入信した。そして、叔母のGさんを誘い、次に娘が小学校のとき、同じ小学校に息子を通わせていたHさんを誘った。多額の献金や活動のあり方に疑問を感じるようになったところで、FさんとGさんは家族や牧師との話し合いを経て脱会し、Hさんも同様の疑問を感じて統一教会の活動から離れ、自主脱会した。

脱会後、Fさん、Gさんは脱会時にカウンセリングを受けた牧師の教会に通い、Hさんは知り合いのFさん、Gさんがいたことから、同じ教会に通った。三人ともこの教会で洗礼を受けたが、教会で「つまずき」があり、何人かの信者と一緒に教会を離れた。その後、日本の教会に通うが、そこでも人間関係や牧師の言葉につまずいては、他の教会に移った。オンヌリ教会へは、FさんやGさんは日本の教会にいるときに「母の学校」で来たことがあったことから、通うようになり、HさんはFさんから誘われて通うようになった。

②脱会者にとっての学びのプログラム

Fさん、Gさん、Hさんが統一教会からの脱会者ということは、オンヌリ教会の牧師は知っているが、教会では脱会者に対する特別の学びプログラムは行っていない。Fさん、Gさん、Hさんともに他の新来者と同様の学びのプログラムを受け、自ら進んで聖書を読み、QTをするようになった。聞き取りをすると、三人とも他の転会者と同じように、聖書を学んだり、QTをすることの意義について言及した。Fさんは次のように語っている。

聖書の学びを中心にしようと思って。きっちり福音の勉強をしようと思って、感覚的なことをやめようと思った。

統一教会では、信者が何か災難に遭ったり、不思議な体験をしたりすると、それは先祖の霊があの世で苦しんでいるからだというように説明する。先祖を供養しなければ、災いや問題は解決せず、さらによくないことが起きると教え、献金することを勧める。聖書の学びをきちんと行い、キリスト教の基本的な教えを身につければ、「先祖の霊が苦しんでいる」というような説明に不安になることはないだろう。Fさんが「聖書の学びを中心に」と語るのは、統一教会的なものの見方や考え方から自由になるために、聖書の学びが必要だと感じたからである。

Hさんも Fさんと同じような思いを持っている。Hさんは『リビングライフ』を用いてQTをするだけでなく、毎日、聖書を読んで「創世記」から「ヨハネの黙示録」までの通読を繰り返している。

（聖書の通読は）なくてはならない。消毒液をばーっとつけないといけないように。読むことが消毒液。読まないと過去の傷とか、霊的に不安定になったりとかするかもわからないからね。

この語りからは、Hさんが統一教会の独特な聖書の解釈や教えによる縛りから自由になるために、聖書通読を必要としていることがうかがわれる。Gさんは次のように語る。Gさんも七週の学びや弟子訓練を受け、QTも毎日している。

長いこと引っ張ってきたけど、オンヌリ教会に来てから、やっといろいろのいいメッセージを聞いてね、やっと過去から抜けられるようになりました。（これまで通った教会では）まだ、ずっと引っ張っていましたね、抜け切れなかった。

統一教会からの脱会者は、脱会後、聖書に照らし合わせて統一教会の教えや考え方の矛盾を整理し、それによってリハビリを行う。Fさん、Gさん、Hさんにとっては、オンヌリ教会での学びのプログラムや牧師の説教、そして自らもQTや聖書通読をすることが脱会後のリハビリになっているといえる。だからこそ、オンヌリ教会に通い続けるのだろう。

六　おわりに

ピエール・ブルデューは信仰獲得の方法を次のように述べる。「かくも多くのキリスト者をつくるのは習慣である。（中略）われわれをその信仰で染めあげるために、この習慣の助けを借りなければならない」（ブルデュー 二〇〇一：七六―七九）。オンヌリ教会の教化過程にはブルデューが指摘するような信仰獲得のしくみが備わっているといえる。オンヌリ教会に通い始めた新来者は教化過程に乗ることによって、未信者はクリスチャンに、転会者はより篤信のクリスチャンになっていく。

本章では弟子訓練を含め、オンヌリ教会における教化過程を見てきた。しかし弟子訓練やシステム化された教化過程には櫻井が指摘するように「教会のカルト化」、すなわち牧師や指導者と信者の関係を支配―服従の関係に変えてしまう危険性がないともいえない〔櫻井 二〇一一：四〇四―四〇六〕。実際に韓国系キリスト教会の一部には強引な勧誘により、問題を起こしているところもある。弟子訓練やシステム化された教化過程そのものについて筆者は肯定も否定もしないが、それによる信者獲得や教会成長をよいこととしてただ肯定的にとらえることは慎みたい。

また、ここで取り上げた事例のAさん、Bさんと、統一教会脱会者のFさん、Gさん、Hさんは、日本の教会から韓国系キリスト教会のオンヌリ教会への転会者だった。日本の教会で、たまたまつまずきを経験して転会したのであり、日本の教会よりもオンヌリ教会を評価しようとするものではない。実際にオンヌリ教会に転会しても、ここを離れ、また別の教会に移る日本人もおれば、韓国人もいる。[*10]

本章はオンヌリ教会を事例にしたが、日本人信者が比較的多い他の韓国系キリスト教会やシステム化された教化過程がある日本の教会なども今後、見ていく必要があるだろう。

1――二〇〇五年に聖神中央教会の代表だった永田保牧師が、信者の少女達に性的暴行を繰り返していたことが明らかになった。強姦と準強姦などの罪に問われ、二〇〇六年に懲役二〇年の判決が確定した。

2――リバイバル集会は霊的な覚醒による信仰復興をめざす大衆伝道集会。沖縄のあと福岡、大阪、東京、札幌、仙台、広島、横浜、青森、長崎、神戸、名古屋、旭川、新潟、信州、高松、鹿児島、沖縄、群馬、下関、帯広、京都、大分で開催され、二〇一六年は岡山、大阪で開催された（http://www.lovesonata.org/ja/%E6%97%A5%E7%A8%8B/2016-2/ 二〇一六年一〇月二五日閲覧）。

3――オンヌリ教会の小冊子『Vision 2007 オンヌリ教会を紹介します』によれば、「新家族の登録過程」として次のようにある。「①新家族クラス：七週間新家族教育課程、②登録：オンヌリ教会登録筍割り当て、③共同体：筍礼拝参加、④成長：一対

一、QT、⑤成熟：聖書大学、イエス弟子学校、回復の働き、⑥献身：働き別奉仕、Lamp on 参加」。ソウルオンヌリ教会での基本的な過程だが、本章では大阪オンヌリ教会での過程に限定して記述する。

4――現在は「新来者四週課程」になっている。日本にある七つのオンヌリ教会によっても異なる場合がある。

5――青年部（大学生および未婚の青年）、パワーウェーブ（中高校生）、パップス（小学生）、プチパップス（〇～六歳）という組織はある。

6――一般のキリスト教書店でも販売されており、誰でも購入することができる。オンヌリ教会の信者だけでなく、日本のプロテスタント教会の信者でも使っている人はいる。

7――『リビングライフ』二〇〇九年六月号を例にすると、聖書の引用箇所は「使徒の働き」一章一節から一〇章四八節、二〇一四年三月号では「サムエル記第二」一五章一節から二五章四四節である。

8――ネヴィアス方式については〔金 一九八二〕を参照。

9――「父の学校」はツラノ書院が始めたセミナー。現在の社会が抱える問題は、家庭における父親不在に原因があるとし、父親の存在を確立し、権威を回復させようとするもの。『リビングライフ』に案内が随時掲載されており、教会所属や信仰の有無にかかわらず、誰でも参加できる。「母の学校」は「父の学校」の後から始まった。伝統的な価値観によって歪曲された母親像を正し、母親の自我を回復させようとするものである（大阪オンヌリ教会ホームページ）。

10――本章の聞き取り調査対象者でも調査時点と現在で変化がある。BさんとFさんはオンヌリ教会を離れており、Gさんは亡くなられた。オンヌリ教会では信者として七年間いたら教会を出て人に仕え、教えるように勧める〔河 二〇〇七〕。そのため、あえてオンヌリ教会を離れて転会する場合もあり得る。

〔参考文献〕

植田千晶 二〇一一「韓国系キリスト教会に集う人々――その生活と信仰の世界」大阪市立大学社会学研究会『市大社会学』一二、六五―八六頁
川島堅二 二〇一三「韓国系キリスト教会の「弟子訓練」についての批判的考察」『恵泉女学園大学紀要』二五、二一一―三五頁

金庚培（金忠一訳）一九八一『韓国キリスト教会史』新教出版社
櫻井義秀 二〇一一「ある韓国系教会のカルト化――聖神中央教会を事例に」李元範・櫻井義秀編著『越境する日韓宗教文化――韓国の日系新宗教 日本の韓流キリスト教』北海道大学出版会、三九九―四四一頁
白波瀬達也 二〇〇七a「釜ヶ崎におけるホームレス伝道の社会学的考察――もうひとつの野宿者支援」『宗教と社会』一三、二五―四九頁
白波瀬達也 二〇〇七b「韓国系プロテスタント教会の野宿者支援――東京中央教会を事例に」『関西学院大学社会学部紀要』一〇三、一四三―一五三頁
白波瀬達也 二〇一一「韓国キリスト教によるホームレス伝道」李元範・櫻井義秀編著『越境する日韓宗教文化――韓国の日系新宗教 日本の韓流キリスト教』北海道大学出版会、三七七―三九七頁
中西尋子 二〇一一「在日大韓基督教会と韓国系キリスト教会の日本宣教」李元範・櫻井義秀編著『越境する日韓宗教文化――韓国の日系新宗教 日本の韓流キリスト教』北海道大学出版会、三二一―三四九頁
河用祚（ハ・ヨンジョ）二〇〇七『使徒の働きの教会をめざして』ツラノ書院
ブルデュ、ピエール（今村仁司・港道隆訳）二〇〇一『実践感覚』一、みすず書房
吉野航一 二〇一一「沖縄における韓国系キリスト教会の展開――在日大韓基督教会沖縄教会と純福音沖縄教会を事例に」李元範・櫻井義秀編著『越境する日韓宗教文化――韓国の日系新宗教 日本の韓流キリスト教』北海道大学出版会、三五一―三七六頁
李賢京 二〇〇八「日本における韓国プロテスタント教会の展開――『純福音教会』を中心として」『現代社会学研究』二一、五九―七七頁
李賢京 二〇〇九「『韓流』と日本における韓国系キリスト教会――日本人メンバーの複層化に着目して」『宗教と社会』一五、四三―六五頁
李賢京 二〇一二「韓国人ニューカマーのキリスト教会」三木英・櫻井義秀編著『日本に生きる移民たちの宗教生活――ニューカマーのもたらす宗教多元化』ミネルヴァ書房、一九三―二二四頁

［資料］
大阪オンヌリ・キリスト教会『新家族　七週の学び』（手作りの冊子）
「5Weeks Bible Study　ニューフェイス（New Face Ministry）」Onnuri Japanese Ministry
『月刊ＱＴガイド　リビングライフ』二〇一四年三月号、ツラノ書院
『一対一弟子養育聖書研究』（日本語改訂版）、二〇〇五年、ツラノ書院

［ウェブサイト］
大阪オンヌリ教会ホームページ：http://osakaonnuri.org/
ラブ・ソナタ：http://www.lovesonata.org/

第12章 信仰を介した在日ペルー人の擬似家族

◉三木 英

ペルー人ペンテコステ系教会の事例から

一　在日ペルー人とその宗教

日本からペルーへの移住の歴史は古い。日本から南米に向けての集団移民第一弾はペルーに渡った一八九九年の七九〇人で、ブラジルに第一回目の移民七八一人を送り届けた笠戸丸の出航が一九〇八年であったから、それよりも早い。

公益財団法人・海外日系人協会のホームページによれば、[*1] 二〇一四年現在で日系人の数は世界におよそ三五〇万人を数えるが、そのうちペルーには一〇万人が暮らす。日本国内の二〇一五年六月末でのペルー人の数が四万七八〇〇人であるから、全世界の日系ペルー人の約三分の一がいま、日本に暮らしていることになる。日本におけ る入管法改正をきっかけに、日本社会の労働力不足をプル要因として、そしてペルー経済の芳しからぬ状況がプッシュ要因になって、日系ペルー人が父祖の地に帰還してきたのである。

ペルー本国においては、人口の八一・三％がカトリックである。福音派のプロテスタントは一二・五％で、三・三％はその他の宗教を信仰し、二・九％は無宗教となっている。[*2] ペルーを含む中南米は、カトリック信仰の盛んな地域とのイメージが定着しているかもしれないが、そのイメージは大いに揺らぎつつある。カトリック人口が減少して、プロテスタント信者そして無宗教を標榜する人口が増加しているからである。ペルーにおけるプロテスタントの全人口中の比率も、近年に至り顕著に上昇している。「近年、中南米産のペンテコステ派の教会が数多く生まれており、今日におけるプロテスタントの進展はそれらの教会によるところが大きい」〔山田 二〇一四a：一三〕。

とはいえカトリックの優勢は変わらず、日本に暮らすペルー人の多くは最寄りのカトリック教会に通う。彼らのためにスペイン語によるミサを行う教会も、いくつかある。また毎年一〇月には日本各地で、多くの場合はカトリック教会を舞台にして「奇跡の主の祭り」がペルー人の手によって執り行われている。[*3] 首都リマで繰り広げられるこの祭りの主役である「奇跡の主（の絵像）」は、二〇〇五年、ヴァチカンから「ペルー在住者及び移住者の守護者」と認定された。日本に在留するペルー人の「奇跡の主」への尊崇の念は強い。

もっとも、中南米における宗教地図の変化に連動して、ここ日本においてもペンテコステ系[*4]のプロテスタンティズムの伸長が観察できる。とりわけ日系ブラジル人の結集する教会が数多く設立されており、週末ともなればそこは――構造不況の影響を大きく受けて減少気味であることは確かであるが――数多くのブラジル人たちでにぎわう。[*5] そしてその場に、教会近辺に住まうペルー人が（そう多くはないものの）姿を見せることもあるようである。また、ブラジル人牧師がペルー人を集めて礼拝集会を催している事例のあることを、筆者は確認している。[*6]

母国は違えども、また使用される言語（ポルトガル語とスペイン語）は異にしていても、信仰心篤いラテンアメリカ出身者は日本のカトリック教会において、またペンテコステ系教会において熱心な祈りを捧げている。南米出身の人々の深い宗教性に、筆者は感銘を受けてきたことである。そしてさらに調査を進めるなか、ペルー人が中心であるペンテコステ教会が日本に幾つか成立していることに気づくようになった。そこにはスペイン語を母国語とする他国人も顔を見せるようであるが、主力はあくまでペルー人である。

そのペルー人たちはカトリック教会に足を向けず、またブラジル人の運営する教会と――同じペンテコステ系でありながら――交流することもない。彼らは週末に、こじんまりとした集会で深く祈り、平日でも集まって祈り、学び合い、交流し合う。その模様は、筆者には大海に浮かぶ孤島で慎ましく暮らす島民のように映る。そのペルー人たちの報告を、以下に続けよう。世界宣教運動が日本に設けたいくつかの信仰拠点を訪れた調査の成果である。

二　世界宣教運動（ＭＭＭ＝Movimiento Missionero Mundial）と日本

以降からＭＭＭと略記する世界宣教運動の正式名称は、Iglesia Cristiana Pentecostés del Movimient Missionero Mundial（Christian Pentecost Church Worldwide Missionary Movement）という。その名の通り、ペンテコステ系キリスト教を世界に伝えんがために結成されたもので中米諸国を中心に勢力を拡大しつつあり、本部をプエルト・リコに置く。いま八〇〇〇人以上の牧師たちが、世界六〇ヶ国以上、六〇〇〇ヶ所以上で会衆たちを指導し宣教活動に従事している。[*7]

もちろん、その活動はペルーにおいても活発である。そして日系ペルー人が日本に多く暮らしていることから、ＭＭＭは日本に進出してきた。初上陸は二〇〇〇年前後のようである。[*8]そして日本国内にはいま――筆者が確認した限り――一一ヶ所の信仰拠点が存在する。神奈川県横須賀市と相模原市、埼玉県行田市、千葉県成田市、静岡県の掛川市・藤枝市・浜松市、そして愛知県の豊橋市・豊田市・碧南市・小牧市である。教会とせず信仰拠点と表記したのは、その礼拝集会が部屋を借用して開かれるケースが多いからである。行田では商工会館の一室を、成田では韓国系キリスト教会を集会の折にだけ借りている。とはいえ自前の建物（施設）を持つケースもあり、後述の横須賀市追浜はこれに該当する。小牧の集会場も、空き店舗の目立つ雑居ビルの一階部分が改装されたものである。横須賀と小牧は常設の信仰拠点と認識でき、したがって「教会」イメージに近い。

牧師は全部で六名が派遣されており、そのうちの一名である浜松の担当牧師のいうところでは、日本国内の信者数は二五〇名程度である。その信者たちは各地の信仰拠点に属する者たちであるから、一人の牧師が複数の拠点を受け持つことになる。信者はもちろんペルー人が最も多く、アルゼンチン人やコロンビア人信者も若干いるとのことであった。ブラジル人メンバーもいるようである。

筆者が行田でインタヴューした青年は、以前はブラジル教会に通っていたという。小牧で出会った中年男性は、「聖書のことを何一つ知らないカトリック信者だったけれど、MMMに出会って「良い人」に生まれ変われた」と語った。その妻もまた、「自分は先祖を（彼女の親のいう通りに）拝んでいたが、何もプラスはなかった。でもこの教会は違う……」と話してくれた。MMMは彼らに「プラス」を、生まれ変われたと実感できる何かを、提供しえたのであろう。この夫妻の中学生と高校生の息子も、礼拝集会に参加して熱心に祈っていた。前出の青年も妻と二人の子どもを伴って（足利市から）参加しており、また彼の妹も参列していた。集会参加者は少ないがゆえに、家族で来ていることが観察者（筆者）からはよくわかる。

彼らは知人からMMMの噂を聞いて、また情報誌『LATIN-@』[*9]に掲載されたMMMの広告を見て、足を運ぶようになったらしい。筆者がMMMの存在を知ったのも、まさにこの広告によってであった。『LATIN-@』に関連して付記すれば、小牧に信仰拠点ができたのは（二〇一一年）、MMMの広告を誌上に見た小牧のペルー人が、記載されていた牧師の電話番号に連絡したことから始まるのである。

筆者の手元の『LATIN-@』三二号（二〇一一年六月号）にあるMMMの広告には、六ヶ所の地名と（牧師の）携帯電話番号が記載されていた。本稿執筆時点で信仰拠点が一一を数えているなら、信者数はまだまだ少ないものの、MMMは伸長していると判断できる。

三　集会風景

筆者はこれまでに三度、礼拝集会の参与観察を行った。行田（二〇一三年九月二七日）・小牧（二〇一三年一二月二七日）・横須賀（二〇一四年七月一九日）での集会である。ここでは横須賀の事例を中心に、時に行田と小牧の事例も織り込みながら、集会の時間を再現してみる。

京急電鉄追浜駅から徒歩にして五分の距離の、住宅と商店が混在する通り沿いに、教会がある。[*10] 元は住宅兼用の鮨店であった三階建てである（建物壁面にかつて取り付けられていた「鮨」という立体文字の跡が残る）。一階部が会堂となっており、二階以上は牧師家族が居住しているようである。看板には「ＭＭＭ」ロゴと地球のイラスト、そして（日本語で）「神奈川ペンテコステキリスト教会」とあった。建物に入るとすぐ右手にガラスケースがあり、書籍やＭＭＭマークの入った携帯ストラップ等が販売されている。会堂正面は一段高いステージである。そこに日本とペルーの大きな国旗、他に中南米の国々の国旗も見られた。参加者のために並べられているパイプ椅子は五〇脚程度であった。

事前に得ていた情報によれば、一八時半から集会は始まることになっている。しかしその時間になっても開始されない。こうした時間の遅れは珍しいことではないようで、行田・小牧でも、筆者の参加した集会は定刻に開始されなかった。[*11]

集会開始まで、参加者たちは銘々、跪き両肘を椅子について静かに祈りを捧げている。誰一人として開始時間の遅れていることに不満を漏らす者はいない。

一九時一〇分頃、ようやく集会が始まった。信者女性がマイクを持って歌い、残る参加者はタンバリンを叩きながら、それに和していた。この段階で出席者は三名だけである。やや経ってから来場者が増え、男性二名と女性八名が集まった。彼ら以外には子どもが五人である。

一九時半になり、沖縄からペルーに渡った移民の子孫である牧師が登場。彼は日本語をほぼ解さない。彼の娘——中学生と高校生だろう——も二人、着席した。牧師の子どもたちは行田・小牧でも列席しており、信者も子ども連れというケースが多く、家族でこの信仰を守っていることがうかがえる。

牧師は聖書中の読むべき箇所を示しながら、言葉を加えていく。「「イエスの御名によって」であれば牧師でなくとも病を癒すことができる」、「聖霊はいただけるのだ」等々が力強く語られた[*12]。これらの言葉に、ペンテコステ系キリスト教の重視するところが表されている。行田の集会でも、次のような言葉が聞かれた。「神様は人生を変えることができる」、「奇跡を起こせる神」、「病が癒えた奇跡」、「神と人との仲介ができるのはイエスだけ」、そして「どんな宗教も祈り方や崇拝対象は違っても目指されるところは同じ、といわれるが、それは違う。道はイエスだけなのだから、イエスを信じるだけである。偶像崇拝は出エジプト記のなかにそれを禁じられる旨が書かれている。聖母マリア崇拝や聖人崇拝はおかしい」等々。カトリックを批判する言葉が、時に交えられる。

図①　MMM横須賀教会

二一時に近づき、集会は盛り上がりを見せてきた。牧師は

図②　集会風景（MMM小牧教会）

熱を込めて語り、信者は精霊を受けんとするかのように手を拡げ目を閉じて祈る。涙を流しているのは一人や二人ではない。そして二一時直前、全員が立ち上がっての祈りとなった。牧師の絶叫口調、涙する女性たち。そうした光景が一五分程度続く。その後は女性にマイクが渡り、彼女のリードのもと全員が高らかに聖歌を歌い、集会は終了である。

最終的に会堂にいたのは——牧師を除いて——一八名である。男性が二人、女性一二名で、その他に子どもが四名。男性の少なさに、気づかれたことである。そして筆者にはそこに、二〜三の単身者と、牧師家族を含む五家族がいたように見えた。

集会終了後、筆者はくつろぐ参加者にインタヴューを試みた。横浜、川崎、そしてもちろん横須賀近辺から信者たちは来ているということである。この横須賀追浜の教会は四年前（二〇一〇年）に設立されており、メンバーは三〇名程度と、多くはない。そしてこの教会では、月曜を除く毎日、行事が行われている。もちろん毎日参加できる人は少ないであろう。なるべく参加するほうがよい、という程度の指導であるらしい。

二〇一二年から始まった小牧の拠点には、二五名程度の参加者が集まるようである。火曜・木曜・金曜の夜八時半から集会が催され、この平日の集まりには一〇名程度の参加者がある（筆者は金曜日に参加しており、男性四名、女性四名と、そして子どもたちの姿が会堂のなかにあった）。土曜日は九時から一六時まで、「祈りの時間」が設けられている。また日曜には、愛知県全域から信者たちがここ小牧に集まってくるという。なお、筆者の参加した行田での金曜夜の集会参加者は――子どもを含んでも――一〇人に満たなかった。どれも、こじんまりとした集まりである。

横須賀も小牧も、かなり頻繁に集会が開催されているといえる。この二つの信仰拠点が「常設」のものだからであろう。その都度の借り上げを行って会場確保というパターンでは、頻繁な開催は難しい。

横須賀教会の信者は、以前は駅前でビラを配布したり、ビラをポスティングすることも行っていたが、効果が薄いと判断されたためであろう、いまはどちらも実施していない。とはいうものの、信者の獲得は、念頭にあるようで、日本人に向けて、聖書配布協力会（宮城県伊具郡丸森町）の発行する『いのちの道』と題された小さなパンフレットが入り口横のガラスケースに備えられている。教会の看板「神奈川ペンテコステ教会」が日本語表記であるのも、近隣日本人から警戒されないためという意図はあろうが、日本人に関心を寄せて欲しいという願いの反映でもあろう。また、出会う外国人（ペルー人やブラジル人たち）に話しかけ、集会への参加を勧めることもあるということであった。とはいえ、勢力拡大に向けての試みはその程度にとどまる。

日本におけるＭＭＭは小規模団体であるが、信者が「同じ御言葉を信じる兄弟（姉妹）たち」であることは間違いない。困ったことがあればその小規模家族の間で助け合う。信者同士でバーベキューを楽しむこともあり、（仕事に関するものを含む種々の）情報交換を行うこともあるという。参与観察して、彼らの間の絆を感じたことであった。また、集会参加にあたり、比較的厳密なドレスコードの存在していることにも気づいた。とくに女性に対してのそれで、出席する女性の多くが髪を長くのばしてロングスカートをはいている。聖書の教えに則って、そうしているのだという。[*13] 男性にも、ドレスシャツにネクタイを結び、ジェントルな出で立ちの者が多い。

四　信仰を介しての家族の絆

日本で暮らすペルー人の特徴は、同じ南米のブラジル出身者に比較したとき、明瞭化してくる。柳田利夫に従い、それを示しておこう〔柳田 二〇一〇・二〇一二〕。まず指摘できるのは、ペルー人の日本での一定地域での定住志向の強さである。ペルー人はブラジル人よりも早い時期から永住権取得に積極的であり、帰化許可を受ける割合も高いのである。リーマン・ショック後の不況から帰国の道を選んだ者の、ペルー人中の割合がブラジル人におけるそれより小さいことも、この特徴を裏づけている。柳田は、ペルー人が日本社会に根づき溶け込んでいることをいうために、在日ペルー大使の言葉を引用している。「在日ブラジル人はより若い人が多いのに対し、ペルー人は日本で長年、家族で暮らし、子どもが学校に行くなど日本の社会に溶け込んで深い関係を持っています」〔柳田 二〇一一：二四九―二五〇〕。

ペルー人もブラジル人も、永住資格を得ると、再入国許可を取った上で本国へ一時帰国し、再度日本へ戻ってくるという国境を越える移動を続けている。いわば二つの国の「両方に住んでいる」のであるが、ペルー人の方が再入国者に占める永住許可者の割合は高い。これはペルー人の、日本に暮らし続けるという生活戦略を示唆するものである。

また在日のペルー人はブラジル人に比較して数において少なく、よってブラジル人が見せるほどの集住状態にはない。とはいえ、ペルー人とブラジル人が就業する地域はほぼ重なるために、ペルー人は「マイノリティのなかのマイノリティ」〔三木・沼尻 二〇二一：一三五〕なのである。そんな彼らが文化・言語を同じくする同胞とのつながりを求めて、教会に集まる。カトリックの「奇跡の主の祭り」は、そうしたペルー人たちが催すのである。そしてペルー人にあっては――ブラジル人もまたそうであろうが――「家族間のつながりが非常に強いため、配偶者や子供など、家族を連れて来日する事例が多い」〔文化庁文化部宗務課 二〇一四：一〇九〕。特定地域でマイノリティのなかのマイノリティとして生きている限り、彼らの家族への思いは弥増す。家族こそが彼らを支える第一の基盤である。まして異国での定住を強く志向するのであるから、家族の絆は強く結ばれていなければならない。

誰であれ、とりわけ祖国を離れて暮らしてゆくなら、困難に遭遇するものである。ペルー人もそうであろう。その彼らは生きる支えを求めてカトリック教会に向かう。しかし、そこへ行けばすべて癒されるというわけでもあるまい。ブラジル人の集合する教会――それはペルー人の暮らす地域のなかに設立されている――をペルー人が訪れるのは、彼らがカトリック教会のなかで救いを得られなかったからかもしれない。そこに、ペルー本国でも興隆しているペンテコステ系のキリスト教会の日本に進出してきていることを知る。いうまでもなくそこで用いられる言語はスペイン語である。しかも教会は聖霊が働いて奇跡のもたらされることを強調する。偶々足を運んだ教会で「プラス」を得、生まれ変われたと実感することができれば、教会はただ一人の改宗者だけの大切なものではなく、その人物の家族にとっても大切なものとなろう。

かくしてMMMの信仰拠点にペルー人家族が集まり、比較的大きな擬似家族が成立する。擬似家族は大きくなりすぎてはなるまい。大きくなれば意見・気風を異にするメンバーが現れる可能性もあり、それでは絆が弱まってしまう。いくつかの家族だけがいれば、支え合うことに不足はない。MMMは日本に進出して以来一五年前後を経るはずであるが、この年月の長さにかかわらず現時点の信者総数は多くない。MMMの布教活動が旺盛といえないのは、小さな擬似家族の絆を壊さないためではないか。こじんまりとした礼拝集会を続けてゆくことを、日本のMMMは方針として採択していると推測できるのである。

前節において、MMMの集会の模様を伝え、集会の開始・終了時間がスケジュール通りではなかったことを記した。それは国民性の為せる業ともいえようが、擬似的な家族による集会だからであるとも考えられる。あまりに厳密な時間管理は、家族間にはそぐわない。また常設の信仰拠点において土曜・日曜にも信者の集合する機会が確保され、平日にも集会が催されることも象徴的である。（擬似）家族は、いつも親しく接し合うべきものだからである。そしてその擬似家族は、MMM信者以外の面々とは一線を画す。支え合うのは家族成員同士で充分である。ドレスコードは、家族とそれ以外の者とを分ける機能を果たす。

日本に永住することを選んだ家族への愛情深い在日ペルー人たちが形成する擬似家族は、日本という海のなかにぽつりと浮かぶ孤島のようである。マイノリティのなかのマイノリティの、さらに――カトリックではないがゆえに――そのなかのマイノリティである家族成員たちは、ペンテコステ系キリスト教を頼りに強く結びつく。彼らは、そうあらねばならないのである。ただ、そうした強い紐帯が他の社会集団との間に壁を築くことになりうることは、留意されるべきであろう。

また前節でも指摘したように、家族のなかに男性の姿は少なかった。男性は仕事に追われているからと、ここでは好意的に解釈しておきたい。しかしそうでないのなら、小さな擬似家族の運営は専ら女性に委ねられることになる。日本社会において厳しい日々を送る女性の増加していることを各種メディアが報じており、ペルー人女性も日本で生きる限り、様々な苦難に遭遇することはありうる。だからこそ擬似家族を得て風雪に耐えようとしているとは理解できるが、同時に、この状況に男性が疎外感を覚えることもありえよう。それが現実の家族のなかに壁をつくるようになることを、懸念するものである。

1——詳細は協会のホームページ http://www.jadesas.or.jp を参照のこと（二〇一六年三月八日閲覧）。

2——〔文化庁文化部宗務課 二〇一四：一〇四〕に拠った。なお、そこに記されている数値はペルー統計情報庁（二〇〇七年）によるものである。

3——詳細は〔三木・沼尻 二〇一二：一一五—一三八〕あるいは〔寺澤 二〇〇九：一五五—一七二〕を参照のこと。

4——ペンテコステとは、イエスが復活し昇天した後、集まっていた使徒たちに聖霊が降ったという出来事（「聖霊降臨」）を指している。そしてペンテコステ派は、一九〇〇年頃からアメリカで始まった聖霊運動 Pentecostalism から生まれた教団の総称である。元々の意味が示唆するように、この派が重視するのは聖霊の働きである。

5——日本におけるブラジル人教会については、山田政信による研究〔山田 二〇一〇：二四九—二六二、二〇一一：一九五—二二二、二〇一四b：六一—八七〕他をはじめ、〔三木 二〇一二：九一—一一七〕を参照されたい。

6——たとえば滋賀県長浜市のブラジル人教会 Assembléia de Deus Nagahama の牧師が、毎日曜日に（自身が指導する教会の集会を終えた後で）大阪市西淀川区まで出向き、その地の公団住宅集会場を利用して集会を開催している。参列者はほぼ、ペルー人である。

7——詳細は団体のホームページ http://www.movimientomisioneromundial.org を参照のこと（二〇一六年三月八日閲覧）。

8——日本進出年は判然とせず、二〇〇二年とも、二〇〇四年とも、また一九九八年からという情報もあった。

9——「日本に在住するラテン人のために」発行されている無料情報誌である。その編集部は、神戸市長田区のカトリック教会敷地内に設けられた鷹取コミュニティ・センター内に置かれている。なお筆者が知る限り、誌上にペンテコステ系キリスト教会の広告が出たのは、このMMMのもの以外にはない。宗教（キリスト教）関連の広告が載ることはもう一種だけあり、それは「奇跡の主の祭り」開催の告知広告である。

10――横須賀の集会はMMM自前の建物で開かれており、よって横須賀の信仰拠点は「教会」と表記する。

11――もちろん定刻に集会は終わらず、遅くまで付き合わされた子どもたちは眠かったことであろう。それでも大人たちが時間厳守と苦情を申し立てないのは、彼らにとって集会が大切なものであるからに相違ない。

12――日本語に堪能なメンバーが通訳をしてくれたお蔭で、筆者はその語りの内容をほぼ理解することができた。行田・小牧でも、通訳が筆者の横に坐ってくれた。

13――「コリント人への第一の手紙」第一一章にある「祈りをしたり預言をしたりする時、かしらに物をかぶる男は、そのかしらをはずかしめる者である。祈りをしたり預言をしたりする時、かしらにおおいをかけない女は、そのかしらをはずかしめる者である。それは、髪をそったのとまったく同じだからである」、「女に長い髪があれば彼女の光栄になるのである。長い髪はおおいの代わりに女に与えられているものだからである」が、その論拠である。

[参考文献]

寺澤裕美　二〇〇九「在日ペルー人の宗教行事「奇跡の主」――異文化受容の視点から」浅香幸枝編『地球時代の多文化共生の諸相――人が繋ぐ国際関係』行路社

文化庁文化部宗務課　二〇一四『在留外国人の宗教事情に関する資料集――東アジア・南アメリカ編』

三木英　二〇一二「移民にとって宗教とは何か」三木英・櫻井義秀編『日本に生きる移民たちの宗教生活――ニューカマーのもたらす宗教多元化』ミネルヴァ書房

三木英・沼尻正之　二〇一二「再現される故郷の祭り――滞日ペルー人の「奇跡の主」の祭りをめぐって」三木英・櫻井義秀編『日本に生きる移民たちの宗教生活――ニューカマーのもたらす宗教多元化』ミネルヴァ書房

柳田利夫　二〇一〇「在日日系ペルー人の移動と定住」『ラテンアメリカ時報』第一三九二号、一般社団法人ラテンアメリカ協会、一三―二〇頁

柳田利夫　二〇一一「在日ペルー人の生活戦略――在日ブラジル人との比較を通じて」三田千代子編著『グローバル化の中で生きるとは――日系ブラジル人のトランスナショナルな暮らし』上智大学出版、二三三―二六三頁

山田政信　二〇一〇「在日ブラジル人の宗教生活」駒井洋監修、中川文雄・田島久歳・山脇千賀子編『叢書グローバル・ディアスポラ6――ラテンアメリカン・ディアスポラ』明石書店
山田政信　二〇一一「デカセギ・ブラジル人の宗教生活――エスニック・ネットワークの繋留点としてのブラジル系プロテスタント教会」三田千代子編著『グローバル化の中で生きるとは――日系ブラジル人のトランスナショナルな暮らし』上智大学出版、一九五―二二二頁
山田政信　二〇一四ａ「中南米」文化庁文化部宗務課『在留外国人の宗教事情に関する資料集――東アジア・南アメリカ編』一一―一八頁
山田政信　二〇一四ｂ「在日ブラジル人の宗教コミュニティ――越境するプロテスタント教会」石黒馨・初谷譲次編『創造するコミュニティ――ラテンアメリカの社会関係資本』晃洋書房、六一―八七頁

［ウェブサイト］
海外日系人協会：http://www.jadesas.or.jp/

第13章

在日フィリピン人とイグレシア・ニ・クリスト

◉三木　英

一 フィリピンにおけるイグレシア・ニ・クリスト

本章では、フィリピンから渡来したイグレシア・ニ・クリスト（Iglesia Ni Cristo）を取り上げる。「キリストの教会（Church of Christ）」の意であるイグレシア・ニ・クリスト（以下、イグレシアと略記する）は、一九一四年にフェリックス・マナロ（一八八六〜一九六三）によって創設されたキリスト教系の新宗教である。

スペイン、アメリカの影響下に長くあったフィリピンは、アジアのなかで唯一のキリスト教国といえる。統計によれば、国民の九割以上がキリスト教信者で、そのなかでカトリック信者が最も多く、国民中の八割を占めるほどである。キリスト教以外ではイスラーム教徒が多く、人口中の五％がそれにあたる（文化庁文化部宗務課 二〇一三：四九）。カトリック以外のキリスト教徒は全人口中のおよそ一割ということになるが、そのなかで福音主義教会と並んで多くの信者を擁しているのが、本章の対象とするイグレシアである。

寺田勇文の報告するところによれば、[*1] 一九七〇年のイグレシアの信者は人口の約一・三％に相当する四七万五四〇七人を数えていた。その四〇年後である二〇一〇年の信者総数をフィリピン統計局のウェブ・サイトに探すと、二四六万九九五七人と記録されており、[*2] 五倍増である。またイグレシアは一九六八年にホノルルに初めての国外教会を設立し、以降、フィリピン人移民社会を対象に伝道を推進するようになったようで、その甲斐あって国外にも多くの信者が存在している。全世界のイグレシア信者すべてを合算すれば一体どれほどになるのか、非公表とされているために詳しい数値は不明であるが、この日本にも信者は存在しイグレシアの教えに則った日々を送っているのである。

創始者・マナロは生後間もなくカトリック教会で洗礼を受けた人物であったが、一八歳頃からいくつものプロテスタント教会への加入、移籍を繰り返している。そうした遍歴のなかで彼は説教者として自らを磨き、組織運営のノウハウを学び、そして従来のキリスト教の説くところとは異なる「真理」へとたどり着いていった。イエスは神ではないという説が、それである。イエスは神によって遣わされた、神と人間を媒介する偉大な「人間」であると主張されるのである。そしてマナロこそが「神の最後の使い」であって、救いは彼の創始したイグレシアの信者になる以外にありえないとする。となれば、イグレシアは三位一体を基調とする正統キリスト教からは異端視されざるをえない。カトリック国であるフィリピンにおいて、その展開は順調なものでなかったに違いない。

とはいえ、イグレシアは「フィリピン人が神の使いとして出現したというメッセージをもたらし、また信徒間では相互扶助体制がとられていたことから、農民らにとっては他のキリスト教会に比べて近づきやすい社会集団であった」〔寺田 一九八二：四三四〕。イグレシアはまず、農民社会にアピールしたのである。また第二次世界大戦に巻き込まれ日本軍の占領下に置かれたフィリピンでは、イグレシア信者が戦火を逃れてフィリピン全土に離散していっている。その信者たちが戦後、伝道活動に携わることになり、イグレシアの教勢拡大を促すことになった〔寺田 一九八二：四三五―四三七〕。

フィリピンでのイグレシアの成長を支えた要因として、寺田は次の五つを挙げている〔寺田 一九八二：四四〇〕。①フェリックス・マナロのカリスマ的指導力、②中央集権的で能率的な組織、③信徒間に見られる相互支援体制、④ブロック投票による政治的影響力、[*3] ⑤教義および運動面に見られる土着的性格、である。現在、イグレシアはフェリックスの死後、その子のエラーニョを経、エラーニョの子・エドゥアルド・マナロに監督（Executive Minister）

が引き継がれ、運営されている。挙げられた五つのファクターのなかで、創始者のカリスマ性は消えたというべきであろう。残る四つについて、それらが活きていると断定するほどの見識を筆者は持ち合わせていない。とはいえ、寺田は「エラーニョは就任直後に、創始者の定めた方針を変更する意思のないことを明らかにした。教義面ではたしかにその通りであるが、教会活動の具体面においては、新しい政策が実行に移されている。その主なものをみていくと、まず、それ以前の伝道のみの姿勢から、信徒の生活保障の組織化、さらには非信徒をも対象とした広範な社会奉仕活動をおこなう方向への変化があげられる」〔寺田 一九八二:四三八〕と考察しており、これにしたがえば、②の組織レベルに変更はなく、③の相互支援体制はいっそうに充実するようになっている。④についても変更はないようである。[*4] ⑤にいう教義が変わらないことはいうまでもなく、運動面における土着的性格についても信徒の大半がフィリピン国内外のフィリピン人であるところから、変化はないとみるべきであろう。

イグレシア信者は増加しており、この事実を根拠とすれば、イグレシアの成長を現実化した要因は活き続けていると推測してよさそうである。イグレシアによるホームページを閲覧すると、いま信者の国籍は少なくとも一一〇に及び、フィリピン国内で約一〇四の、そして一〇〇以上の外国（地域）においても管区（ecclesiastical district）を運営していることが記されている。[*5] もちろん日本（そして日本国内の支部）も、そこに含まれる。

二　日本におけるフィリピン人

日本に暮らすフィリピン人というと、興行ビザで来日して夜の歓楽街で日本人相手のサーヴィス業に従事する、というイメージで捉えられているだろうか。そのイメージが妥当であった時期は、確かにあった。しかしフィリピン政府は、日本を含む海外でフィリピン女性が事件に巻き込まれる事態の多発していることを憂慮し、興行ビザによる来日に厳しい制限を課すようになっており、日本政府もそれを受けて興行ビザ発給要件を厳格化している。日本による措置は二〇〇五年のことで、近年になってようやく、かつてのイメージは薄らぎ始めた〔永田 二〇一一：五六―六二〕。

法務省の統計によれば、二〇一五年六月末時点で日本国内に生活するフィリピン人は二二万四〇四八人を数え、中国、韓国・朝鮮籍に次いで第三の勢力である。二〇一一年まではブラジル人が第三位であったが、彼らのなかから不況の影響によって帰国する者が相次ぎ、いま第四位となっている。ブラジル人は製造業における単純労働に従事するケースが多く、不況にその仕事を奪われて帰国を余儀なくされたわけである。

一方、フィリピン人は大幅に減少することなく、逆に徐々にその数を増していって現在に至っている。高畑幸によれば〔高畑 二〇一二〕、在日フィリピン人の特徴は①女性の多さ、②日本人との結婚の多さ、③日比国際結婚の間に生まれる子どもの多さ、④定住性、⑤分散居住で集住地をつくりにくい、ということである。「嫁不足」に悩む国内の自治体が積極的にフィリピンから女性を呼び招き、日本人男性との間に婚姻を成立させ、地域の活力を保とうとしていることはよく知られていよう。その招かれた花嫁たちが、現在の在留フィリピン人の一典型である。

そのフィリピン人女性を対象に調査を実施した角替弘規らは、日本人男性と結婚したフィリピン女性が夫への依存傾向を強め、日本社会や他のフィリピン女性との接点を持たず、社会的に孤立する傾向にあることを指摘している〔角替・家上・清水 二〇一二〕。その置かれた状況を打開すべく、彼女たちは同じ立場にあるフィリピン女性たちとの間にネットワークを築こうと模索する。そのネットワークの拠点となりうるのが、教会である。「日常的に日本人に囲まれて暮らしているからこそ、フィリピン人同士で集うことができる教会は同国出身者と関われる唯一の場となり、そこで形成される相互扶助ネットワークが生活基盤を安定させる資源となり得る」〔三浦 二〇一二：三〕のである。

ここで想定されている教会はカトリック教会のことである。実際、日本国内のカトリック教会では在留するフィリピン人のため、タガログ語によるミサを行うところが少なくない。しかし本章はカトリック教会ではなく、国内のイグレシアに目を向ける。

三 日本におけるイグレシア・ニ・クリストの現状(1)

寺田によれば、イグレシアによる伝道が実を結んで回心者がある程度現れてくると、近隣に住む者同士が定期的に集合し、祈禱会（committee-prayer groups）が形成される。この段階からさらに進んで信者数が一定数に達し、定期的な活動がある程度軌道に乗ってくると、フィリピンの中央本部あるいは当該国の主要教会から牧師が派遣されてくる。そして教会堂が購入もしくは建設され、正式の支部教会（congregations）発足となる〔寺田 一九八二：四三九〕。

日本におけるイグレシアは一九七七年から、その活動を開始している。寺田の研究を参照すれば、彼が論文を執筆した時点で六ヶ所に祈禱会が成立している〔寺田 一九八二：四三九〕。三沢・東京・横須賀・横浜・岩国・沖縄であり、いずれも米軍基地に強くつながる街である。その基地に勤務するフィリピン人もしくはフィリピン系のアメリカ人が主要信者になっていると考えられる。

図①　イグレシア・ニ・クリスト北東アジア管区オフィス

図②　浜松ローカル

支部を指すコングリゲーションに多分に重なるものとして、「ローカル（locale）」と呼ばれる教団用語がある。ローカルとは、フィリピンの様式に則って整えられた礼拝所を有する拠点のことであると考えればよい。礼拝所の大半はビルの一室（ワン・フロア）を改装したもので、正面にミニスター[*6]や信者代表、そしてその背後にクワイア（聖歌隊）のメンバーたちの座る席が並ぶ。それらは信者席に向かいあって設けられているものである。そして信者は彼らに面して椅子に座るのであるが、男性席と女性席は厳密に分けられている。

「エクステンション（extension）」と称される信仰拠点もある。これもまた信者の集まる場であるが、信者の居宅の一室がそれに充てられるというものである。既設ローカルに通うには地理的に離れている信者たちのための、暫定的な集会スペースである。ローカルやエクステンションよりもさらに規模の小さい信仰拠点はＧＷＳ（Group Worship Service）と表記されている。そしてエクステンションとＧＷＳには、ローカルを預かるミニスターが出向いて信者を指導している。

なお、先にビルのワン・フロアがローカルとなっていると記したが、独立した建造物もイグレシアは既に国内に有している。一つは東京都大田区馬込に置かれたイグレシアの北東アジア管区オフィスである。

浅草線馬込駅の近く、環七道路沿いに建つ五階建てビルがそれである。以前は何かのビジネスビルであったと思われる建物で、韓国・中国・日本から成る北東アジアをここが統括する。浜松と沖縄にもイグレシアの独立した建造物があり、この二つは礼拝所である。

なお、先に寺田に従って祈禱会（コミッティ）が地域でのイグレシア組織の萌芽であるとしたが、コミッティは祈禱あるいは礼拝という宗教儀礼に関わる概念というより、日常の相互扶助的な集合を指すようである。イグレシアの成長を実現させたファクターが活きていることを示すものである。

四　日本におけるイグレシア・ニ・クリストの現状(2)

次に、イグレシアの北東アジア管区を預かる主任ミニスター（division minister）に実施した聴き取り調査の結果から、日本におけるイグレシアの現状を描いておこう。インタヴューは二〇一四年三月二一日に前記管区オフィスで行われた。ビルのエントランスに、フィリピンの本部によって二〇一〇年にこのオフィスが設置されたことを記すボードが、日本・フィリピン両国の国旗に囲まれて置かれていた。

主任ミニスターは、フィリピンのケソンシティにある本部から派遣されてきた人物である。イグレシアは「結婚の神聖（sanctity of marriage）」「家族の安定（stability of the family）」を重視しており、家族を伴っての来日である。この人物に、同じく派遣されたミニスター（local minister）一八名が属し、彼らは日本各地の拠点へと派遣されてゆく。拠点の数――これについては後述する――に比較するとミニスターは少なく、彼らは数ヶ所を掛け持ちすることになり、多忙である。筆者訪問時には主任を含むミニスターが五名、オフィスで執務しており、ここから推して首都圏は僅か五名が運営しているようである。

主任ミニスターによれば、北東アジア管区における拠点は合算すると四六になるという。とはいえ、韓国には五ヶ所の拠点しかなく、中国も香港・マカオ・九龍に全五ヶ所だけであるということなので、当管区オフィスは日本での業務を主として行なうことになる。そしてこの時点で、日本国内の信仰拠点（Congregation, Extension, GWS）は——四六から韓国・中国分をマイナスして——三六を数えるまでに成長していると判断できる。インタヴュー終了後に閲覧したイグレシアのウェブ・サイトには三二ヶ所が確認できたので、サイトが更新されたときからこのインタヴュー実施までの間に、四ヶ所が新たに加わったことになる。[*7] さらに、本稿執筆にあたり閲覧したサイトにより、日本における拠点が四七ヶ所に達していることを筆者は確認した。[*8] ここまで増えれば、日本のイグレシア・イコール・基地関係のフィリピン人の宗教、では最早ない。

日本国内の信者総数がおよそ一万人であるとは、主任ミニスターから得た情報である。イグレシアの日本での歴史は一九七七年から始まったということであるから、日本国内に暮らしているフィリピン人の数を勘案するなら、教団として着実に成長している。日本のイグレシアの信者は、在日のフィリピン人が主なのである。それに日本人（多分にフィリピン女性の配偶者そして日比ダブルの子どもたち）が続き、アメリカ人、インド人、ユダヤ人もいて、とくに米軍基地に近いローカルではアメリカ人信者の姿が目立つとのことであった。それらの信者は、在フィリピン時からイグレシアの信者であった者、イグレシア信者の親のもとに日本で生まれた二世、そして日本においてイグレシアに改宗を果たした者、の三つに分類されよう。

右の第三のタイプはイグレシアに魅力を感じての入信、ということになるが、それは「布教」努力の成果といえる。具体的に行われているのは、地道な口コミによる集会参与への誘いである。イグレシアは動画番組を作成しており、パソコンで視聴することが可能で、それもまた布教手段として有効であろうが、それを視聴させるためには「誘い」が先行しているだろう。誘いが上手くいって礼拝式に参加した未信者は、そこでイグレシアの魅力を発見する。主任ミニスターのいうところでは、それはイグレシアの「ミッション」「教え」「クワイア」さらに「ワーシップ・サービス（礼拝式）」の魅力である。そして魅力に気づくきっかけを与えるのが、家族間の問題を典型とする心の問題、そして病気だそうである。

もっとも、魅力を感じたからといって、簡単に信者になれるわけではない。イグレシアは教育プログラムを整えており、希望者は全二五のレッスンを受講し、理解度をチェックする試験にパスして初めて信者として認定されることになる。レッスンを受講できるのは一二歳以上と規定されており、週に二度はローカルに通わねばならない。レッスンに携わるのはミニスターたちで、彼らが「テキストブック」に則って教育を施してゆく。したがってイグレシアの信者たちの教義理解度は高い。次世代を担う子どもの教育も重視している。

五　日本におけるイグレシアの現状(3)——信仰の現場から

ここでは、筆者の調査した国内の三つのローカルにおける礼拝集会の模様を報告しよう。大阪（調査日：二〇一三年六月二〇日）・名古屋（同二〇一三年一月二一日）・品川（同二〇一三年九月七日）でのそれである。みな、ビルのワン・フロアを聖堂に改装したローカルである。聖堂内は撮影が禁止されており、文章によって伝えてゆくしかない。

①大阪

地下鉄・南海電車の難波駅から徒歩一〇分程度の好立地にあるビルの二階が、二〇一〇年から——それ以前は八尾市であった——聖堂となっている。そこがキリスト教の施設であるとは、外観からはわからない。いずれ現在地を離れて、好適地を見つける予定にしている。[*9]

聖堂内部の正面は、既述した通り、ミニスターや信者代表、クワイアの席が参列者の方向を向いて並ぶ。[*10] 十字架は見当たらない。正面には液晶テレビ（ディスプレイ）、そしてその右に電光掲示板が懸かる。ディスプレイは他地区の礼拝式の模様を映すため、またスカイプ利用のためのものである。掲示板は礼拝式中に斉唱される歌の、「讃美歌集」のなかでのページ（番号）を示す。出席者は番号をみて、手に持つ歌集のなかに次に歌われる歌を探すのである。讃美歌集のなかの歌はすべてアルファベット表記で、タガログ語のほか、日本語の歌詞もアルファベットで記されていた。そしてこの正面席と一般参列者たちの間、男性ブロックと女性ブロックを分ける中央通路の一番前に献金を納める木製のケースが据えられている。[*11]

イグレシアでは、木曜日と日曜日に礼拝式を催す。しかし大阪では水曜日夜八時半からと日曜日午前一〇時から（ともに一時間程度の）というスケジュールである。ミニスターが大阪（関西）地区では一人だけであるため、彼が京都と綾部、神戸の信者の指導にあたることから、通常の開催日を若干変更し、水曜夜に行うということである。日曜の礼拝式には、京都や神戸からも聖堂に訪れてくるようで、一週間で最も多人数が参集する。

筆者が参与観察した八月一日の礼拝式には、女性三〇名、男性二〇名程度の参加者があった。そのうち、子どもたちは一五人程度である。子どもの数は通常より少なかったようである。夏休み期間中ゆえに多いのではと思われたが、むしろその逆で、フィリピンへの帰国者が少なくないゆえに、必然的に子どもの数は少なかったということであった。

式は日本語の歌に始まり、タガログ語による歌が続く。そして三曲ばかり終わった後、信者代表の日本人による日本語の祈りの言葉と全員の唱和があった。その後はミニスターによるタガログ語による熱弁が続く。

参加していた女性は（子どもを除けば）二〇～五〇代。そこに日本女性が一～二名、おられたかもしれない。筆者に言葉をかけてくれたフィリピン女性は皆、流暢に日本語を操っていた。また、踝《くるぶし》近くまで覆う白いドレス——イグレシアの女性信者にとってのフォーマル服——を着用した女性も二～三名おられた。男性は（子どもを除けば）二〇～六〇代。明らかに日本人ではないと見えた男性はそう多くなかったようである。他ローカルで聞いたところ、大阪ローカルには日本人男性の信者が比較的多いということである。

礼拝式中、「日本の人に知られますよう」といった言葉が発されていた。布教への意欲を当教団が強く有することが、ここからうかがえる。

②名古屋

地下鉄平安通駅の五番出口を出れば、一分でイグレシアである。平安通に面して一二階建ての細長いビルがあり、その二階ワン・フロアが聖堂である。以前は何らかの事務所であったか店舗であったか、不明であるが、現在は世界共通のイグレシア・スタイルに模様替えされている。ビルの一階は美容室で、三階より上はマンションである。推測であるが、マンション部は単身者用で若い人が多く住み、在室時間は夜だけというパターンが多いのではないだろうか。ゆえに階下でときに百を超える外国人が集まるとしても特段気にしないということか。所謂苦情めいたものはない、とはフィリピン人を妻に持つ日本人信者（「ここに来てから四年」だそうである。彼はタガログ語を二〇％解するという）に聞いたところである。

聖堂に入るには、平安通からではなく、裏に回る。そこが住人のための共同玄関である。ガラス・ドアを開け、階段を上って（またエレベーターを用いて）鉄の扉を開いて入室してゆくことになる。

その扉の横の壁に「スポーツ大会」参加を促すビラがあった。卓球やテニス、バスケットボール他の競技名が記されており、そこに信者は自身の名前を記すようになっている。スポーツを通して信者間の交流を図っているのである。スポーツの他には、チェスへの誘いも見られた。

許可をいただいて入室。まず午後七時四〇分から、役付き信者のためだけの礼拝（日本語の聖歌付き）。スーツを着用した男性たち、白いドレスに身を包んだ女性たち、そして聖歌隊の男女たちだけの時間である。一〇分程度で終了。その後、一般信者が入堂。

八時丁度となり、ミニスターが日本語で「定められた礼拝の時間が来ました。賛美歌を歌いましょう」と語って、礼拝式が始まる。その後、タガログ語で歌を二曲の後、日本語での歌。次に信者代表と思しき人物による日本語での祈りがあった。祈りの声は熱を帯び、彼は時に涙を交える。参列者のなかにも涙を流す姿があった。その後にタガログ語での聖歌合唱へと移り、牧師の説教が半時間以上も続く。説教はタガログ語によったが、日本語でもそれを聴くことができた。予め説教内容を日本語で話したものを録音し、それを電波で飛ばして再生していたからである。私を含むタガログ語に精通していない日本人信者（その子どもたちも）はイヤホンを装着して耳を傾けた。日本人信者への配慮がうかがえるところである。

説教終了後に献金。スーツ姿の男性そして白いドレスの女性たちが白い袋を持って参列者を回り、回収を終えた後は前方に置かれた箱にそれを納めた。そして歌へと移り、締めの言葉があって閉会である。時間は九時に近く、ほぼ一時間である。世界共通でこうしたスタイルが採られているはずである。

参列者は総計で二〇〇近くいただろう。女性がやや多かったようである。そして子どもの姿も多くあった。年齢的には赤ん坊から生徒・学生の一〇代（女子生徒の制服姿もあった）、二〇・三〇・四〇代と亘り、特定年齢層が目立つということはない。もっとも、六〇歳以上の高齢層の姿はほぼなかった。

子ども連れが少なくなく、その泣き声や話し声も漏れ聞こえて、雑然とした印象は否めない。ただ、こうした（カトリックのそれとは違う）礼拝式を、イグレシアの信者は誇りに思っているのだろう。ある白いドレスの女性信者に「カトリックのミサとは違う」旨のことを伝えたとき、「感動しましたか？」と返答されたことである。この礼拝に彼らが（心揺さぶられる思いで）真摯に臨んでいるであろうことが推測された。

礼拝時間が終われば一般信者は帰路に就く。一方、役付き信者たちは残って居並び、今後のスケジュール等についての説明を受けていた。

イグレシアが名古屋で創立されて（この調査を実施した二〇一三年時点で）二五年ばかり経つという。現在地に移転したのは、この六年程前である。とはいえ現聖堂も手狭になってきており、新たな移転先を探しているとのことであった。教会はフィリピンの本部の管掌下にあり、本部からは「天井まで七メートルは欲しい」とリクエストされているようである。とはいえそうした物件はなかなかみつからない（新築すれば別であるが）。なお、法人認証を受ける予定（あるいはその準備中）とのこと。

名古屋の聖堂では礼拝式は水曜・木曜・土曜・日曜の四日に亘って催される。日曜日だけは、夜ではなく、午前一〇時からの開始であるという。名古屋近辺の信者の数は多く、対して聖堂の面積はそのすべてを容れるには小さいため、訪れる信者を分散させて礼拝をスムースに行うためである。

名古屋には七〇〇名程度の信者がおり、その出席率は五〇%と見られている。信者は在フィリピン時からイグレシアの信者で、来日後も故国のキリスト教を信奉しつづけているというパターンが多い。カトリックからの改宗者もいて、信者は増加傾向にある。そして信者の大半はフィリピン系で、日本人の信者は、その配偶者がフィリピン人の女性信者であるというケースがほとんどとなる。また、フィリピン男性と結婚し入信したと思われる日本人女性の姿もあった。そして両者の間に生まれたダブルの子どもたちが信者である。したがって信者には永住・定住者が多い。

地下鉄駅で、礼拝帰りの四人家族に話しかけたところ、そのなかの二〇歳前後と見える女性が応じてくれた。彼女はこう語ってくれた。カトリックの神父は聖書に書いていないことも語るが、イグレシアで語られるのは聖書に書いてあることだけである、イグレシアとカトリックは全く違うのだ、と。そして彼女は友人——日本・フィリピンを問わず——をイグレシアに誘っているということである。若いが、揺るぎない信仰心を持つと、感じ入ったことであった。その彼女も、教義をめぐってのことであろうか、カトリックの友達とケンカになることもあるようである。

③品川

北東アジア管区オフィスに面する道路を北へ自動車で五分(徒歩なら三〇分程度)の、南千束の交差点近くに建つ会社ビルの二階が聖堂として改装されている。外付けの非常階段を上り、鋼鉄のドアを開ければ、聖堂である。

筆者の訪れた二〇一三年九月七日は、品川ローカルが発足した記念すべき第一日目であった。ローカルは東急池上線長原駅から近い。初めてここに足を運ぶ信者の多いと予想されたからであろう、聖堂への誘導係が数名、方角を示すビラを持って駅方面に向かっていった。

品川ローカルは川崎ローカルから分離独立したものである。多くの信者を収容するには川崎の聖堂が手狭になってきたのだろう。そしてまた、川崎まで通うには遠いと感じる東京在住信者が多いからであろう。そこで新たに、ここ品川ローカルが設けられたのである。

出席者は一〇〇名程度で、その七割は女性であった。子どもたちも一〇人以上はいた。また、この日は「お祝い」だからなのだろう、通常はローカルに一名だけのミニスターが、主任を含めて三名、列席していた。そして女性の圧倒的多数ゆえであろう——通例イグレシアでは男女席は中央通路を挟んで分けられているが——この日は男性信者が前に詰めて坐ったその後ろにも女性たちは席を得ていた。

午後八時半になり、「定められた時間になりました」と、礼拝式が始まる。聖歌から始まるのは、大阪・名古屋と同じである。三曲目になると、多くが泣き出してきた。それに、ミニスターの涙ながらの熱弁が続く。

タガログ語に不案内な参列者にはヘッドフォンが渡され、ミニスターの説教の内容を日本語で聞くことができた。ヘッドフォンを手渡された男性は五名で、若い日本女性も一名、使っていたことが確認できた。予めタガログ語での原稿をつくっておいて、日本語に翻訳したものを録音する——そしてそれを再生する——のであるから、手間がかかる。日本人信者への配慮は行き届いていると思われた。また説教内容に「非信者と結婚することへの戒め」があった。また「間違った教え」への注意喚起も行われていた。「神の戒めを守ること」も強く主張され、この信者グループが「選ばれた」それゆえに「やや閉鎖的な」、しかしそれゆえに「強固で」「自らの正当性を強調する」共同体であると理解される。

日本語による説教再生の終了後も、ミニスターの語りは延々と続いた。そしてタガログ語だけが耳に入るようになり、次第に、九時半過ぎから、列席者のなかに涙ぐむ者が見られるようになってくる。もちろんミニスターも涙ながらに、絶叫調の熱弁である。

午後九時四二分に（いったんの）終了。その後に献金の時間があり、さらに、日本人の信者代表による日本語での祈りが続く。「このローカルを祝福してください」と。そして、このローカル運営にあたる者たちが、宣誓を行った。ミニスターの口から出る一文一文を、日本人の二名が復唱し、「しっかり運営すること」「失敗があった場合には罪を得てもそれを甘んじて受けること」等という趣旨で宣せられた。さらにこの日本人二名の宣誓後、フィリピン人のローカル役員と思われる数名たちが、宣誓を行い、かくして品川ローカルは船出をしたのである。

大阪・名古屋と変わらない礼拝式が滞りなく終了した後、ローカル発足を祝う言葉を記した幕とともに、全員の集合した写真が撮られた。この画像が、フィリピンで印刷されるイグレシアの会報に載るのだろう。[*12]この全体写真の後、信者たちは嬉々として写真を撮り合い、またミニスターを囲んで晴れやかな顔つきで写真に収まった。そして「撮影会」が終われば、信者が持ち寄った料理を囲んでのパーティである。

六　エスニシティと相互扶助

イグレシア信仰の現場の項で見たように、そこにはフィリピン人以外の姿もあった。品川ローカルの事例をもとに、列席者一〇〇名から——ヘッドフォンを受け取った人の数をやや多めに見積もって——日本人を一〇名とし、さらにそこから子どもの数を一〇として減じれば、[*13]八〇名をフィリピン人のイグレシア信者と見なせる。さらに推測を進め、主任ミニスターから得た情報では国内に一万人の信者が存在するのだから、その八割つまり八〇〇〇人がフィリピン人と見なしうる。二〇一五年六月末時点の国内在留フィリピン人がほぼ二二万四〇四八であるから、その三・六％がイグレシアの信者という計算になる。

フィリピン本国では全人口中に占めるイグレシア信者の割合は、右の数値には届かない。[*14] もちろん「三・六」という数値は厳密な根拠に乏しく、参考程度のものに過ぎない。とはいえ、在留フィリピン人中のイグレシア受容程度は、本国に大きく変わるところがないと推定することは可能だろう。イグレシアによる伝道活動が結実しているということであろうが、日本に暮らすフィリピン人たちはどうして、イグレシアを受け入れているのだろうか。カトリックの立場からは異端とされるイグレシアである。日本で暮らすのなら、彼らは――来日以前からイグレシア信者である場合を除き――この宗教に目を向けることは危険ではないか。

一つの要因は、聖堂のなかはフィリピンだからであろう。高畑の指摘した「フィリピン女性の孤立化の傾向」は教会への集合によって緩和されるが、カトリック教会であってもタガログ語ミサが行われる限り、そこにはフィリピンが出現していると認識できる。よって、イグレシアに改宗せずとも、カトリック教会においてもフィリピンを感じることはできるはずである。ではなぜ、改宗するのか。

イグレシアにはさらに濃厚にフィリピンがあるから、と考えられるところである。この宗教において、「神の使い」はフィリピン人なのである。そして世界中でイグレシアの信者になっているのは圧倒的にフィリピン人で、その他は結婚を契機に入信した者が中心であることから、その人々はフィリピンに順応した人々であると把握できる。カトリック教会では――タガログ語ミサにはフィリピン人だけであったとしても――日本人も、ブラジル人もペルー人も、またベトナム人もいる。イグレシアはグローバルに展開しているのだろうが、その内実は極めてエスニックである。

また、相互扶助のシステムの備わっていることも、イグレシアが魅力と感じられるところではないか。名古屋ローカルにおいて、信者にスポーツへの参加を促すビラの貼られていたことは記した。礼拝式以外でも信者間でコミュニケートする機会があり、これに加わる信者間関係はより深いものになるはずである。そしてこの交流の上に、イグレシアの強調してきた相互扶助が実践されるのであろう。「孤立化の傾向」解消に作用する可能性が、ここにはある。

世界宗教キリスト教といっても、その教えを信者はどれほどに理解していることだろう。信者によって、理解レベルは異なる。国によっても異なるかもしれない。カトリック国フィリピン出身のカトリック信者の、その信仰理解レベルが高いとは一概にはいえるものではない。東京に長く暮らすフィリピン人女性科学者がおり、彼女は東京大司教区の教会を廻ってフィリピン共同体の育成に尽力してきたという。その彼女は、フィリピン人は幼い頃に獲得した信仰理解をもっと深める必要がある、と考えているようである〔寺田 二〇一〇：一〇三―一〇四〕。フィリピン人の神学理解レベルの現状を危惧する（同胞ゆえの）声、と認識できる。対して、イグレシア信者は自身の理解レベルに――その内容の正統的であるか否かは問わない――自信を持っていると推測される。教育プログラムを受け、パスしてきた実績があるからである。名古屋ローカルの事例のなかで記した若い女性のカトリック批判は、自信に裏打ちされてのものであろう。

ニューカマーたちは概して、言語と文化を同じくする者たちで集まろうとする。信仰を同じくする者たちによる共同体も形成される。フィリピンからのニューカマーについても、そうである。そして宗教共同体については、カトリック教会とイグレシアの聖堂において、それが形成されている。両者の間には敵愾心があろう。彼らが普段の生活を送る限り、信仰生活は表面化せず、二つの宗教の違いを意識することは少ない。ただカトリックは本国フィリピンにおいて反イグレシアのキャンペーンを行なってきたという事実がある。イグレシアも、カトリックの教えを批判してきた。本章はどちらかの立場を肯定・否定しようというものではない。イグレシアの日本国内での伸長に着目し、その内実に客観的に迫ろうとしてきたものである。そしていま、断言できるのは、カトリックとは違うキリスト教系の、誇り高い（キリスト教信者として、且つフィリピン人として）集団が日本において、日本人を婚姻関係によって巻き込み、成長しつつあるということである。

1——以下のフィリピンにおけるイグレシアについて、そして創始者・マナロについての記述は、〔寺田 一九八二〕に依拠している。

2——フィリピン統計局（National Statistics Office）による The Philippines in Figures 2014 に掲載された数値である。詳細は統計局ホームページ https://psa.gov.ph を参照のこと（二〇一六年三月八日閲覧）。なお同統計によれば、二〇〇〇年現在のイグレシアの信者数は一七六万二八四五人であった。さらに追記すれば、イグレシアが統計に初めて現れた一九四八年の数値は、八万八一二五人であった。

3——選挙においてイグレシアが信者の持つ票を取りまとめ、当選のためにそれを欲する政治家に対して影響力を行使することである。

4——『朝日新聞』（二〇一一年六月二七日）はイグレシアについての記事を掲載し、そこに政治学者ラモン・カシプルの以下の言を引いている。「ＩＮＣ（イグレシアのこと——筆者注）票を取り込んで成立した九〇年代のエストラダ政権では、多くのＩＮＣ信徒が高官に任命され、ポストを求めてＩＮＣに改宗する政治家もいた。エストラダを倒したアロヨ前政権もＩＮＣには気を使い、教団創立記念日を祝日に指定したほどだ。海外へも勢力を広げていることもあり、今後とも政治に一定の影響力を持ち続けるのでは」というコメントである。

5――イグレシア・ニ・クリストのホームページ http://iglesianicristo.net を参照のこと（二〇一六年三月一〇日閲覧）。

6――牧師の意であるが、イグレシアではフィリピン人はもちろん日本人信者（在日フィリピン人の配偶者）もその役割をミニスターと呼んでおり、ここでもその慣用に倣う。なおミニスターは男性のみがこれに就任する。

7――インタヴュー終了後の二〇一四年三月に閲覧したもので、アドレスは http://iglesianicristo.ws/congregation/congregation/Japan/JapanTable.htm であった。

8――全四七ヶ所を確認することができたサイトは http://www.iglesianicristo.ws/congregation/congregation/OverseasDistrict/ASIA/JapanTab.html（二〇一六年三月一〇日閲覧）で、それは注7のものとは異なっている。この「最新」情報によって Japan Congregation とタイトルされた拠点を――ウェブ上の配列通りに、表記通り日本語に訳して――以下に列挙しよう。綾部（京都）・千葉・福井県・福岡県・岐阜西・群馬県・浜松・彦根・広島・茨城・市川・今治市・北海道・岩国・岩手・蟹江・刈谷・川崎・神戸・熊本・釧路市・京都・三沢・長野市・名古屋・沼津・岡谷・岡山・沖縄・大阪・埼玉・佐世保・品川・静岡・栃木・徳島・東京・山梨・八女郡・横浜・横須賀・横田・福山・宮崎・福島・三好・成田、である。また右記中の蟹江・熊本・徳島・福山はエクステンションであることを示す「Ext.」が附されている。エクステンションについては本文中に説明している。

9――礼拝式中、「好適地が見つかりますように」との内容で、信者代表である日本人が祈りの言葉を述べていた。六〇歳代半ばと見えたその人物は、フィリピン人女性との結婚を機にイグレシアに入信した者である。

10――この席に座るミニスターも信者代表も、皆スーツ姿である。そしてクワイアはその役割にふさわしいガウンをまとう。

11――礼拝式中に複数の信者が献金袋を持ち信者の間を廻り、献金を受けた後、その袋をうやうやしくケースに納めていた。

12――（*PASUGO*）*GOD'S MESSAGE* という月間の広報紙である。そこにある'Church Reports Around the Globe'という項で取り上げられるのだと思われる。

13――一二歳にならなければイグレシアの教育プログラムを受講することができないため、それ以下と見える子どもたちは――いかに信仰熱心であっても――信者としてカウントすることは控えた。

14――二〇一〇年の総人口九二三三万七八五二のなかでイグレシア信者数二四六万九九五七は二・七％に相当する。

［参考文献］

高畑幸　二〇一一「意味ある投資を求めて――日本から帰国したフィリピン人による出身地域での企業」竹沢尚一郎『移民のヨーロッパ――国際比較の視点から』二一八―二四三頁、明石書店

角替弘規・家上幸子・清水睦　二〇一一「フィリピン系ニューカマーの教育意識に関する一考察――大和市の国際結婚家庭の事例を中心に」『桐蔭論叢』第二四号、桐蔭横浜大学、八九―九七頁

寺田勇文　一九八二「イグレシア・ニ・クリスト――フィリピンの新宗教運動の一事例」『東南アジア研究』一九巻四号、京都大学東南アジア研究所、四二六―四四一頁

寺田勇文　二〇〇二「イグレシア・ニ・クリスト――フィリピン生まれのキリスト教会」寺田勇文編『東南アジアのキリスト教』めこん、五七―八三頁

寺田勇文　二〇一〇「海外からの移住者と宗教実践――東京大司教区のフィリピン人共同体を中心として」私市正年・寺田勇文・赤堀雅幸『グローバル化のなかの宗教――衰退・再生・変貌』上智大学出版

永田貴聖　二〇一一『トランスナショナル・フィリピン人の民族誌』ナカニシヤ出版

文化庁文化部宗務課　二〇一三『在留外国人の宗教事情に関する資料集――東南アジア・南アジア編』

三浦綾希子　二〇一二「フィリピン系エスニック教会における若者グループの機能と変容――一・五世と二世の差異に着目して」『異文化間教育学会奨励研究論集』第二号、三五―五四頁

［ウェブサイト］

フィリピン統計局（Philippine Statistics Authority）：https://psa.gov.ph

イグレシア・ニ・クリスト：http://iglesianicristo.net

第14章

日本における旧ソ連諸国出身者の宗教生活

◉藤田智博

一　はじめに

本章では、旧ソビエト連邦諸国からの日本への移民と宗教について、報告することとしたい。旧ソ連諸国からの移民は、ブラジル出身者やフィリピン出身者と比較して、数が多いとはいえない。それゆえ、移民研究においても、また、「ニューカマーと宗教」といった観点からの研究においても、注目されてきたとは決していえない。しかし後述するように、一九九〇年代以降、その数は増加傾向にある。

旧ソ連諸国出身者の宗教は、滞日ブラジル人の福音主義キリスト教やイスラームに代表されるようなニューカマー宗教と呼べるわけではないだろう。彼らの宗教はキリスト教、より厳密にいえば正教である。[*1]一八五四年に日露和親条約が結ばれ、一九五八年に函館に領事が赴任してくるが、このときロシア正教の司祭も来日している。これが日本における正教の歴史の始まりで、二年後には聖堂が建設されているが、これはあくまで領事館に関係するロシア人たちのためのものであった。日本人と正教との直接的な接触は、一八六一年、ニコライが来日して以降である。彼は東京に拠点を移して宣教活動を展開し、日本国内に正教の種を蒔いていく。一八九一年には東京・駿河台に復活大聖堂が建設されるが、それが彼に因んでニコライ堂と呼ばれるのは、その功績を讃えてのことだろう。つまり、正教と日本との関わりは一五〇年以上も前から始まっており、この歴史を考えれば正教をニューカマー宗教と位置づけることは妥当とはいえない。もっとも、正教はカトリックでもプロテスタンティズムでもなく、信者数も国内に一万弱を数えるにすぎない。[*2]大半の日本人にとって、正教は疎遠なものにとどまっており、この点では、正教は他のニューカマー宗教と共通している。

ソビエト連邦は一九九一年に崩壊する。ソビエト体制下、宗教活動に強い制限が課されていたことは周知のことである。しかし、ソ連崩壊後、制限が緩和され、宗教活動が活性化して、教会に定期的に足を運ぶ信者の数は回復している。日本に暮らす旧ソ連諸国出身者も、母国の現状と同じく、宗教と無縁の生活を送っているわけではない。日本国内での彼ら彼女らに限定した宗教統計は存在しないため、具体的な数値を提示することはできないが、宗教（教会）を不可欠なものとして認識している者の少なくないことを、国内の正教の教会にて確認することができる。ニューカマーの宗教を理解することが彼ら彼女らと日本社会との関係を考察する上で必要であるならば、旧ソ連諸国出身者の宗教生活の一端を明らかにすることもまた意義があると思われる。彼ら彼女らには、他の宗教的ニューカマーたちと比較して、異なるところがあるだろうか。本章では、ロシア正教会とウクライナ正教会の事例を通して、その点を考察することとしたい。

二　旧ソ連諸国出身者の性別割合

日本で暮らす旧ソ連諸国出身者を理解する上で、一九九一年のソ連の崩壊は無視できない要因である。なぜならば、それ以降、旧ソ連諸国からそれ以外の地域へ移住する人びとが増加し、日本もその行先の一つとなっていると考えられるからである。実際、日本を訪れる旧ソ連諸国出身者は、リーマン・ショック時や東日本大震災時を除くならば、増加傾向にある。図①には、ロシアから日本への入国者数の推移を示したが、[*3]二〇〇〇年以降、増加傾向にあり、五万人を上回っている。

同じように、ウクライナからの入国者の統計を示したのが図②である。ウクライナ出身者は、九〇年代後半か

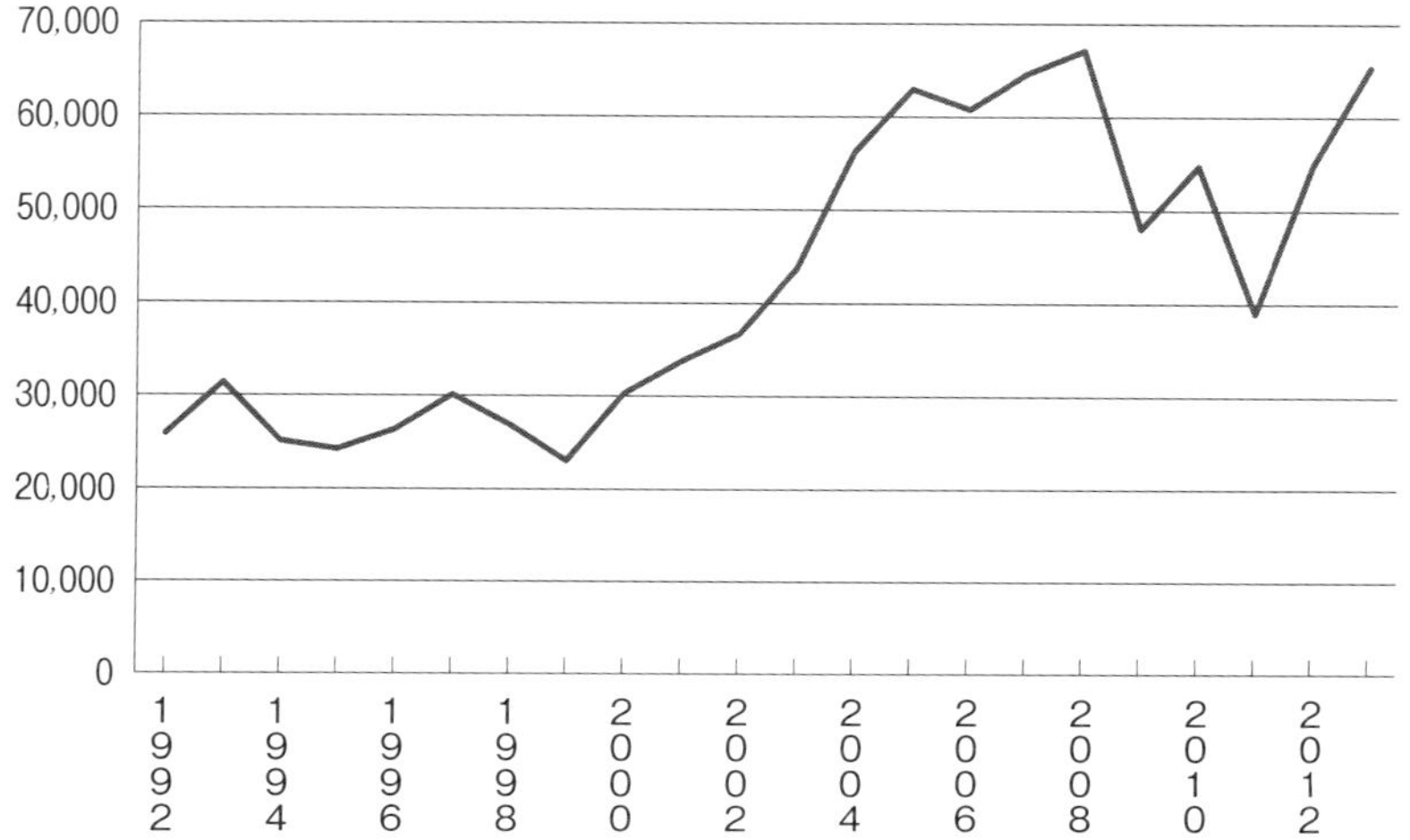

図①　ロシアからの入国者数の推移（法務省『出入国管理統計』より作成）

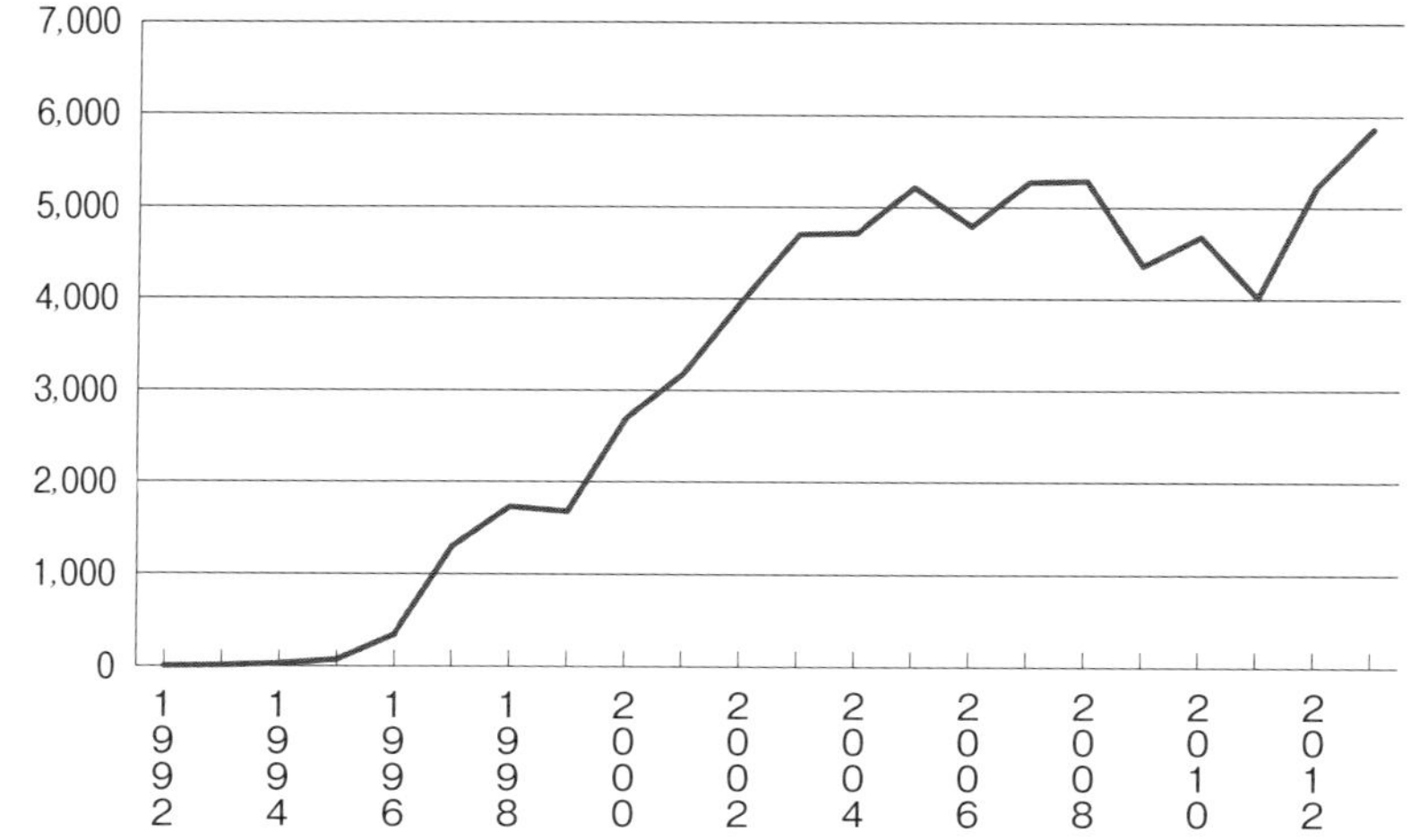

図②　ウクライナからの入国者数の推移（法務省『出入国管理統計』より作成）

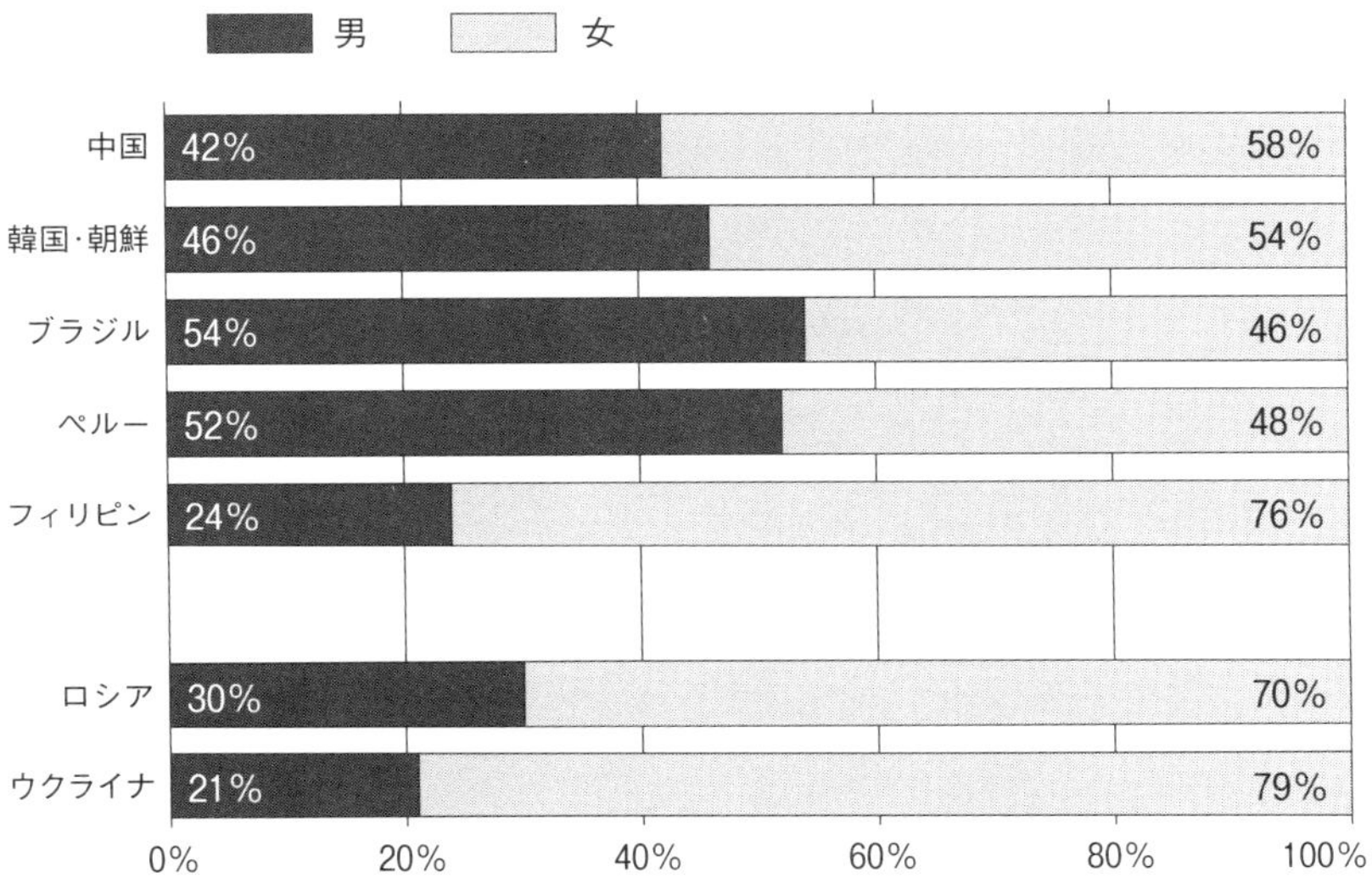

図③　国籍別在留外国人の男女比率
（法務省『在留外国人統計』〔2014年6月末〕より作成）

ら徐々に増え始め、ロシアほど数は多くないものの、ロシアと同じように二〇〇〇年代に入って増加のペースはアップし、近年では五〇〇〇人台を記録している。ロシア、ウクライナに次ぐのは、二〇〇〇人超を記録するウズベキスタン出身者で、他にもベラルーシ、カザフスタン等の国があるが、これらの国々からの入国者も、二〇〇〇年代に入って、増加傾向にある。

旧ソ連諸国出身者には、性別において、フィリピン出身のニューカマーと類似した傾向が見られる。図③は、日本におけるロシアとウクライナ出身者の性別の比率を、他の在留外国人と比較したものである。二〇一四年六月末の段階で、在留外国人の出身地域で数が多いのは、中国（六四万八七三四人）、韓国・朝鮮（五〇万八五六一人）、ブラジル（一七万七九五三人）、ペルー（四万八二六三人）といった国であり、ロシア（七六六八人）やウクライナ（一五三一人）は決して多くない。

女性比率を確認してみるならば、フィリピンが七六

%、ロシアが七〇%、ウクライナが七九%と、これら三つの国は七〇%を上回る数値を記録している（図③）。ニューカマーの典型例とされるブラジルの出身者が、最も男性比率が高い。ブラジル出身男性はデカセギ労働者として来日し、自動車関連を筆頭とする製造業に従事し経済的な基盤を築き、家族（配偶者や子どもたち）を呼び寄せ、生活を営もうとしてきた。もちろん、ブラジル出身女性がデカセギとして来日することもあるし、呼び寄せられた後に就労する女性も少なくないはずである。それに対して、ロシアやウクライナ出身者は、デカセギの労働者として以上に、フィリピン出身者と同じく、日本人男性の配偶者として在留していると考えられる。

統計における在留者資格に照準を合わせるならば、「日本人の配偶者等」という資格を持つのはフィリピン人の在留者数中一四・〇%、ロシア人では一五・〇%、ウクライナ人では一九・六%である。「日本人の配偶者等」は、そこに配偶者以外の親族関係（すなわち子ども）を含んでおり、この資格を有している在留者がすべて日本人男性の配偶者とはいえない。とはいえ、旧ソ連諸国出身者とフィリピン出身者におけるその比率が、他国出身者に比較すると高く、類似していることには留意しておいてよい。そして、三つの国の出身者において、「永住者」資格によって在留する者が、フィリピンでは五三・二%、ロシア四一・六%、ウクライナ四八・二%となっている点も、注目に値する。「永住者」資格は、既に日本に在留し、在留資格の変更を希望する外国出身者に許可されるが、「日本人の配偶者等」から「永住者」へ資格の変更の申請をするケースが多いと考えられる。

すなわち、フィリピン出身者と同様、ロシアやウクライナ出身者においても日本人の配偶者として在留するケースが少なくないと推測される。実際、インターネットでは、ロシア出身女性やウクライナ出身女性と日本人男性との結婚を斡旋するサイトが容易に見つかる。日本人の配偶者として在留する旧ソ連諸国出身の女性たちにとって、言語・文化の異なる国での生活が不安の多いものであることは、想像に難くない。それでは、彼ら彼女らの日々に、宗教（教会）はどのような役割を果たしているのだろうか。

三　日本の正教会における旧ソ連諸国出身者の女性

旧ソ連諸国出身者の女性割合の高さは、正教の教会で実施した参与観察からも実感することができた。[*4] たとえば、二〇一四年の四月二〇日は正教徒にとって一年のうちもっとも重要な「パスハ」（復活祭）の日で、礼拝集会が深夜から催され、多くの信者が集まっていた。ここでは日本語以外に、英語、ギリシャ語、ロシア語、ルーマニア語、アラビア語といった複数の言語が用いられていたことから、信徒が多国籍であることがうかがえよう。参加している信徒の二〇％以上は、外見と言語から、ロシア語圏の外国出身者であることが推察され、そのほとんどが女性であった。彼女たちの多くが、スカーフで頭を覆っており、また、小さな子どもを連れていた。深夜であることから、眠たがる子どもをあやしつつ、祈りに加わっていた。彼女たちの夫であろう日本人男性は、教会の内部で一緒に祈りに参加していた人と、教会の外に停めた自動車のなかで待機している人の、二種類があった。つまり、旧ソ連諸国出身の妻と、日本人の夫、そして子どもを含んで正教を信仰する家族と、妻とその信仰を（ある程度は）容認しているだろう夫からなる家族である。いずれであれ、教会とより強く結びついているのは、女性の方である。

ここで、筆者がインタビューした女性の事例を三つ、提示してみよう。

図④　神戸ハリストス正教会の外観

事例①[5]

この女性は、ウクライナ出身で、日本人男性を夫にもつ。彼女は、普段から熱心に教会に通っていたわけではない。しかし来日後、教会に行ってみたいと思っており、あるとき機会を得て、実際に神戸ハリストス正教会を訪れた。また、復活祭のときは特に訪ねたいと話してくれた。

この女性によれば、日本の正教会を訪れることは、常に念頭にあるとのことである。ただ、日本では、それほど正教会が多くなく、簡単に訪れることができない。そこで、夫に車を運転してもらうことで、また、夫から交通費を工面してもらうことで、時々訪れている。このような旧ソ連諸国出身者は、数自体はそれほど多くないにしても、現代の日本に一定数存在していると思われる。

事例②[6]

ロシア北部の町出身の四〇歳代のこの女性は、来日して約一〇年である。一年目を名古屋で過ごした後、二年目からは大阪に暮らして現在に至っている。日本人の夫との間に九歳の娘がいる。日本語の能力については、充分ではないという。彼女は「できるだけ教会には来るようにしている」そうで、いま暮らしている大阪にある正教会が、主に足を運ぶ場所である。とはいえ、大阪ハリストス正教会だけではなく、京都の教会にも通う。

神戸ハリストス正教会にも、一度だけ行ったことがあるという。教会に行けば、ロシアだけでなく、エジプト、ブルガリア、ベラルーシ、ウクライナ出身の女性たちと出会うことができ、彼女にとって教会は、その人的ネットワークを拡大する場所でもある。

このロシア出身の女性にとって、日本語は難しい言語である。それゆえ、日常生活において日本人とのコミュニケーションにストレスを感じることもあると思われる。そのような中、教会であれば同じ言語を話す者と会うことができる。定期的に教会に通うこと、また、複数の正教会に通うことで、それが果たされる。

図⑤　大阪ハリストス正教会の外観

事例③[*7]

サンクトペテルブルク出身の二〇歳代のこの女性は、ロシア語の専門家である日本人男性と三年前に結婚し、それを機に来日した。いま来日三年目で、二歳の娘とともに教会に来ていた。妊娠中はほぼ毎週、教会に通っていたが、いまは二週間に一度程度である。六歳の頃から英語を学んでいた(インタビューは英語で行うことができた)。彼女は大阪のみならず、京都や神戸の正教会にも通っている。ただ厳密にスケジューリングしての教会通いではなく、「状況によって」のことだそうである。その日に教会に来ていた友人の女性が複数いたが、全員が教会で知り合ったロシア人だという。

この女性にとって、妊娠中に毎週教会を訪れていたのは、不安の表れだったかもしれない。来日後間もなくで、出産を控えているとなれば、心が落ちつかなくなるのは当然であろう。京阪神の三つの正教会に通うのは、小さな子どもを抱えていると、簡単ではないはずであるが、教会に行けば友人たちと会えることが大きいと考えられる。

これらの事例は三つに過ぎないが、日本人男性と結婚した彼女たちは、正教会を拠点として友人らと交流することで、情報交換をはじめ、それを生活に活かしていたことがうかがえる。

四　日本におけるウクライナ正教会

右のような事例に加えて、筆者が調べたところ、旧ソ連諸国出身者のうち、在日ウクライナ人とその家族がウクライナ正教会（キエフ総主教庁）を設立し、東京にある聖公会の聖オルバン教会[*8]を借りて、一ヶ月に二回集まって礼拝集会を催していることがわかった。聖オルバン教会は、すべての礼拝を英語で行っており、日本に暮らす外国出身の信徒が集う場所になっているが、ウクライナ正教会はその場所を、毎月の第一と第三の日曜日に使用して、聖体礼儀[*9]（日曜礼拝）を行なっているようである。また、ウクライナ正教会は、聖オルバン教会以外に、アメリカ空軍の横田基地にあるメインチャペルも毎月第二日曜日に使用している。また、ウェブサイトを含め、

図⑦　聖オルバン教会の外観

図⑥　聖オルバン教会の表札

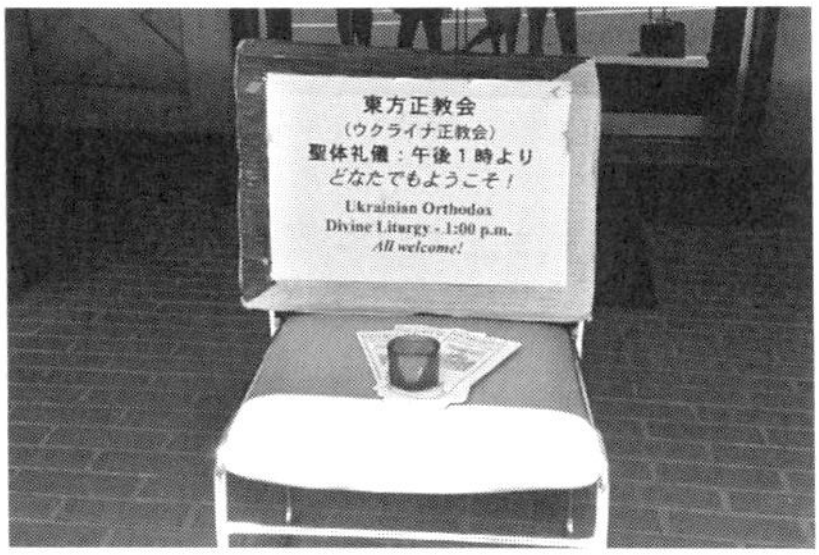

図⑧　聖体礼儀の開始時刻を知らせる掲示

ロシア語が用いられていないという点も無視できない特徴であった。[*10]

聖オルバン教会にて参与観察を行ったところ（二〇一五年七月一九日）、アメリカ出身の司祭と日本人の輔祭の二人に加え、参加者が数名いた。司祭によると、参加者は、数人程度から、多いときは六〇人程度だそうであり、多く集まるのは、復活祭、クリスマス、洗礼のときである。参加者の出身地は、日本人が半分程度で、ウクライナ人が四分の一程度、残りの四分の一がそれ以外の国（ハンガリー、ギリシャ等）であり、言語は、ウクライナ語、英語、日本語を用いているそうである。日本のウクライナ正教会のウェブサイトは、東京農業大学へのウクライナからの留学生が作成したそうである。また、横田基地のメインチャペルにおいても定期的に礼拝が行われているが、これは、同じ司祭が行っているものの、軍関係者が集まるもので、聖オルバン教会で行われている礼拝とは別のものである。

聖オルバン教会で礼拝をするようになる以前は、司祭の自宅や、レストランを借りて、少人数で行っていたそうである。集っていたのは、すでに指摘したように、在日ウクライナ人とその家族である。それが、同じキリスト教として、聖公会からぜひ場所を提供したいという申し出があり、二〇〇七年から、聖オルバン教会を使用しているそうである。将来的には、自身の教会を持ちたいと司祭は述べていた。

日本のウクライナ正教には、大使館も関わっている。在日本のウクライナ大使館のウェブサイトによると、日本においてウクライナ出身者の正式なコミュニティは存在していないようである。しかし、大使館が支援し、二〇〇九年一一月に、かつてウクライナを襲った飢餓（一九三二～一九三三年）の犠牲者のために、聖オルバン教会で礼拝がウクライナ正教会ミッションによって行われている。また二〇一〇年一月一七日には、ウクライナ統一記念を祝う目的で、礼拝式が聖オルバン教会で行われている。[*11]

これらのことから、ウクライナという国、ウクライナ正教、そしてウクライナ出身者の三つの結びつきが示唆されるが、彼ら彼女らはウクライナ正教を介してコミュニティを形成することで、異国の地において祖国とのつながりを保とうとしているといってもよいかもしれない。

五　おわりに

以上、本章が記述してきたのは、旧ソ連諸国出身の女性たちが正教の信仰を介して社会的なネットワークを形成している状況である。女性中心であるという点は、他の多くの在留外国人とは異なっているものの、フィリピン出身者と共通するところである。他方で、フィリピン出身女性たちと異なる点も、指摘することができる。

一つは、正教会を拠点に形成されるネットワークのゆるやかさという特徴である。フィリピン出身者の場合、多くがカトリック教会でのミサに集うが、フィリピン人信徒のためにタガログ語でミサを行うカトリック教会は、国内に少なくない。そうなれば、フィリピン人たちが教会を拠点に形成するネットワークは、フィリピン人だけをその構成員とする。一方、正教会では、列席者数はそれほど多くないものの、複数の言語が用いられており、国籍も多様であり、ネットワークは必ずしも祖国が共通する者に限られるわけではない。旧ソ連諸国出身者は、エスニック・バウンダリーを超えたネットワークのなかに、自らを位置づけることになる。そうなると、ネットワーク構成員すべての共通項である正教信仰の比重が、彼ら彼女らのなかで相対的に大きくなってくることが予想される。[*12]

また、ウクライナ出身者のなかにおいても、聖オルバン教会や横田基地のチャペルに通える者は首都圏在住のうちの一部に限られること、ウクライナ国内でウクライナ正教会が二つ（キエフ総主教庁とモスクワ総主教庁）存在することから、本章で取り上げたウクライナ正教会（キエフ総主教庁の系統である）以外の正教会に通う者も多いことを忘れてはならないだろう。

ウクライナを含む旧ソ連諸国出身者とその宗教生活については、データの蓄積が足りない。今後もフィールドワークを進め、彼女たちとその宗教との関係に迫ってゆく必要があろう。旧ソ連諸国から来日した女性たちは日本在住の外国出身者のなかで特に目立つわけではない。しかし、文化共生が求められる時代であり、さらに国際結婚の割合も無視できるものではなくなっている。そのなかで一定数を占めているのが、彼女たちである。正教の教会の数は日本国内にも決して多くないが、旧ソ連諸国で生まれ、日本人配偶者と出会い、日本で生活していくなかで、宗教がどのような役割を果たしているのか、さらに精緻に追っていくことが課題となるだろう。

1――本章の宗教に関する記述については、三木英氏より多くの示唆をいただいた。また、旧ソ連諸国出身女性に注目する本章の視点、また、聖オルバン教会におけるインタビュー調査においては、キム・ヴィクトリヤ氏（大阪大学）に多くを負っている。そもそも、正教（Orthodox）とは、一〇五四年のキリスト教分裂によって成立することになったもので、東方正教会あるいはギリシャ正教とも称される。西欧を中心に展開することになったローマ・カトリックに対し、正教はギリシャや東欧、ロシアへと展開していった。世界中の教会・信者をローマ教皇が統括するという組織形態を採るカトリックとは異なり、正教は国名あるいは地域名を冠した独立教会による連合体である。たとえば、ロシア正教会、ルーマニア正教会、日本正教会等々がその独立教会にあたる。ただし、本章後半で取り上げる聖オルバン教会を拠点としたウクライナ正教会（キエフ総主教庁）はその系統とは異なっており、ウクライナ正教会（モスクワ総主教庁）とは区別される。

2――文化庁編『宗教年鑑　平成二六年版』に拠った。

3――一九九二年から二〇〇五年までは、時系列表が公開されているため、それを基にした。二〇〇六年以降は、各年で公開されていることから、それを参照した。図②も同様である。

4――二〇一四年二月には神戸と東京の正教会を、また、四月に大阪の正教会を訪れた。

5――二〇一四年二月二日、神戸ハリストス正教会近くのレストランで行ったインタビュー（日本語）による。

6――二〇一五年一一月八日、大阪ハリストス正教会で行ったインタビュー（日本語）による。

7――二〇一五年一一月一四日、大阪ハリストス正教会で行ったインタビュー（英語）による。

8――東京都港区の東京タワーの程近くに、日本聖公会の聖アンデレ教会（一八七九年〜）がある。その敷地内に一九五六年に、英国聖公会からの「英語礼拝のための聖堂を」との要望を容れて建設されたものが聖オルバン教会で、ウクライナ正教会はこれを借りて礼拝集会を行なっている。

9――聖体礼儀とは、正教において最も重要な奉神礼であり、これはローマ・カトリックにおける典礼に相当する。神学的な説明を加えることは本章の趣旨から外れるため、ここではカトリックのミサに近いものであるというにとどめたい。

10――ウェブサイトは、http://stjude.jp/（二〇一五年二月二六日閲覧）。ウェブサイトの言語については、ロシア語ネイティブの協力者に依頼し、ウクライナ語であることを確認した。なお、横田基地での礼拝では、英語のみが使用されている。

11――在日ウクライナ大使館のウェブサイトより。http://japan.mfa.gov.ua/ja/ukraine-japan/ukrainians-in-japan（二〇一五年二月二六日閲覧）。

12――それは、マスジドに集まるムスリムのケースと同じであろう。

附録

国内マスジド探訪記

◉三木　英・沼尻正之

ニューカマー宗教に関心を持ってより、筆者たちは国内に設けられたそれらの拠点を数多く探訪してきた。本書はそこで実施された質的調査の成果を収録しているが、ここではイスラームの礼拝所であるマスジドに限定して、簡単な訪問記録を残しておきたい。

マスジドはここ二〇年間で急増している。しかも日本列島の北から南まで、広範囲で開堂されており、国内の既存マスジドすべてに足を運んだ者は、信仰熱心なムスリムであったとしても、誰一人としていないのではないか。況や研究者をや、である。筆者らもすべてのマスジドに足跡を残したわけではないが、それでも訪れた数でいえば研究者としては指折りと自負している。日本国内のイスラーム（ムスリム）を対象とした研究は、これから盛んになってくると推測され、ここで（簡単とはいえ）記録を残しておくなら、それが今後の研究のためのデータとして活きることもありうるところである。

以下では、筆者らが訪問したマスジドすべてについて、列挙してゆく。訪問日も、それに付す。僅かな時間でマスジドとムスリムをめぐる状況は変化する可能性があり、訪問日を付記しておけば、変化を――それがあるとして――トレースすることも容易である。なお何度も訪問したマスジドに関しては、煩雑を避けるために訪問日を列挙することはせず、有意義なインタヴューの実施できた（と筆者が自認している）日付けだけを記している。訪問は多くの場合、二〇一二年度から二〇一五年度にかけて実施されたが、それ以前になされた場合もあることを追記しておく。

東北、関東、中部、北陸、近畿、中国・四国、九州と、訪問の記録を掲示してゆく。聴き取り調査のできたマスジドは多いが、それを行えず単に観察しただけのマスジドもあり、データの質そして量において濃淡のあることはご容赦いただくほかない。

◎仙台マスジド／仙台市青葉区八幡七―七―二四（二〇一三年八月三〇日）

仙台マスジドは、二〇一五年一一月で開堂から八年を迎えた。仙台市の繁華な街並みが途切れ、山間に入ってしばらく進めば右方向の木立のなかに現れる平屋建てがそれである。

一九七七年九月、在仙台のムスリム――その多くは東北大学に在籍する――を中心に一般社団法人Islamic Culture Center Sendai（ICCS）が結成される。設立にあたっては（後に東京ジャーミイの項で言及する）イスライスラミック・センター・ジャパンの援助があったという。このICCSは現マスジドが建設される以前、市内の某所にマスジドを建てるべく八〇坪の土地を二〇〇〇万円で購入していた。仙台のムスリムからの募金、ハラール・ミートの――原価に僅かの利益を載せた――売り上げで蓄えた原資での購入である。しかし、その土地（住宅地区）でのマスジド建築が難しいことが判明し、計画修正を余儀なくされる。結局、土地は一六〇〇万円で手放し、それに代わる二〇〇坪程度の土地を探すなか、二〇一坪であった現在マスジドの建つ土地にたどり着いて、一五五〇万円で購入することになった。

土地購入と建築にあたり、国内他地域在住のムスリムへの募金呼びかけは行われなかった。また海外のイスラーム諸国に援助を請うこともなかった。仙台ムスリム独力による計画遂行である。「地元でできることは地元で」という考えに基づいてのことという。もっとも、仙台ムスリムだけで不可能と判断されたなら、東北地方在住ムスリムに、それでも足りないなら全国のムスリムに寄付を求める準備はあったようである。実際、日本ムス

仙台マスジド

リム学生連合（Muslin Student Association Japan ＝ＭＳＡＪ）を通じて支援要請は行われており、三〇〇万円程度の寄付を得たとのことであった。

立地面で良好とはいい難いマスジドゆえ、また駐車スペースに不足なしとはいえないため、自動車に乗り合わせて礼拝に訪れるムスリムが多い。いま金曜礼拝には五〜六〇人程度がマスジドを訪れる。そのほとんどは東北大学に籍を置く者たちである。イード（大祭）ともなれば、仙台のみならず青森・岩手・山形からを含め、三〇〇名がここに集まる。

これに関連する問題が、いま仙台のムスリムたちを悩ませている。駐車スペースをどうするか、という問題である。日本国内の他所で催されるイードは、公共のホール等を借りて行われることが多く、この場合には駐車スペースが問題になることはない。しかし仙台では、（近年の）イードの時期が当地の伝統行事「七夕」と重なり、会場（延いては駐車場）確保が難しくなっている。そのために現マスジドを会場にイードは行われてきたのであるが、三〇〇名程度が来場するとなればマスジド屋内だけでなくマスジド前の駐車スペースも（駐車不可として）イード用のスペースとせねば、大勢を収容することができない。かつ、マスジドの立地がよくないとなると、頭を悩ます問題が残るということである。

仙台のムスリム社会ではインドネシア人が多数派である。それにマレーシア、バングラデシュと続き、カタールやバーレーン、サウジアラビア、ヨルダン出身者もいる。パキスタン人もいるが、彼らのなかに学生・研究者は少なく、中古車ビジネスに従事する者が多く、自動車解体業を営む者もいるようである。それらと学生・研究者身分とを除いた職業面では、レストラン経営者や語学教師のムスリムが目立つ。また東北大学はイランの大学と提携しており、その縁で東北大にはイラン人が多く所属していたようである。このイラン人も二〇一一年の東日本大震災以前はマスジドに来ていたというが、震災後は全く来なくなったとのことであった。

大震災が東北のムスリムを震撼させたことは想像に難くない。そのなかでマスジドが被災者支援の前線基地として機能したことは特記すべきところである。地震直後から仙台マスジドには首都圏——たとえば大塚マスジド——から支援物資が続々と送られてきたし、海外からも届けられたという。マスジドに集積された物資はムスリムたちに配布され、もちろんマスジドを起点に被災各地に運ばれて日本人被災者に手渡された。マスジドはムスリムにとって、そこに来れば支援物資を入手でき情報交換も行えたことから、彼らの不安を和らげる重要な役割を果たした機関であっただろう。

いま仙台のムスリムたちは、イードに先行する（イスラーム暦の九月である断食月をいう）ラマダーンの一ヶ月間の毎日曜日に食事会を催している。担当日のホスト国を決め、該当ムスリムに料理を担当してもらって公共施設（コミュニティ・センター）を会場に、一般市民を招いて共食する催しである。また近頃、マスジドに観光業者が訪ねてくることがよくあるという。イスラーム圏からの観光客誘致を計画してのことであることは明白である。また製薬会社関係者が相談に来たとも耳にした。薬の成分がハラールかハラームかについて意見を求めに来たのではと、推測されるところである。

◎行徳マスジド（ヒラー・マスジド）／市川市行徳駅前三—三—一九（二〇一四年一〇月二六日）

地下鉄東西線行徳駅から徒歩一〇分程度。広い公園に面して四階建ての白いマスジドが建つ。向かって右が男

行徳マスジド

お花茶屋マスジド

性用の入口。左に女性用入口があり、女性礼拝スペースは一階である。残る一階部分は礼拝前の清めの意であるウドゥのための水場。二階が礼拝スペースとなっている。そして三階も同様な仕様であるが、メッカの方角を示す「窪み」状の設備であるミフラーブはない。食事スペース、学習スペース等の多目的に使用するのだろう。なお、近所にハラール・ショップが開かれている。

当マスジドでは、ラマダーン月のなかの一日を、日本人のためだけの食事会の日として設けているそうである。ラマダーンの日没後に摂る食事を指すイフタールを、行徳駅前の会館を借りて供するのである。五〇〇人が来るということであった。もちろん通常のラマダーンのイフタールにも、日本人の参加を歓迎するという姿勢である。

◎お花茶屋マスジド（マッキー・マスジド）／東京都葛飾区四ツ木五―一二―一四（二〇一五年二月八日）

京成電車お花茶屋駅から徒歩約一〇分でマスジドに着く。区立大道中学校に隣接し、国道六号線に面する四階建てである。建物は古く、メインテナンスを怠っているという印象は否めない。入口上方に「Makki Masjid Tokyo マッキー・マシジッド・トウキョウ」の看板があった。宗教法人の認証は得ている。

このマスジドで祈るムスリムの国籍は当然多彩であるが、バングラデシュ人が最も多いようである。また、日本人ムスリムが二～三人いるという。

このマスジドで金曜に祈るのは平均して約三〇人。女性が祈りのために来ることはない。イードの際に最も賑わい、一五〇～二〇〇人が参集するという。そうなればマスジドでは手狭でもあり、お花茶屋駅近所の公園を区に許可をもらって、イード会場にしている。

当マスジドと他マスジドとの間に、特記に値するほどの連携はない。また国内イスラーム団体との関係もないという。ひっそりとしたマスジドという印象であった。

◎御徒町マスジド（アッサラーム・マスジド）／東京都台東区台東四―六―七（二〇一四年八月五日）

ＪＲ御徒町駅から徒歩五分で、マスジドに行き着く。五階建てのビルで、（小さな）ドームを備える。建物正面（一階入口部の上方）に「みんなの広場」という文字があり、ムスリムに限らず誰にでも来て欲しいという姿勢を表している。なお、マスジド近くに「HALAL……」と大きなシールを貼ったスペースが雑居ビル一階にあった。おそらくハラール・ショップだったのだろう。が、閉店しているようで、内部には棚があるのみであった。

浅草マスジド

御徒町マスジド

一階部には三〇脚ほどの椅子が並べられている。入ってすぐは受付である。正面に執務デスクがあり、訪問時はそこにイマームと思しき人物が座っていた。その人を含め、一階には三名のムスリムがいた。「コミュニティ・センター」としてこのフロアはあり、ここでアル・クルアーンやアラビア語の勉強会が開かれる。二階部は女性用の礼拝スペースである。三階部がメインの（男性用）礼拝スペースで、ミフラーブはない。詰めれば七〇〜八〇名収容可能と見えた。訪問時、そこには二名の日本人ムスリムがいた。四階部も礼拝スペース。多くが来堂した場合に使用されるのだろう。そして五階はイマームの居室である。

　前出の日本人ムスリムに話を聞く。二〇〜三〇歳代と見えた彼はマスジドの管理人を名乗った。金曜礼拝には一五〇〜二〇〇人程度が訪れ、パキスタン人が最も多いという。イマームは二名が常駐しているようで、エジプト人とバングラデシュ人だそうである。ハラール認証を日本企業相手に与える準備をしているところ、とのことであった。

◎浅草マスジド／東京都台東区東浅草一―九―一二（二〇一三年六月二三日）

南千住駅と浅草駅からともに徒歩一五分程度に位置する。五階建てビルで、二〇〇〇年に開堂された。屋上に小さなドームと二基のミナレットを設置する。

国内のムスリム・コミュニティ支援のため一九九一年に結成されたイスラミック・サークル・オブ・ジャパン（Islamic Circle of Japan）の本部でもある。浅草の他、行徳・館林・小山・水戸のマスジドは、この団体の下位組織というべき Japan Mosque Foundation が設けたものである。

入口で子ども連れの日本人ムスリマに来意を告げ、入ってから何人かの子どもたちに出会ったものの、ここに記しうる程の聴き取りはできなかった。

◎東京ジャーミイ／東京都渋谷区大山町一―一九（二〇一四年二月七日）

正式には東京トルコ・ディヤーナト・ジャーミイといい、トルコ文化センターの異称を持つ。ジャーミイとは規模の大きなマスジドと捉えればよい。代表者はトルコから赴任してきている人物で、このマスジドのトルコ色濃厚なことは明らかであるが、いうまでもなくここに祈りに訪れるムスリムの国籍は多様で、トルコ人だけに限らない。日本人ムスリムが広報担当として常駐している。

マスジドから徒歩一〇分程度の距離にはイスラミック・センター・ジャパン（Islamic Center Japan＝ＩＣＪ）の六階建てビルがある。外観からはイスラーム関係の施設とは見えないビルの三階には、エルトゥールル号遭難事件（一八九〇年）の後に撮影された、日本とトルコの軍人たちの収まる写真が置かれていた。和歌山沖で台風により沈没したオスマン・トルコ軍艦乗組員の救出活動を地元民たちが不眠不休で行ったとして、日本とトルコの友好関係の原点として伝えられる事件である。

またジャーミイのすぐ近くには、二〇〇〇年に建築された地上二階、地下一階の友愛インターナショナル・スクールがある。ムスリムの子どもたちがここで勉学に励んでいる。そしてこの施設では、ＩＣＪの「土曜プログラム」であるアラビア語講座、アラビア書道教室、子どもイスラーム教室の他、子ども空手教室が提供されている。またこの施設は、ジャーミイがバザーを開くとなれば、ジャーミイとともにその会場となる。

東京ジャーミイ、ＩＣＪ、友愛インターナショナル・スクール。この三つを一体のものとして捉えることは有効であろう。礼拝はジャーミイで、広報・啓発活動はＩＣＪが、そして教育はスクールが、というように個別機能を担う独立した三つの機関が、相互に依存し合って一つ地域のなかに並存している。

東京ジャーミイ

友愛インターナショナル・スクール

◎大塚マスジド／東京都豊島区南大塚三―四二―七

当マスジドについては、第一章で言及しており、以下を記すだけにとどめる。

マスジドでは、「大塚マスジド　(宗) 日本イスラーム文化センター　Japan Islamic Trust　歴史と現況・活動 2011年11月19日作成」と表紙に記された日本語による小冊子が入手できる。国内の他マスジドには見られない、詳細なものである。こうしたものの準備してあるところからも、大塚マスジドの対日本人・日本社会への姿勢のポジティブであることがうかがえるところである。

◎新大久保マスジド／東京都新宿区百人町二―一〇―八―四F

(二〇一四年一〇月二六日)

JR山手線新大久保駅すぐ傍に、ハラール・ショップが四～五軒営業しているることから「イスラーム横丁」と通称されるブロックがある。そのなかの四階建て雑居ビル四階にマスジドがあった。「マスジド」と表記されており、「ムサッラー」ではない。

ビルの階段を上がり四階部分に着くと、右側に女性用の部屋がある。左側には二室並んでおり、ともに礼拝所（男性用）であった。なお、男性用の二室の間は壁で遮られて、入室して後の往き来はできない。

ドアを開け入室すると生活臭が鼻についた。ここで寝泊まりしているムスリムもいるのではと推測されたところである。見渡すと、ビルマ文字が

新大久保マスジド

室内の何箇所かに確認できた。ミャンマー人ムスリムが多いということなのだろう。同ビル二階のハラール・ショップではミャンマー産のお茶や砂糖椰子の樹液を煮詰めた菓子も売っていた。

◎蒲田マスジド／東京都大田区蒲田五―一―二（二〇一四年三月二一日）

蒲田駅東口から北方向に（ほぼ線路沿いに）歩けば、五分を経ずしてマスジドに到着する。居酒屋の並ぶ細い横町の、ファッション・ホテルの正面に元はクリーニング店であった三階建て建物があり、それがマスジドとなっている。

一階二六坪は駐輪スペースとメインの礼拝スペースで、二階にある風呂場がウドゥの水場に転用されているらしい。二階の部屋も礼拝スペースとなっており、三階は女性のためのスペースで、キッチンを備える。総計八〇坪（約二七〇㎡）の広さである。

蒲田マスジド

二〇一四年二月にマスジドは開堂された。それを報じたコミュニティ・ペーパー『城南タイムス』に次のような記載があった。

「大田区、川崎、横浜あたりに居住するイスラム教徒は多いので、一五年ほど前から蒲田にはムサッラーがあったが、借り物ではない自分たちのモスクが欲しかったという。御徒町と横浜にはすでにモスクがあるが、その間の場所にはなかった。蒲田は立地的にもいいし、ここは蒲田駅から数分で便利だ。（中略）その結果、昨年二月にやっと六〇〇〇万円以上の売買契約に漕ぎ着けたという。それでも契約時は全額の二〇％だけで残りを払い込んだのはつい最近のこと。リフォームし、宿泊設備を備えたりするため、追加の寄付を仰いでいる状態だ」。

金曜礼拝には一〇〇名程度が訪れる。バングラデシュ、パキスタン、インドネシア、ナイジェリア、エジプト他、国籍は多彩である。町工場に勤務する者が多いということである。ＩＴ関係に従事する者、レストラン経営（勤務）もいるとか。日本人ムスリムも三名いるということであった。

子ども向けのアラビア語クラス、アル・クルアーン勉強会も開催している。

◎浜松マスジド／浜松市南区寺脇町一六一―二（二〇一〇年八月二九日）

※マスジドにおいてではなく、マスジド管理責任者であるバングラデシュ人ムスリムの事務所でインタヴューしたものである。

かつて磐田市にムサッラーとして借りた家屋が、当マスジドの原点である。そこで八年ほどを過ごした後、浜松の中古車業者を中心に資金を出し合い、当時築四年であった現マスジドの建物――かつては「フィリピン・パブ」が入居していたと聞く――を購入。二〇〇六年のことである。開堂に先立ち、国内のマスジドを数多く訪れ、参考にしたということであった。

多くの人たちによる共同出資・運営だけに、ムスリム間でコンセンサスを得ることの難しさがあるとは、マスジド管理責任者の言である。トイレのタイルをどれにするか、ということでさえ意見が分かれ紛糾したこともあったという。マスジド一階には彼が作成したマスジド使用にあたっての「rules and regulation」の英文掲示があるが、なぜ英文なのかとクレームが出されたこともあるようである。

その英文に「女性は歓迎されるが、訪問前に事前連絡を」という一文があった。ここからわかるように、ムスリマは普段、マスジドには来ない。断食月の一ヶ月間に子連れで訪れる程度である。

　イードは浜松駅近くの高層ビルであるアクト・シティに会場を確保して行われている。インタヴューの二年前には一五〇〇人が集まったという。当時、静岡県下には三〇〇〇人のムスリム——留学生、研修生（技能実習生）、自動車業者が主である——がいたということであるから、半数である。これだけが集まるのであれば、マスジドのスペースだけでは到底対応しきれない。インタヴューのなかでマスジドに四名のイマームの常駐していることを聞かされたが、これも浜松周辺のムスリム人口の多さを反映するものであろう。

　開堂にあたり、近隣住民対象の説明会は開催していない。建物近辺に住宅がないからであり、またマスジド隣の建設会社・社長とムスリムとの関係が

浜松マスジド

良好で、敢えて説明するまでもなかったということである。加えて、ムスリムの多くが多忙で、説明会開催のために割く時間的余裕がないということもあったようである。なお前出の建設会社の所有地は、たとえば断食月のような多くがマスジドを訪れる場合、駐車場として使用することを許可されている。

　管理責任者は、いずれボランティア活動を実施して日本社会のなかでのイスラームの存在感を高めてゆきたいと考えている。イスラーム文化についての講座を日本人相手に開くことも計画にあるようだが、いかんせん多忙ゆえに果たせないでいる、という現状である。

なお、浜松市内には二〜三のムサッラーがあるということであった。浜松マスジドに駐車スペースは確保されているが、郊外に位置しており、仕事場・学校あるいは自宅近くで祈るムスリムが少なくないということなのだろう。

◎新安城マスジド／安城市今池町一―一一―一五（二〇〇九年九月二一日）

日本におけるイスラーム信仰の西の拠点というべきマスジドである。一九九一年に現在のマスジド・ビルの一階部分だけで開堂され、二〇〇四年にビルの残るフロアも買い取って現在に至る。屋上にはミナレットも設けられている。

新安城マスジド

一階が通常の祈りの場として使用されるが、多人数の来堂の場合には二階・三階部も祈りの場として開放される。なお当マスジドは男性のための祈りの場であって、女性のための場は設けられていないということであった。

金曜礼拝あるいは土曜の礼拝には平均して一〇〇人程度が祈りに訪れる。もちろんその国籍は多彩で、彼らの多くは技能実習生（研修生）・会社員・事業者として日本で暮らす。

冒頭に「拠点」と記したのは、イスラーム宣教団体として主にインド、パキスタンで活動するタブリーギ・ジャマーアトが、ここを重視しているからである。

◎豊田マスジド（ハサナス・マスジド豊田）／豊田市堤町青木二八―一（二〇一一年二月一三日）

豊田市中心部から離れた、トヨタ自動車堤工場の南方にスリランカ出身ムスリムが経営する中古車・自動車部品輸出会社がある。その敷地内の、コンテナ・ハウスを二つ重ねたように見える簡易の建物がマスジドである。ここから、このマスジドが個人の運営するものであると認識できる。マスジドの南には水田が広がっている。

前出ムスリムは以前、みよし市内でムサッラーを運営していたが、二〇〇七年に現在地に移転したものである。マスジドに隣接する別棟は会社事務所であるが、そこにアル・クルアーン他の図書の並ぶ書棚がある。ハラール・フードの販売もそこで行われている。

金曜礼拝には四〇～五〇名が訪れる。そのムスリムのうち、約二〇人が日本人女性と結婚しているようである（マスジド所有者の配偶者も日本人である）。そのためであろう、このマスジドでは日本人女性のための教育を毎週土曜・日曜日に実施している。内容はアル・クルアーンをはじめとしたイスラームの基礎についてのものである。そして同じく土曜・日曜に、子どものためのクラスも設けている。アル・クルアーンについてはもちろん、国語（日本語）・英語・算数を教授するクラスで、無償である。マスジド所有者はこの学習会をできれば毎日実施したいと考えており、極めて熱心である。

かく教育に熱心であるのは、マスジド所有者がタブリーギ・ジャマーアトの一員であるからだろう。かなり熱心なメンバーと見受けられ、日本のムスリムの現状に対して厳しい意見をお持ちのようであった。

マスジド代表者は、瀬戸市にもマスジド（ハサナス・マスジド瀬戸）を運営している。こちらに礼拝に集う者は学生が主である、ということであった。

◎春日井マスジド／春日井市神屋一三八一（二〇一一年二月一二日）

元は郊外型の喫茶店だったと思われる建物がマスジドに転用されたものである。駐車スペースは広い。詳細はほぼ不明。訪問時は数名のインドネシア人ムスリムがアル・クルアーンの勉強会を行なっていた。マスジド傍に日本人ムスリムが暮らしており、その人物が管理担当であるようだったが、その人物とは会うことができなかった。

豊田マスジド

春日井マスジド

◎名古屋マスジド／名古屋市中村区本陣通り二―二六―七（二〇一一年二月一二日）

地下鉄本陣駅近くに建つ四階建ての細長いビルが、名古屋市内に三〇〇〇人といわれるムスリムのためのマスジドである。金曜礼拝には平均して三〇〇人がここを訪れる。

一九八九年に設立され、宗教法人の認証を得ているというから、国内では古参の部類に属す。現在の建物は一九九八年に完成したものである。代表者のパキスタン人ムスリムは祖国では小学校教諭であったといい、岐阜マスジドの代表も兼ねる。

マスジドを会場としての目立った活動としては、アル・クルアーンやアラビア語の勉強会を筆頭に、日本人ムスリマ対象の勉強会（毎土曜日）、ノン・ムスリマの参加も認める女性だけのお茶会（毎月第一土曜日）の開催、イスラーム・カウンセリングやパンフレットの配布等がある。学術的なセミナーを開催することもある。結婚・改宗の証明書発行も、マスジドの主要業務の一つである。

名古屋マスジド

マスジドで対応してくれた日本人ムスリムによれば、不況の影響で帰国するムスリムが増え、マスジド来訪者の数は減少気味という。名古屋在住ムスリムのうちマスジドに足を運ぶのは全体の一～二割程度ではないかとは、彼の推測である。また彼によれば、名古屋大学には約二〇〇のムスリムが在籍しており、彼らは大学近所に祈りの場を確保して金曜礼拝にはそこに通っているようである。また名古屋大学の食堂ではハラール・フードが提供されているらしい。

名古屋港マスジド

◎名古屋港マスジド／名古屋市港区善南町三三―三（二〇一三年二月一一日）

交通量の多い名四国道沿いにある平屋建てが、マスジドである。道路を挟んで斜め向かいにハラール・ショップがある。訪問した日にマスジドにはイマームしかおられず、彼は日本語・英語とも解さなかったため、早々に退去することになった。

次に記す岐阜マスジドで出会った日本人ムスリマから、このマスジドで子どもたちのための教室を開いていることをうかがっていたが、それについて確認することはできなかった。

◎岐阜マスジド（バーブ・アル＝イスラーム岐阜マスジド）／岐阜市古市場東町田八―一〇（二〇一一年二月一一日）

岐阜市郊外、岐阜大学キャンパスに隣接して広がる農地の端の川近くに、三つのドームを持つ二階建ての白亜のマスジドが建つ。付近に人家はない。建物に隣接して未舗装の駐車場があり、三〇台程度の駐車が可能である。サウジアラビアからの財政的支援を得て二〇〇七年一〇月から始まった新築工事が終了し、開堂式を迎えたのは二〇〇八年六月三〇日である。名古屋モスクのブランチとして位置づけられるこのマスジドは、敷地面積二〇五・七六㎡、延べ床面積三二七・六七㎡で、一階にはエントランス・ホールとウドゥの水場、トイレ、事務所兼図書室、男性礼拝ホールが配置され、二階部分は女性礼拝室とウドゥの水場、トイレ、そして教室を三室持つ。

金曜の昼礼拝の参加者数は七〇～八〇人。多いときには一〇〇人程度が訪れる。岐阜大学在籍者を主とした留学生が約半数を占め、残る半数はビジネスに従事する。

女性のための勉強会や子どもの勉強会が毎週土曜日の午後に開かれている。講師を招いてのセミナーも随時開催される。何らかの悩みを抱えたムスリムへのカウンセリング・サービスを行なうことも、このマスジドの重要業務の一つである。

昼礼拝終了後、バングラデシュ出身ムスリムの自宅新築を記念するパーティに招かれた。マスジドから車で五分程度離れた、昔ながらの家屋も並ぶ住宅地に建つその家は二階建てで、一〇台近くが駐車可能な庭を伴っていた。家屋の二方向の壁面にシャハーダの二つのセンテンスのアラビア語とアラビア語のカタカナ読み（「ラーイラーハ・イッラッラー」「ムハンマドゥ・ラスールッラー」）、そして日本語訳が記されている。異観、の感は否めない。パーティは、当日のマスジド昼礼拝参加者がすべて集まったかのような賑わいで、食事とデザート、飲み物が供された。二階にはムスリムと結婚して改宗した日本人女性たちが集まっており、パーティ終了後に懇談する機会を得た。彼女たちは、日本人ムスリマによるネットワークを構築することに意欲的であった。

岐阜マスジド

◎富山アル・ファリーク・マスジド／富山市五福三三六七（二〇一四年一一月一五日）

富山大学キャンパスのすぐ北、交差点からすぐのところに、第一章でも扱ったマスジドはある。元は日本人の暮らしていた住宅ビルであった。いま一階には管理人兼イマーム役を務める大学院生がその配偶者とともに住んでおり、パブリック・スクールとしてのスペースが確保されている。二階には三部屋あり、女性の礼拝スペース、会議室、そして英会話やアラビア語のレッスンが行われる教室である。ウドゥの水場も、トイレを改装した狭いものではあるが、あった。なお二階の一部屋はかつて仏間で、仏壇を納めていた観音開きの扉が残されている。また部屋と部屋との間に見事な欄間も残っていた。メインの礼拝所は三階となっており、一〇〇人を収容するに足る。ここは礼拝以外に、多くの参加者を集めてのミーティングで使用されるとのことである。

このマスジドの開堂以前、キャンパスから（現マスジドからも）そう離れていない二階建て日本家屋がムサッラーとして使用されていた。現マスジドは二〇一四年四月から使用されており、正式には七月に（ラマダーン期間中に）発足した。礼拝のためにここを訪れるのは八〇～一〇〇人である。ビジネスマンもいるようだが大半は学生で、その多くも工学部・研究科に在籍している。マレーシア人が六〇%を占める。他にはインドネシア、バングラデシュ、エジプト出身者。女性は三〇人ほどで、薬学を学ぶ学生が多いということである。

マスジド――そして異称である Toyama Muslim Community（ＴＭＣ）――の代表者によると、ムスリムのためにだけでなく、留学生全体のためのサービス・センターの役割を担いたいという目標が、このＴＭＣにはある。たとえば留学生が帰国するにあたり、日本での暮らしに使っていた家具を処分することが必要になる。それらを新たに来日した留学生にリサイクルして使用してもらえば、無駄を省くことになるしニューカマーにとっても経済的に有益になる。

さらに、英語をはじめとする語学を学びたい日本人のために英語クラスも設けている。無償だそうである。二〇一四年夏には広島の土砂崩れの現場に向かい、そこでボランティア活動（料理提供）に従事して、被災地区に感謝されたとのことであった。もちろん地元への配慮に不足はなく、町内の清掃活動にも従事する。こうした日本人と留学生、双方を見据えた活動をメインにTMCを運営してゆこう、というのが代表者の思いである。よって宗教法人化することは考えていないと彼はいうが、それは本心であるかどうか……。

二〇一四年一〇月二四日には警察がこの建物でレクチュアを行っている（テーマが何であったかは不明）。同年一一月二八日には入管によるレクチュアも予定されている。それらの対象者はムスリムだけではないということで、まさに在富山の外国人の便益のためのセンターたらんとしている。マスジドがセンターを運営しているのではなく、センター＝一般社団法人（＝NPO）のなかにマスジドもある、という考え方である。

◎富山マスジド／射水市津幡江一一〇―二（二〇〇九年一月二三日）

富山の国道八号線沿いには、パキスタン人中古車業者の店舗が並ぶ。東京でカーペット販売業を営む親戚を頼り来日したパキスタン人ムスリムが、知人のロシア人と会話するなか、ロシアへの日本車輸出が有望であると気づいて東京から富山に移ったのが始まりである（一九九二年）。その後、彼に追随するパキスタン人が増え、それらのムスリムが中心になって、元はコンビニエンスストアであった建物を利用して開堂したのが、富山マスジドである。三〇〇名近くを収容することが可能である。建物裏手にウドゥの水場があり、その近辺にはガスコンロと大鍋が置かれている。

マスジドは二四時間開放されているということであった。在富山のムスリムにとっては便利なことであるが、二〇〇一年五月に起こった「コーラン破棄事件」がこの開放性ゆえであったことは間違いない。何者かがマスジドに侵入し聖典を盗み出して切り裂き、路上に破棄したという一件である。ムスリムはこの冒瀆行為に憤慨し、富山県庁や外務省に抗議デモを行なっている。同年一〇月に犯人は逮捕されたが、それは父親との折り合いの悪い二〇歳代の日本人女性で、彼女は「大変なことをして、父親を困らせてやろうと思った」と供述している。イデオロギーに関わる事件ではなかったということである。その後は大きなトラブルもなく、現在に至っている。

二〇一四年に再訪し、入口付近に役員名簿、新マスジドの設計図・完成予想図の掲示を見た。新築を許可する旨の知事名の書類も額に入れられている。許可証の日付は平成一八（二〇〇六）年となっており、計画は順調に進行していないということなのだろう。とはいえ、以前に比べてマスジドの敷地が広くなっていた。マスジド西部分が相当の台数を収容できる駐車場になっており、またコンテナ・ハウスも三棟、置かれている。一つは調理場であった。

富山マスジド

◎金沢マスジド／金沢市若松町ツ一二〇（二〇一二年一〇月四日）

※石川ムスリム協会副会長の日本人ムスリムに、マスジド新築以前に、大阪で会ってインタヴューしたものである。

金沢には現在、一〇〇名弱のムスリムが暮らす。ほとんどが金沢大学に所属する学生・研究者である。インドネシア人が五〇％を占め、バングラデシュ、マレーシア、エジプト、イラン人が続く。女子学生（ムスリマ）は約一五名。なお大学のカフェテリアでは、ハラールのカレーやチキン・カツが提供されているとのことであった。

金沢マスジド運営委員会は、エジプト人を長とする。他の委員は特定国籍に偏らないよう、満遍なく任命されているとのことである。その集まりは二ヶ月に一度催される。

国籍が違えば「やり方」が違うということで、在金沢ムスリムの間にもA国出身者とB国出身者との対立があったようである。違いといっても宗教的なそれではなく、たとえば経理面・管理面でのことである。

多国籍のムスリムが一堂に会するのであるから、いかに信仰を同じくするといっても、軋轢が生じることは無理からぬところであろう。「やり方」の違いは他所でもあり、それに起因する対立が表面化してしまったケースも、国内に実は存在する。よって対立を——生じてしまったなら——解消するという課題を持つマスジドもあることは、認識しておいてよいだろう。

二〇一四年夏に開堂された金沢マスジドを、同年秋に訪問した。二階建てで一階部正面に大きな扉がある。そしてそれを中央として、向かって左に男性用の入口、右に女性用の入口がある。壁面には「ウマル・ビン・アルカッタービ・モスク」「(富山モスク金沢支部)」と記した看板があった。また「敷地内禁煙」「外での雑談禁止」の表示も。

建物の前は駐車スペースとなっているが、なかなか駐車は難しい。四台を何とか(テクニックを駆使して)駐車し、残る斜面部に詰めて四台~六台というところか。当マスジドが地元町内会との間に交わした協定には、住民にマスジド敷地内駐車場の利用を許す旨の一文があるが、果たして利用実績があるだろうか。

◎**福井マスジド**/福井市文京三—九—三八(二〇一二年一〇月一九日)

福井大学のキャンパスにフェンスを隔てて接し、また比較的交通量の多い道路に面して福井マスジドの建物がある。ここで祈る者の大半が福井大学学生であることを思えば、ロケーションは絶好である。

建物は、築五〇年は経つと思われる二階建て日本家屋。その前には三台分の駐車スペースがある。「福井マスジド Since 2009」の小さな看板が一階部分の屋根に取り付けられており、夜にはそれがライトアップされる。なおこの建物は賃借されているのでなく、購入されたものである。

玄関を入ってすぐの壁に掲示用プレートがあり、当地で起こった放火事件に関する新聞記事コピーが貼り付けられていた。事件は二〇一〇年一〇月二〇日未明にマスジド前に駐車されていた自動車に火が点けられたというもので、ムスリム学生を狙っての嫌がらせではないかと報じられたものである。学生は自分たちが狙われたと感じ、怖い思いをしたという。コピーは、その犯人逮捕の記事であった。二〇一一年一〇月二八日に逮捕されたその男（五〇歳代）は在日のブラジル人で、自分所有の車に火をつけて保険金を詐取するためのカムフラージュとして、外国人所有の車を狙ったということである。ムスリムへの嫌がらせではなかったとはいえ、在日ブラジル人の犯行であるという真実は、ニューカマー研究に携わる筆者には気が重い。

福井マスジド

福井県内には約五〇人のムスリムがいるようである。そのうち三〇人は福井市内在住で、ほぼ福井大学に学ぶ学生で、その多くはマレーシア出身である。残る二〇名はインドネシアから来日している技能実習生である。バングラデシュ人、セネガル人（この人物は日本人女性と結婚しており、学生ではなく、何らかの仕事に就いている）もいる。

イードの際にはこのマスジドに六〇～七〇名が集まる。隣県の石川県から来るムスリムもいるという。その彼らは、金沢市内のムスリムではなく、県南部の（福井に近い）街で技能実習生として活動する人々ではないかと推測される。

マスジドに集まる福井大学ムスリムが地元住民と触れ合う機会はほぼない。彼らがノン・ムスリムと接触するとすれば、それは同じキャンパスに学ぶ大学生だけである。大学で研究に励む限り、自然なことであろう。しかし福井大学のムスリムは――すべてがそうではないだろうが――毎月愛知県の新安城マスジドを訪れている。新安城はタブリーギ・ジャマーアトの拠点であることから、そこを定期訪問する学生ムスリムの熱心な信仰心がうかがえる。また彼らは毎晩、マスジドに集っているという。勉強会、ということなのであろうが、若い学生同士の交流会という側面も大きいだろう。

◎鈴鹿マスジド／鈴鹿市石薬師町二〇七一―一（二〇一一年二月一〇日）

鈴鹿市郊外の、昔ながらの集落の外れに自動車修理業者の事務所兼工場であったかと思われる二階建てがあり、それがマスジドである。さすがに駐車スペースは広い。もっとも、マスジドであることを示す看板等は何もない。二階ワン・フロアが礼拝スペースで、狭いながらもウドゥの水場が設けられている。ミフラーブ、またミンバル（説教壇）もあった。さらにフロア最奥はカーテンで仕切られており、女性のためのスペースとされているようである。

当マスジドについて、事前情報はほぼ皆無であった。後述の新居浜マスジドの日本人ムスリムが運営する「イスラム便利帳」にも記載されておらず、ウェブ上で検索しても全くヒットしない。それでもその存在していることを小耳にはさみ、伝手を頼りに所在地を聞き込んで、何とかたどり着くことができたものである。訪問時点で、設立されてから既に八〜九年は経ていたようで、なぜここまで未知であったのか不思議である。

このマスジドで祈るムスリムの約七〇%は中古車業者のスリランカ人で、その彼らは母国のキャンディ出身者が多いのだという。それが影響して当マスジドが知られざる存在になっているのではと、推測する以外にない。

昼の礼拝には五〇人が集まっており、予想を超える多さであった。イマームはアラビア語、タミル語、ウルドゥ語で、時に涙声になりながら、説教を行った。その語りに熱心に耳を傾けるムスリムたち。感極まって涙するムスリムもいた。

鈴鹿マスジド

この鈴鹿マスジドは「四日市市鹿間町四三六―三」への移転計画を実行しようとしていた。鉄筋二階建ての、元は建築会社であった古いビルが改装されることになっている。無事に移転を完了したであろうか。調査を怠って現在に至ってしまっている。

◎三重マスジド／津市栗真町屋町一四二六―一（二〇一二年二月一一日）

三重大学の北東、キャンパスに隣接して、この大学に在籍するムスリムたちが集う三重マスジドはある。以前

三重マスジド

は自動車修理工場であったと思われる。

敷地入口には二階建ての家屋があり、ここでハラール・ミートが販売されているようであった。パキスタン人イマームが常駐しており、彼はここに住んでいるのであろう。その奥が広い駐車場で、さらに奥に二階建てマスジドがある。ミフラーブはもちろん、ミンバルも備えられている内部は広く、二〇〇名は優に収容できる。

男性用の入口とは違う入口から階段を上がれば、女性用のスペースである。メッカの方角を示す「紙」が貼られ、ホワイト・ボードが置かれている程度の何もない空間であったが、かなり広い。ここで女性たちは祈り、子どもたちが学習するようである。

なお、鈴鹿のムスリムが時にここを訪れてくるということであった。ハラール・ミート調達のためであろうか。

◎京都マスジド／京都市上京区宮垣町九三 リバーサイド荒神口（二〇〇八年八月八日）

ビルの地下がマスジドとなっている。一階は「イスラム文化センター（Islamic Cultural Center）」である。地下で祈るとはいえ、そのスペースは広く、優に一〇〇名は収容できる。

京都という土地柄で、祈りに訪れる者のなかに学生・研究者の占める割合は大きい。

マスジドの代表は一九九〇年に来日したトルコ人ムスリムである。日本の大学で学び、トルコ大使館勤務も経験。また東京ジャーミイ再建にも尽力している。この代表者のカラーが濃いマスジドという印象である。

◎大阪茨木マスジド／茨木市豊川四―六―一三（二〇〇九年九月一一日）

主に大阪大学に在籍する学生・研究者の運営するマスジドである。看板には「大阪イスラム文化センター Islamic Cultural Center Osaka」と表記されている。二〇〇六年三月、新築間もないと思われる二階建て民家を買い取り、開堂されたもので、畳敷きの一階が男性の、そして二階が女性のための祈りの場となっている。敷地の隅にウドゥのための小さな建物が附設する。最寄駅は大阪モノレールの豊川駅である。

京都マスジド

大阪茨木マスジド

マスジド周辺は、人権問題への意識の高いという地域である。さらに大阪大学の留学生・外国人研究者（その家族）が多く住む地域も近い。コリア国際学園も近くに開校されている。この比較的特殊な土地柄が影響してのことであろう、マスジドと地域住民との交流は盛んで、主催団体の一つとして、マスジドが名を連ねるフットサル大会はその具体的な証左である。地域の納涼会や中学校を舞台としてのイベントにもマスジド関係者は参加しているし、「国際親善友好の夕食会」も――公立施設の一室を会場に――企画される。イード会場としてコリア国際学園の敷地が提供されてもいた（ここでイスラーム講座が開講されたこともあった）。ただ、地域住民すべてがマスジドと交流しているわけではないことは、断っておかねばなるまい。

ムスリム側が地域への積極性を示しても、住民側がそれに応じなければ交流は実現しない。このケースでは、地域の住民がムスリムに積極的に働きかけており、その結果としての現状である。おそらく国内に類例は乏しいであろう。

◎**大阪セントラルマスジド**／大阪市西淀川区大和田四―一二―一六（二〇一〇年九月一〇日）

大阪出来島マスジドを前身とするマスジドである。出来島マスジドは、西淀川区出来島にあるスリランカ人中古車輸出業者の事務所兼自宅二階が、それに充てられていたものである。しかし手狭であり、アクセスも良くないことから、現在地へ移転する。

建設専門学校の校舎であった建物を転用した現マスジドは、阪神電鉄千船駅から徒歩にして五分程度の距離にあり、立地は良好である。またスペースも広く、この点でも改善されている。時間をかけて外観、そして内部をマスジドらしく整えてきており、関西では神戸マスジドと並ぶ規模のものへと発展してきたといえる。一階にハラール・ショップを併設し、近辺にもショップやハラールのレストランが数軒開業しており、大阪在住のムスリムには待望のマスジドが開堂されたといえる。

いまマスジドでは、スリランカ人ムスリムの影が薄くなったように感じられる。代わって、パキスタン人の発言力が強くなってきたようである。国内すべてのマスジドについていえることであるが、そこには国籍を同じくするムスリムたちのコミュニティがいくつか存在している。大阪セントラルマスジドにおいても同様で、コミュニティの間に作用する何らかの力がマスジド運営主体の「交代」を現出したのかもしれない。

大阪セントラルマスジド

◎**神戸マスジド**／神戸市中央区中山手通二―二五―一四（二〇〇八年八月一三日）

東京ジャーミイと並ぶ、日本の代表的なマスジドである。

通常の礼拝には一〇〇～一五〇人が訪れ、祭日にあたる日であれば、その数は二〇〇～三〇〇人にも膨れ上がる。イードともなれば、参集者は一〇〇〇人超となる。関西には、他地域に比べると、マスジドの数が少なく、また日本有数のマスジドがここ神戸マスジドであるから、多くのムスリムが関西の諸方面（神戸・姫路・大阪・京都他、半径一〇〇キロの範囲内）から集まるのである。二〇年前に比較すると、マスジドに出入りするムスリムの数は一〇倍化しているという。

二〇～三〇歳代の若者が中心で、その彼らには学生が多く、技能実習生も少なくない。貿易業をはじめとした

神戸マスジド

自営業者も多いが、その彼らも三〇～五〇歳代である。高齢になれば日本を離れ帰国する者が多くおり、そのために七〇歳以上が少ないのである。

当マスジドは神戸の観光コースのなかに組み入れられており、見学を希望する者には随時対応してくれる。イスラームへの関心を持つ者に対しても、個別に対応してくれる。国内の日本人ムスリムのなかで、ここ神戸マスジドで信仰告白をし、イスラームに改宗した人は多い。

◎岡山マスジド／岡山市北区津島東二―一―七（二〇一〇年一二月二六日）

岡山大学のキャンパスに隣接する、二階建てのアパートであった建物がマスジドである。一階・二階とも三室ずつあったようであるが、一階の二部屋分は壁が打ち抜かれて礼拝スペースとなっている。

二〇〇九年五月二四日に開堂される以前、マスジドとするに適切な不動産物件が某住宅地内に見つけられていた。ただ大学キャンパスから遠く、値も高く、また広過ぎたために断念したとは、マスジドにいた六〇歳代半ばの日本人ムスリムにうかがったことである。またマスジド代表者の語るところ、候補地を見るべく多くのムスリムが現地に出かけていったために地域住民を驚かせ、マスジド反対の声が上がったために、余計なトラブルを避けて計画を白紙に戻したということであった。候補地は約四〇軒の住宅に囲まれたところにあったのである。

このマスジドに通うムスリムは最大で二五〇人。多くが大学に所属する。その大学の生協ではハラール・フードがリーズナブルな値段で販売されており、岡山大学は国内の大学のなかでもかなり早くから、ムスリムへの配慮を実践しているといえる。

マスジドでは、日本人学生をイフタールに招いたり、近隣住民に料理を届けることもあるという。地域の除草や溝掃除も、日本人住民とともにこれを行なう。町内会の催しにも参加している。

なお開堂式には岡山大学の教員、そして地元自治会長も参列している。

◎松江マスジド／松江市学園二―一六―二四　サカタビル三階（二〇一五年八月一四日）

二〇一三年四月に、島根大学のすぐ前に開堂されたマスジドである。

地元紙の『山陰中央新報』（そのウェブ版）によれば、一九八九年に島根県下に僅か八名であったイスラーム圏

岡山マスジド

松江マスジド

出身者が、二〇一三年には一六六人にまで増えたという。とはいえ他県に比べてムスリム数は決して多いといえないため、マスジド開堂に至るまでの一人あたりの負担は大きかったはずである。

盆休暇の只中に訪れたためか、誰にも会うことができなかったが、ここで祈るムスリムのほとんどが島根大学に在籍する学生・研究者たちであるとは、地元紙に記されていたところである。

◎鳥取マスジド／鳥取市湖山町南五―六七七（二〇一五年八月一三日）

二階建ての古い木造アパートを転用したものが鳥取マスジドである。一階に並んでいた部屋の壁をすべて打ち抜いて一つの広間にし、礼拝室として利用している。二階はアパートのまま個室が並んでおり、鳥取大学医学部に所属するエジプト人ムスリムに聞いたところでは、ゲストの宿泊用に利用しているとのことであった。建物が古いので改修したいと思っているが、具体的なことは未定だそうである。マスジドに来るのは毎回二〇人弱で、すべて鳥取大学の関係者である。

このマスジドは二〇一四年の初め、日本イスラーム文化センターが在鳥取のムスリムと協同し、国内在住のムスリムたちから、また海外にも寄付を募って約二〇〇〇万円を得、それによって土地・建物を購入して（また改修にも充てて）設けたものである（「PanOrient News」http://www.panorientnews.com/jp/news.php?k=2126）。日本イスラーム文化センターとは、既出の大塚マスジドのことで、宗教法人格を持つセンターが鳥取マスジドをその

鳥取マスジド

ブランチとして発足させたのである。

◎東広島ムサッラー／東広島市西条町西条東九六四―一（二〇一〇年一一月一五日）

このムサッラーについては、第一章で取り上げている。ＪＲ西条駅から一キロ南西の、住宅と田畑の混在する地区にある二階建て民家である。マスジド（モスク）の文字はもちろん、「イスラーム文化センター」の看板もないため、ただの一軒家にしか見えない。

広島県下には約七〇〇人のムスリムが居住しており、二〇〇人は広島大学に在籍する者たちで、その半数程度がこのムサッラーを利用しているという。残る半数は利用していないということになるが、それはムサッラーがキャンパスから遠いためであろう。彼らは大学側に申請して部屋を確保して礼拝しているが、騒音が聞こえてきて祈りに集中できないという不満があるという。なお、大学に属さない県下のムスリムたちには三原・呉・因島他で働く研修生（技能実習生）が多いようであるが、彼らのなかでこのムサッラーにまで来る者は少なく、自身の居住地近くのビルの一室を四時間程度借りてミーティングを行なっているということであった。

東広島ムサッラー

このムサッラーは二〇一一年五月、東広島マスジド（東広島市西条町田口二七八六―一）へと発展していった。

松山ムサッラー

徳島マスジド

◎松山ムサッラー／松山市平和通二―六―三（二〇一五年八月二八日）

八月の金曜、昼の礼拝（ズフル）に合わせて、現地を訪問した。マスジド前で一時間程度待っていたのだが、誰にも会うことができなかった。在松山のムスリムも大学に属する学生・研究者が多く、夏期休暇を利用して帰国している者が多かったということだろうか。

松山では一九八一年にイスラーム文化センターが設立されている。二人の発起人のうちの一人は、後掲の新居浜マスジドを運営する日本人ムスリムであった。

現在のムサッラーは二〇一三年から使用されているようである。

◎徳島マスジド／徳島市中島田町二―八―一（二〇一五年八月二九日）

徳島大学で薬学研究に従事するバングラデシュ人ムスリムにインタビューすることができた。金曜昼の礼拝には様々な国籍の約一〇〇人が集まってくる。ムスリマもいる（学生・妻）。マスジド二階は女性用。イードの時は二〇〇人ぐらい集まる。香川県の高松からも人が来ている。

実は高松には、かつてムサッラーがあった。イードの際には、インド料理レストランに在高松のムスリムが集まっていた。しかし、いかなる事情からか、ムサッラーは廃され、レストランに集まることもなくなった。どうやら最近のことであるらしい。隣県から遠路徳島に通うのは、こうしたことからである。

◎新居浜マスジド／新居浜市一宮町二―二―四三（二〇一〇年三月一一日）

新居浜マスジド

一階部をスポーツ・ショップとし、二階を礼拝所とする建物が完成したのは二〇〇三年であった。所有者は、一九歳で入信した一九五三年生まれの日本人ムスリムである。ショップの経営者でもある彼は、日本のイスラーム界におけるキー・マンといえよう。国内のマスジド情報を含むイスラームに係るウェブ・サイト「イスラム便利帳」を運営しており、筆者も頻繁にそれを閲覧している。

このマスジドで祈るのは四〇名程度で、二〇歳代の若者が多い。インドネシア、マレーシアそして日本の国籍を持つ者たちで、会社勤務が多いが、当地の高等専門学校への留学生もいる。かつて好景気の頃は新居浜に企業研修でやってくるムスリムが多く、最盛時には一五〇名程度が祈りに訪れていたというが、減少気味である。

金曜礼拝は参加者の数が揃わないため、行っていない。もっとも、土曜あるいは日曜の昼礼拝や勉強会には愛媛県全体から、最大で五〇名程度の参加者があるという。アラビア語勉強会やマレー語講座も開催している。また地域の国際交流活動に積極的に関わっており、それによって社会におけるイスラームの認知レベルを高めようとしているのである。

◎福岡マスジド／福岡市東区箱崎三―二―一八（二〇一一年二月一八日）

ＪＲ箱崎駅から徒歩二分、ＪＲ高架線路傍らに建つマスジドである。九州大学に近く、近辺には新しい戸建てやマンション棟が建ち、駅周辺とはいえ閑静な地区である。

一九九八年、九州大学ムスリム学生会が結成され、それを主体に二〇〇五年、現マスジドの土地が購入される。そして二〇〇八年九月から着工されて二〇〇九年三月にマスジドは完成する。土地取得及び建設に費やされた費用はおよそ二億五〇〇〇万円。費用捻出にあたっては、マスジド代表者がＵＡＥに働きかけ、資金援助を得ている。建設にあたり地元住民からの反発があったと聞く。しかし、当時の町内会長が尽力して住民を説得し、大きなトラブルもなく開堂を迎えることができた。イスラーム文化センター九州（Islamic Cultural Center Kyushu＝ICCKyu）を名乗り、（調査時点では）一般社団法人であって、宗教法人化する計画を持つ。

マスジドはドームとミナレットを備えた三階建て（開堂当初、ミナレットから祈りの呼びかけであるアザーンが響き渡っていたようだが、近隣住民から苦情があり、現在は停止している）。部屋数は一一を数える。一階は水場と男性

福岡マスジド

礼拝スペース、二階は女性礼拝スペース（女性用入口は別に設けられている）と女性用の水場。三階はキッチンを備えた集会室と、パーテーションで区切られる二室があり、ここが勉強会の教室となる。そして地下には図書室兼事務室とキッチン、さらにはアラビア語講座等が開かれる二つの部屋を持ち、イードの際にはここも礼拝スペースとなる。筆者が訪れた日の昼の礼拝には、二〇〇名程度が訪れていただろうか。イードでは五〇〇名が参集するようで、その多人数を収容するに足るマスジドである。

ムスリムたちの国籍はインドネシア、マレーシア、エジプト、バングラデシュ、パキスタン他。多くが福岡市に暮らしており、また九州大学に在籍する者が半数を超える。日本人信者も男性一〇名、女性二〇～三〇名程度いるということであった。

このマスジドではイスラームについての基礎講座を開催している。また毎日曜には一〇名前後の参加者を得てアラビア語講座も開かれる。女性だけの集まり sister gathering もあり、月に一度の料理を作り食べながらのパーティで、一〇～二〇人の参加者があるという。さらにイスラーム関連の書籍やＤＶＤの貸し出しは随時行われる。なお、マスジドから徒歩五分の地下鉄・箱崎九大前駅の傍に、インドネシア人経営のハラール・ショップがあった。

◎熊本マスジド／熊本市中央区黒髪五―五―二（二〇一三年七月五日）

熊本大学キャンパスのごく近くに位置する、壁面に「熊本マスジド」「熊本イスラミックセンター」の文字が見える鉄筋三階建てビルがマスジドである。当マスジドについては第一章でも扱っているので、併せ参照されたい。開堂式は二〇一三年三月一七日に行われている。

ここには女性と子どものためのスペースや、女性用水場が設けられている。スペース的に余裕があるためであろうが、女性や子どもを尊重しようというムスリムたちの意向の反映でもあろう。毎土曜にキッズ・プログラムとしてアル・クルアーンやアラビア語等の教授があり、第一・第三土曜には日本人ムスリマ向けのアラビア語クラスが、第二・第三土曜には外国出身ムスリマのための日本語クラスが開かれている。また毎土曜には女性たち対象のアル・クルアーンの暗唱・朗唱指導もなされており、手厚い。

熊本マスジド

金曜礼拝の参加者は平均して八〇名程度。その彼らを含む二〇〇名程度が、イードに際しマスジドに集まる。二〇〇には（学生ではない）女性や子どもたちが相当数含まれていようから、熊本のムスリムの（しかも大学に籍を置くムスリムの）礼拝出席率はかなり高いと判断できる。

マスジド内に掲示されていた「熊本マスジド清掃スケジュール」は、「インドネシア」「バングラデシュ」「パキスタン」「アラブ＆スモールコミュニティ」が駐車場を含むマスジド清掃を担当することを示していた。熊本ムスリムの間に四つのコミュニティの存在していることがわかる。

そして清掃の掲示以外にも、「文化活動&スポーツ部会（Cultural Activities and Sports）」「管理情報部会（Management Information System）」「レギュラー・イスラーム活動部会（Regular Islamic Activities）」「マスジド管理部会（Masjid Management）」「法・税担当部会（Legal / Tax Matters）」「社会関係およびダアワ部会（Social Affairs and Daawa）」「財政部会（Finance and Purchase）」の掲示があり、各部会のリーダー及び業務内容が記されている。熊本のムスリムたちは、他マスジドのケースよりもシステマティックに、平等に、マスジド関連の業務に携わろうとしているように感じられた。

筆者がマスジドで聴き取りをしていると、二名の警察官が入堂してきた。ムスリムたちとも顔なじみであった彼らの目的は、梅雨時の大雨への注意喚起ビラを配布するためであったが、彼らは驚いたことにウドゥ（清め）を行ない、礼拝にもムスリムに交じって参加していた。礼拝終了後に尋ねたところ、信仰告白はしていないというから、改宗したわけではない。こうした場面にムスリムの寛容を読み取るか、警官への過剰な配慮を見るか、あるいは警察官の真面目さやムスリムへの敬意を感じ取るか、結論を下すことは到底できないが、他所で見たことではないため、ここに付記したものである。

あとがき

近年、日本を訪れる外国人観光客の増加が著しい。「はじめに」でそれに言及し、二〇一五年の訪日外客数が一九七三万七〇〇〇人であったと記したばかりであるが、翌二〇一六年一〇月には早や二〇〇〇万人を突破し、二〇一六年は最終的に二四〇〇万人が訪れてくることになりそうである。

政府が二〇〇〇万人越えを目標として掲げたのは二〇一四年のことで、それは東京オリンピック開催の二〇二〇年を目途としたものであった。ところが現実は想定をはるかに上回る。その結果、二〇一六年三月に修正目標が発表され、オリンピック年には四〇〇〇万、そして二〇三〇年では六〇〇〇万人が目指されることになった。

また「はじめに」において、在留外国人の二〇一五年六月末の総数が二一七万二八九二人であったことを記したが、その半年後の同年末には二二三万二一八九人と、過去最高を記録することになった。そこからさらに半年進んだ二〇一六年六月末の数値は、二三〇万七三八八にも達している。

来日して観光そしてショッピングに勤しむ者ばかりか、在留して私たちの隣人になる者、すなわち移民の数値も、今後おそらく上昇が続いてゆく。既に二〇〇八年から、看護・介護の現場に外国（インドネシア、フィリピン、そしてベトナム）出身者の姿が見られるようになっていたが、二〇一六年一一月に入管法改正案が国会で成立して在留資格「介護」が新設されることになり、また外国人技能実習適正実施法も成立し、技能実習の対象職種として「介護」が新たに加わることになった。高齢社会・日本に不可欠なこの職務を担う外国出身者と、私たちとが交わる機会が増加する。国内における人手不足の問題がこうした施策を後押しした要因である。そして人手不足に悩まされているのは、右記の現場だけではない。日本社会を下支えする新たな隣人たちを、私たちは海外から迎え入れてゆくだろう。

日本人と外国出身者をめぐる状況は、かくも急速に動いている。日本に暮らす私たちにいま必要なのは、彼ら外国出身者をより深く知ることである。

本書はその一助となることを望んで編まれた。「宗教」に照準を合わせて、である。自身は無宗教であると考えている日本人は多いだろうが、これからの日本社会で宗教、とりわけ日本人がこれまで親しんでこなかったニューカマー宗教が知るに値するものであることは、本書を読んでいただければ理解されるはずである。

さらにいえば、この国を出てグローバルな活躍を志向する人々にとっても、「ニューカマーとその宗教」は身近な問題である。雄飛した先の国々で、この問題が重要な争点になっている可能性は小さくない。そして何より、その彼ら自身がニューカマーである。そこで自身のアイデンティティを問い直すことになるなら、祖国の文化に思いが馳せられるだろう。慣れ親しんだ文化は、宗教と結びついている。

グローバル化の流れのなか、人々は国境を越えて移動する。人の移動は宗教の移動をも伴う。宗教は強い磁力を持つ。宗教から目を離すことはできない。

本書は科学研究費補助金・基盤研究（C）研究課題番号二四五三〇六八六「宗教的ニューカマーの研究――日本における外国籍住民の宗教への社会学的アプローチ」（二〇一二年度〜二〇一四年度、研究代表者：大阪国際大学教授・三木英）の成果である。「研究環境の悪化」が諸方で訴えられるなか、一冊にまとめうるほどの成果を得ることができたのは、日本学術振興会からの助成があったからこそである。

研究成果が多くの目に留まるには成果が書籍として公になることが望ましい。私たちの仕事の出版を引き受けてくださった森話社に、心底より感謝いたしたい。『異教のニューカマーたち』というタイトルに興味を覚え手に取る人の、多く現れることを期待している。

そして森話社の西村篤氏には本書刊行に至るまで、大変お世話になった。粗削りだった論考に磨きをかけてくださり、作品へと仕上げてくださった。ありがとうございます。西村氏への謝辞で以て、この小文を終えたい。

二〇一六年　冬の訪れを感じながら、自宅にて

三木　英

＊編者
三木 英（みき・ひずる）
大阪国際大学教授。宗教社会学
『宗教と震災――阪神・淡路、東日本のそれから』（森話社、2015年）、『宗教集団の社会学――その類型と変動の理論』（北海道大学出版会、2014年）

＊執筆者（執筆順）
藤田智博（ふじた・ともひろ）
民間の研究所にて研究員。価値意識、グローバリゼーション論
「外国イメージのコーホート分析――好きな外国へのグローバリゼーションの効果」（太郎丸博編『後期近代と価値意識の変容――日本人の意識1973-2008』東京大学出版会、2016年）、「若年層の内向き志向――留学をめぐる「グローバリゼーションの逆説」」（『ソシオロジ』60（1）、2015年6月）

沼尻正之（ぬまじり・まさゆき）
追手門学院大学准教授。宗教社会学
「ムスリムと出会う日本社会」「再現される故郷の祭り」（三木英・櫻井義秀編『日本に生きる移民たちの宗教生活――ニューカマーのもたらす宗教多元化』ミネルヴァ書房、2012年）

岡尾将秀（おかお・まさひで）
大阪市立大学都市文化研究センター研究員。宗教社会学
「都市周辺山地における民俗宗教の変容と継続――生駒山麓信貴寺における修験道の復興」（『大阪産業大学論集 人文・社会科学編』23、2015年2月）、「天理教における講の結成――生活のなかでの儀礼と奉仕」（宗教社会学の会編『宗教を理解すること』創元社、2007年）

中西尋子（なかにし・ひろこ）
関西大学ほか非常勤講師。宗教社会学
『統一教会――日本宣教の戦略と韓日祝福』（櫻井義秀との共著、北海道大学出版会、2010年）、「韓国キリスト教の日本宣教――在日大韓基督教会と韓国系キリスト教会群の連続性」（『宗教と社会』22、2016年6月）

異教のニューカマーたち——日本における移民と宗教

発行日……………………………2017 年 1 月 6 日・初版第 1 刷発行

編者………………………………三木 英
発行者……………………………大石良則
発行所……………………………株式会社森話社
〒 101-0064 東京都千代田区猿楽町 1-2-3
Tel 03-3292-2636
Fax 03-3292-2638
振替 00130-2-149068
印刷………………………………株式会社シナノ
製本………………………………榎本製本株式会社

ISBN 978-4-86405-105-7 C1036

宗教と震災――阪神・淡路、東日本のそれから

三木英著　阪神・淡路大震災から20余年。宗教は被災地・被災者とどのように関わってきたのか。そして、その経験は東日本大震災へ、どのように受け継がれたのか。宗教が寄り添った、救いの現場からの報告。
四六判256頁／本体2600円＋税

慰霊の系譜――死者を記憶する共同体

村上興匡・西村明編　戦争や自然災害、事故などによる死者を、私たちはどのように慰め祀ってきたのか。家族・地域・国家というレベルの異なる共同体における慰霊を系譜的に明らかにし、死者をめぐる営みのゆくえを見さだめる。四六判288頁／本体2800円＋税

「宗教」と「無宗教」の近代南島史――国民国家・学知・民衆

及川高著　「宗教」をめぐるイメージは日本の近代化に伴って形成され、政治や啓蒙を介し民衆を翻弄していった。ときに期待や熱狂を生み、ときに抑圧や弾圧をもたらした「宗教」イメージの変遷を、奄美・沖縄を舞台にダイナミックに描き出す。A5判328頁／本体4800円＋税

巡礼ツーリズムの民族誌――消費される宗教経験

門田岳久著　パッケージツアーに取り込まれ、商品化された聖地巡礼は、宗教の衰退した姿でしかないのか。四国遍路の巡礼バスツアーへの参与観察から、「現代の／我々の」宗教的営みが持つ可能性を探る。日本宗教学会賞受賞。A5判400頁／本体5600円＋税

沖縄シャーマニズムの近代――聖なる狂気のゆくえ

塩月亮子著　滅びつつあると考えられてきたシャーマニズムが、世界各地で復活しているのはなぜか。近年その存在感を増している沖縄の民間巫者・ユタを通し、シャーマニズム復興の現在を描くエスノグラフィー。
A5判464頁／本体5800円＋税

大衆文化とナショナリズム

朴順愛・谷川建司・山田奨治編　アニメ・音楽・映画等の大衆文化は、〈共感の共同体〉をつくり上げる一方で、ときにナショナリズムと共犯関係を取り結んでもきた。強い求心力の裏に複雑な様相をのぞかせる大衆文化に、日韓の論者がそれぞれの切り口で挑む。A5 判 344 頁／本体 4500 円＋税

自然災害と民俗

野本寛一著　地震・津波・台風・噴火・山地崩落・河川氾濫・雪崩・旱天など、生活を脅かし、時に人命までをも奪う自然災害に、日本人はどう対処してきたのか。災害と共に生きるための民俗知・伝承知を、信仰・呪術・年中行事等にさぐる。四六判 272 頁／本体 2600 円＋税

古代東アジアの「祈り」――宗教・習俗・占術

水口幹記編　いつの時代も人々は様々な願いを抱き、宗教や占いなどにすがって祈念してきた。古代の日本・中国・韓半島・ベトナムなどの東アジア世界で、互いに影響しつつ形成されてきた「祈り」の知と文化を探究する。
四六判 336 頁／本体 3200 円＋税

〈境界〉を越える沖縄――人・文化・民俗

小熊誠編　日本の最南端に位置し、独自の王国を持った沖縄には、地理的・歴史的に様々な「境界」が存在する。変動し重層する「境界」と、それを越えて移動する人や文化を、門中・観光・華僑・祭祀・墓・移民など、多様なトピックから描き出す。四六判 312 頁／本体 3000 円＋税

柳田国男の民俗学構想

室井康成著　柳田国男にとっての「民俗」とは、古き良き日本の原風景といった郷愁に満ちたものだったのだろうか。柳田以降に醸成された「民俗学」をめぐる神話から脱し、「公民」「よき選挙民」の育成を企図した柳田民俗学の実像にせまる。A5 判 296 頁／本体 5200 円＋税